# 思想課題としての現代中国

## 革命・帝国・党

丸川哲史

# 思想課題としての現代中国——革命・帝国・党

目次

## 序章◇思想課題としての現代中国——革命・帝国・党

### はじめに

本書は、まず思想課題として現代中国を扱うという立場を取っている。では、それは一体どのようなことなのか。現代中国のあり様への関心として、一般的には以下のようなパターンが主流となっているように思われる。「中国とはだいたいこのような国である」との確信——その多くには、近代国民国家や民主主義国家、あるいは社会主義国家といった近代国家モデルをあらかじめ前提にして、その過不足をあげつらおうとする予見——がまずあり、そういった自分の確信を補う材料として、中国関係の書籍、資料、そしてニュースを手に入れ、その確信を補強する——このような思考法を続けている方は、おそらくこの本には縁がないだろう。まず現代中国をどう認識するかという入口にこそ日本社会のあり様を問う大きな問題がある、そうした問いを大前提としてこの本は書かれている。たとえば、「中国社会は混乱していて秩序がない」という見方と、「中国社会は共産党によって隅々までコントロールされている」というおよそ逆の見方の本が脈絡なしに書店の棚に並んでいる光景がよく見られる。先に述べた「中国とはだいたいこのような国である」とする確信の内容は、ほとんどが既に紋切り型のものとして日本社会に流通しているものと見做されよう。そして日本社会の中国認識が求める結末は多くの場合、中国は分裂する、中国の一党独裁体制は崩壊する、といった「蔑視」を前提とした予測であり、またその予測は常にはずれ続けている。そのような中国認識のあり様では、中国社会がどのように動いているかについて正確な予測を立てることはほとんどできないだろう。

このような近年の中国認識のあり様が拡大し維持されているのには、それなりの理由もある。中国（中華人民共和国）との国交が樹立される一九七〇年代まで、大陸中国の情報は極めて限られたものであったことがまず挙げられる。そういった冷戦に規定された情報環境の中、日本において「共産中国」を中心とする肯定的な中国認識が語られるにしても、それは左翼イデオロギーからの一方的な「思い込み」であったことも、後の文化大革命（文革、六六〜七六年）における人命や財産の著しい損失の実態が知られるにつれ、判明することになった。この時期の中国に期待と関心を持っていた人々の多くが、実に「騙された」という感覚を抱いたという。さらにこのあり様は、そこから一〇年ほど経過した八〇年代にも反復されることになる。つまり、今度は「改革開放中国」に肯定的なイメージを抱いていた人々に対して、八九年六・四第二次天安門事件の

「暴虐」のイメージが突き刺さる、といった具合である。ところが実際のところ、先の文革にしても、天安門事件にしても、なぜそういった歴史的事件が起こったのか――整合的な説明を確立するに至らず、二〇〇〇年代に入ると驚異的な経済成長を続ける「経済大国中国」への関心を除いて、中国社会の内部にある変化や矛盾に対してまじめに、つまり先ほど述べた「蔑視」抜きの論述はほとんど見かけない。ここで言う経済としての中国とは、つまり自らの利益の関心としてのそれであり、それはもっぱら半年ほどのスパンにすぎないものである。

ここで必要になってくるのは、中国社会がどのように己の「近代化」を求めようとし、そしてそこにどのような成果と、またそれとは裏腹の挫折を抱えているかを総体として摑む努力である。その努力とは、中国における「近代化」の道筋を歴史的に検証すると同時に、その歴史総体についての思想的な把握を深めることである。そうすることで初めて、現在ある中国社会の姿についても、中国社会が独自のやり方で「近代化」を求めた結果として受け止められるようになるのではないかと思われる。

## 革命を通じたネーション・ステート（国民国家）形成

本書は（日本語で書かれていることもあって）、先に述べたように、日本内部の中国認識には何か大きな問題があるのではないかという問いを前提とし、また中国認識にかかわる混乱と困惑が日本社会に存することを認める立場から出発するものである。その混乱と困惑の由来をまず象徴的に示すとすれば、そもそも中国と現代中国の区別というものがある。この区別を日本に当てはめ、日本と現代日本とした場合、おそらく近代化以前と以後という時間軸の区別で、一応の整理はつきそうにはなる。しかし中国内部の視点に立った場合に、これはむしろ強烈な質的差異となって立ち現れる。それは、近代化の実践にかかわる歴史内容に重点が置かれ「現代」が浮き立つあり様なのだが、その重みは必ずしも外側には伝わっているわけではない。そこで鍵となるのは、革命という方法を通じて現代中国を作り上げようとした歴史経験の重さであり、それは差し当たり、中国革命という言葉によって中心化される歴史のプロセスだろう。

　さらにこの中国革命にかかわる説明の難しさは、先に述べた質的差異というモメントもさりながら、まずはその期間の長さからも予想できる。その革命プロセスを追うと、だいたいのところ辛亥革命前夜から起点を取り、文革の終了（改革開放の始動）までの、およそ七〇年の時間が想定されることになる。この長い歴史経験、つまり革命を通じてネーション・ステート（国民国家）の形成を追求した長いプロセスが現代中国にとって決定的な歴史経験であったし、その歴史経験は完全に終わったものとは考えられていない、そう言わざるを得ない。そこから、中国にとってはいまだネーション・ステートが完成されていないという共通感覚が歴史意識の主流にある。日本においては既にネーション・ステートは完成されたという意識が前提にあり、現代はさらにそのモデル・チェンジが志向されているという意識が主流であるとすれば、そこに著しい「現代」

観の落差が生まれないはずはないだろう。

総じて、現在の中国はポスト革命国家としてあるということになる。ここで視野を広げると、世界史上には近代革命の名において、フランス革命やロシア革命から、さらに合衆国の誕生を促したアメリカ革命まで、実に多くの国がポスト革命国家としてネーション・ステートを形成してきたことになる。また日本においても、ある時期まで、それら近代革命は自らのネーション・ステート形成における重要なモデルともなっていた。そのような意味では、将来的にはポスト革命国家としての中国に対しても、いわば時間の問題として、他の国の革命がそうであったように中国革命にかかわる内外の困惑も自然に解消していくとの見方もあるかもしれない。しかしおそらくそうではない、と著者は考えている。そう考える理由は、中国革命の経験が別のネーション・ステート形成のモデル、あるいは参照枠になっていく可能性が低いからである。

周知の通り、ある時期まで中国革命の代名詞でもあった毛沢東主義は、農民・農業・農村を主要な社会的基盤とする第三世界革命論として受容されていた歴史があった。しかし、毛沢東主義を掲げたグループが活躍していた場所は、その国の元々の規模や社会条件からいっても（幾分かは後知恵のようなものになるが）、中国をモデルとして実行することにおいて多大な困難がともない、また大きな挫折を強いられている。結果としては、ネパールなどを除いて、毛沢東主義の政治グループは、ある国家の領域内部に「根拠地」を形成する段階に留まっているように観察される。また一方、現在の人民共和国にしても、いわゆる革命（毛沢東主義）の輸出は既に放棄されており、それが再び採用される可能性も皆無である。以上の意味からも、最も大きな問題とは、中国革命が思想的・実践的な遺産として整理される可能性が著しく低いということである。

先ほど述べたようにほぼ七〇年以上の期間にわたる革命のプロセスの後に今の中国（中華人民共和国）があるわけだが、その中国は資本主義的な尺度から言っても、今や成功しつつある国家となっているという現実が既にある。一般的には、中国は革命期の負の遺産を乗り越えて改革開放に至り、そして改革開放を実践したことにより資本主義的近代に入った、という解釈もある。しかし中国内部から言えば、先に述べた革命期——正確には国家建設も含んだ革命期——において既に、土地所有が合理化され、文盲率が低下させられ、また産業開発に必要な基本インフラも整備されていたことになる。すなわち、現代中国における革命期があればこそ、改革開放による資本主義化が速やかに進行し得た、という解釈も成立するのだ。

## 帝国からの出発

以上、現代中国認識の困惑の所在をごく初歩的に提出したわけだが、さらに困惑の根幹を探っていくならば、そのネーション・ステート形成が中華帝国（清朝）を基盤としたところから出発したということ——この事績は特に日本が中華帝国の周辺部に位置していたことからも、日本人にとって実に複雑な心理要素となろう。簡略に述べてしまえば、中国のネーション・ステート形成は、帝国統治への否定とともにその継承性にも依っているということなのだ。ただここで留意しなければならないのは、帝国という概念の元々の不安定さである。つまりヨーロッパ史の延長線上に、あるいはそれとの対照として中華の帝国性を考察せざるを得ないところがある。ヨーロッパ史において帝国とは、まずはローマ帝国ということになるはずだが、しかし当然のこと帝国として見做される対象として、エジプト、ペルシャ、インド、インカ、モンゴルなど、多種多様な参照枠も存在する。だが、学問として帝国を考察する際の無意識の参照枠として、やはりローマ帝国を基準にせざるを得ないようである。そこには、まずもって近代学問にかかわるヨーロッパの指導権が介在するわけであるが、さらに大きな要因は、文字資料のレベルで最もローマ帝国の事跡が参照されやすいからだと言えよう。すなわち、他の帝国はその統治の実態と変遷をめぐる文字資料が（戦乱や災害、略奪によって）不完全な形でしかそろっていないことが指摘できる。

ちなみにここでもう一つだけ、どのようにしてローマ帝国が成立したのか、説明しておきたい。サミール・アミンが『ユーロセントリズム』（一九八九年）で指摘したように、その論理構造において模倣されていたのが実はペルシャ帝国やエジプト帝国であった。今日ヨーロッパの源とされるギリシャのアテネ、そしてあのアレキサンダー大王のマケドニアなどは、戦争や交易などを通じて後にオリエントと呼ばれる地域の帝国との交渉を持ち、その思想や文物を多く取り入れてきた経緯があり、それがローマ帝国の統治技術に有形無形に反映している。彼らが公的に水利事業を展開し、またローマに通じる公道を整備したのは、いずれもオリエントから持ち帰った帝国統治の技術、それと対になった通商ネットワークを念頭に置いたからである。ただし通念として、ヨーロッパ人はまさにオリエントからの賜物たる「オリエント＝帝国」を忘却し、そしてそれをギリシャからローマへ、という発展形として把握しようとする。いずれにせよ、そのようにしてヨーロッパ人は自身の中で首尾一貫した「帝国」の遺産を継承したものと観念しているのであり、またそのような歴史の継承は自分たちによってのみあり得ることと考えてきた。

だがここに、一つの例外として中華帝国を挙げることができる。中華の歴史は、王朝の栄枯盛衰、そしてそれにまつわる統治への評価が文字に残され、保存されてきた度合いが最も大きい。ローマ帝国を除く他の帝国と違うのは、まさに現代中国が文字の中の中華帝国の歴史を全面的に遺産相続できる足場を持っているということだ。ただ翻って、おそらく大清帝国を倒すべく中国革命を遂行しつつあった中国人からすれば、帝国的なるものは、彼らの主観内部においてはマイナスの材料であったことであろう。にもかかわらず、ともかくも、現代中国が帝国という遺産を参照枠としてきた事実は疑えず、他の旧帝国がネーション・ステートを形成するプロセスの中ではほとんど起こり得ないことが無意識に起こっていたと言える。

たとえば振り返ってみて、まず中国革命とは帝国文化の否定を含むものとして、儒教道徳への攻撃から始まって、さらに旧来の統治システムや生産関係の変革を求めるものであった。だが同時に中国革命は、清朝が末期にまで達成した版図を回復する運動として成立したことになる。現在中国には、五五もの少数民族がおり、国の西側にはチベット自治区、内モンゴル自治区、新疆ウイグル自治区など、特別行政区を抱え込んでいる。それらの範囲は、清朝が自らの版図として想定した地図の内部にあるものであり、さらに一九九〇年代に香港、マカオを回収し、そしてまた台湾の平和的統一を目指す段階にある。しかして、目下の多民族性をどのように保持し発展させるのか、またその多民族統合のロジックをどのように発展させようとしているかを見た場合に、結果的に歴史的土台としての帝国経験が生かされる以外の道はなかった、ということになる。ただ同時に、現代中国を主体として語るならば、清帝国が滅んだのは国防を軽視するなど西洋由来の主権概念に乏しく、結果として帝国主義に食い込まれたという歴史総括が手放されるわけではない。その意味からも、現代中国はまた単純に清帝国を模倣したものとも言えない。しかしにもかかわらず、現代中国は明らかに中華帝国という文化伝統の延長線の上にあらざるを得ないものである。

ここで結論を先に述べてしまうなら、中華帝国の統治を支えた最も大きな要素の一つは、宋の時代に成立した科挙をベースにした官僚制であり、この身分制を超えた選抜システムこそが帝国統治を担保し得たものと言えるだろう。ただしこの官僚制の整備を言うだけでは、不十分である。ここでかかわってくるもう一つの中華における帝国統治を成立させる大きなモメントが、漢字という書記システムである。漢字は一つひとつのパーツの意味内容は同一のまま、異なった発音をそのまま許すことが可能な言語体である。ここで可能になるのは、帝国周辺部の民族を包摂するのに発音の同一性は強制されず、書記言語として機能する公的文書が下達される範囲として中華帝国が成立してきたという経緯である。柄谷行人が『世界史の構造』（二〇一〇年）で論じたように、たびたび北方の異民族たちが中華の中心を制圧し、異民族による帝国支配を行ったわけであるが、そこでも彼らが中華帝国の中心にいられるのは、つまり官僚制度をそのまま温存し、また外来王朝の担い手全体が漢字文化へと同化することが起こり得たからである。すなわち中華の正統性は、決して人種的なものではなく、中華帝国の統治を支える官僚制度と漢字の共有によると言えるのである。

## 現代中国と「党」

話を「現代」に引き戻すならば、上記にまで見てきたような帝国の地理的範囲を回収しながらの国民国家形成を推進した原動力として、最も重要なモメントとして機能したのが二〇世紀以降に導入された「党」である。中国革命が中国にとってのネーション・ステート形成のプロセスそのものであったならば、特にネーション（国民）の生成にかかわって、「党」の機能がいずれにせよ決定的であった。ある意味では上記の節で論じたような意味で、帝国性を担保するかつての科挙制度に取って代わった人材選抜のシステムが「党」となったと見做せるかもしれない。いずれにせよ、現在日本や欧米の視点から、いわゆる一党独裁と名指されている政治システムは、この中国革命のプロセスにおいて成立した「党」の位置、またその歴史的生成を叙述することなくしては理解できないものとなる。

現代中国の歴史を「党」を起点にして叙述するなら、ここまで述べてきたこととの関連からして、二〇世紀初頭の中国革命の進展の中で、ほかでもなく逆に「党」は革命の必要から生まれたことになる。「党」以前のあり様として、たとえば中国革命同盟会は、清朝の打倒に向けた男性実力者たちの血盟的組織として発足したものであった。辛亥革命の後に中華民国が成立したといえども、袁世凱に象徴的であるように、実力者によるボス支配を政治スタイルとする杜撰《ずさん》な統治形態が出現するに至った。そこで孫文を中心とする勢力は近代的政党を作るべく、一九一九年に中国国民党を発足させたが、次いでロシア革命（十月革命）以降において、国民党とは別系統で中国共産党も発足する。ここで鍵となるのは、共産党に先行する中国国民党もまたロシア革命の思想的また物質的影響を受けながら、数度の組織改革と革命方針の調整を経ていた事実である。国民党の組織についても、実はソ連共産党が手本となっていたのである。そこでさらに、ソ連顧問団の影響下に「党」と密接な関係を持つ「軍」の組織化が進められた歴史経験も重要である。広東に作られた黄埔軍官学校はその賜物であり、国共合作のシンボルともなった。総じて、中国における「党」（及び「軍」）の概念はまず、ソ連方式をモデルとして一つのパターンを作りあげたと言ってよい。

もう少し歴史のコマを先に進めて観察してみよう。一九二八年の「北伐」（国民革命）の完成によって、中華民国では国内統一が成し遂げられ、三〇年前後から中華民国の政治形態の概念で言うところの「軍政期」から「訓政期」に入ろうとしていた（さらに「憲政期」が念頭に置かれていた）。ここにおいては、実に議会政治の体制が整えられようともしていたのである。しかしこの可能性は、重い歴史的教訓を残して挫折することになった。三一年、日本による満州事変が引き起こされ、また重ねてそれに先立つ二七年以降の国共分裂により、共産党による「根拠地」闘争が始まっており、憲政議会は全く無力な存在として実際の機能を果たし得なかった。そこで議会政治を中心舞台としたところでの、ネーション・ステート形成の可能性が断たれることになった。この歴史経験は、中国内部の感覚から言えば、国家存亡の危機にあっては議会政治は無力な機構でしかあり得ない、との歴史認識をもたらした。

先に述べた通り、孫文はロシア革命の影響を受けつつ、一九二〇年前後から組織的な再編を国民党に施したわけだが、そこでの骨子とは、国家に関しては法によって機能する組織として定義し、その法に則って国を動かす人の心は「党」により訓育される、と定義したことである。ここにおける人の心とは、国家を動かす党員の意欲を表すと同時に、彼らは国民の模範となる人材という意味において、さらに国民精神を形成する学校として「党」が念頭に置かれたことになる。だからこそ、現在まで、台湾でも、また大陸中国においても、多くの学校の内部に「党」組織が置かれているのである。

現代中国における「党」——ここからの問いの範囲は共産党に絞りたい——そのベーシックな組織体系は、先に述べたようにソ連からの影響において形成されたものであった。しかし実際のところ、その機能はソ連共産党ともまた違ったものへと生成していった。ちなみに、ソ連・東欧圏の一九八九〜九一年における解体は、当然のこと歴史的にソ連共産党モデルの政治経済システムの「敗北」を意味したわけであるが、中国においてそうならなかった要因はやはり問いとして存在している。そういうわけで、中国的な文脈において形成された共産党のあり方への問いが出てこざるを得ない。ロシア共産党のあり方は、よく言及されるように、職業革命家の秘密集団として発足した経緯があり、その方針決定のプロセスは厳密に管理されたものであった。その反面、中国共産党の場合には、長い抗日戦争と国民党政権との対決が農村部を巻き込んだ長期戦の様相を呈する中、より多くの協力者を獲得する必要からも、特に大衆的基盤が重視されることになった。またそこから派生して、大衆運動のための宣伝要員を獲得するため、都市知識人をその内部に引き込む必要もあった。総じて、農村部や辺境部も含んだ長期の革命戦争の中で、中国国内には多くの共産党の支部が設立され、多くの人材を吸収することになった。

ここで振り返られるべきは、この共産党の末端組織が一九四九年よりずっと地域社会の中で一定の機能を果たしている事実である。筆者は末端組織で書記と村長を兼ねている人物数人にインタビューしたことがあるが、そこで感得できたのは、中国の伝統的な統治様式との（差異を含んだ）連続性であった。村の書記や村長は、ほとんど地元出身の人間で、その地方の方言によって自分がカバーする地域社会とコミュニケーションをとっている。と同時に彼らは、人民解放軍や幹部教育者、また地方行政官出身者でもあって、当然のこと上部組織に対して地元の要求を文書化して押し上げ、あるいは様々な下達を受け処理する——そのようなアクターとなっている。これはちょうど、伝統的官僚制度において県知事クラスの上級官僚は方言が操れないのとは対照的に、地元民との接触を方言で行う下級官吏のあり様を彷彿させるものである。ただし現在と過去との間の差異も、はっきりすることになる。現代中国成立以前においては、上級・下級含め官僚層とは地主を中心とした地方の実力者「郷紳」層と重なるのであるが、地主が打倒された現代中国において末端の幹部たちは、まず当然のこと地主であることはできない。現代中国において末端の幹部たちは、やはり大前提として、先に述べた「党」という人の心を作り出す学校（共産党）の卒業生でなければならないのである。

だが、文革を経た改革開放から約三十数年が過ぎた今日、共産党には既に資本家の入党が可能となるような制度変化も加わっている。現在の中国において私的な富を蓄積するにしても、「党」との関係はむしろ必須となる傾向も散見される。一九四九年の新中国成立以前において、官僚と商人とが人材的に癒着した「官商」とも称される勢力が大きな存在感を示していたわけであるが、そのような状況が今、大規模に反復されていると言えるかもしれない。

## 西洋から見た現代中国

さてここまで、現代中国のネーション・ステート形成を観察する上で、いかに「革命」「帝国」

「党」といった要素が重要であるかを大まかに説明した。すなわち、ここにおいてある一つの説明原理が形をなすことになろう。つまり現代中国は、「帝国」をその出発点とし、「党」を主体として実践された「革命」のプロセスを通じてネーション・ステートを形成せんとし、また結果として「帝国」の広さを回復した運動――ということになる。

このような現代中国のあり様をさらに内在的に把握するには、少し遠回りとなるが、むしろ逆に現代中国生成の外側からの視点にも注意を向ける必要があるかもしれない。現代中国の生成の出発点として、アヘン戦争の衝撃をメルクマールとするウェスタン・インパクトを重く見る学問の立場があり、またそれを相対化するもう一つの立場として、ウェスタン・インパクト以前の中国社会に既に「近代」の萌芽があったとする見方がある。ここではその対立には触れず、両者各々に採るべきところがあることを前提にしつつ、主に前者が持った衝撃として、西洋人がどのように現代中国を含む中国を観察してきたかを見てみたい。なぜなら、西洋からの眼差しは、世界的に一般化されている中国認識の基礎ともなっており、日本人の中国認識を深く規定し、さらには中国内部の人間の自己認識にとっても重要な参照枠ともなっているからである。

差し当たって現代中国のあり様は、西洋の眼差しから、実に西洋社会と異なった特殊なものとして表象されがちであるが、中国自身はずっと自らのあり方としてむしろ普遍志向であったというパラドキシカルな構造を指摘しておかねばなるまい。中華とはつまり、すなわち世界全体のことを意味していたからだ。とにかく、この中華の普遍志向にも留意しつつ、ここから幾つかの具体的なテキストを通じて、西洋社会で成立した中国認識のパターンを取り出してみることにする。

中国のことが中国以外の文脈で叙述されていたことは、古くはたとえばマルコ・ポーロが遺した見聞録などによっても窺えるものである。ただ、それが世界認識との関連から意識されるようになったのは、おそらくヘーゲルをもって、さらに正確に指摘するならば、彼の遺した『歴史哲学講義』（一八二二～三一年の講義）からだと言えよう。それは明らかに、ペルシャ以東の地域（中国やインドなど）の表象にかかわるヨーロッパ人の思考パターンに深く影響を与えたからだ。つまりそれは、植民地獲得に乗り出していくヨーロッパの世界認識構造を裏書きする第一級の証文として、常に参照されるものである。

この『歴史哲学講義』の隠されたモティーフを探ると、一八世紀ヨーロッパにおける啓蒙思想の展開と、そして宗教改革の後に展開された国民国家（ドイツ）の成立を背景とし、さらにフランス革命以後のナポレオンの行動によって生じた自由の概念の拡大の延長線に世界史を成立させる試み、ということになろう。結論部において「世界史とは自由の概念の発展にほかならない」と簡潔な要約が示されているが、端的にこの視座に基づいてヨーロッパ世界とその外との関連が確定されたのである。一般的にはヨーロッパの起源としてギリシャが想定されているわけだが、その一方、世界史の本格的な始まりはペルシャによるとの考え方も提示されている。そこで肝要なことは、世界史の始まりをマークするペルシャとの戦争によってこそヨーロッパ世界の枠取りが生じた弁証法的展開であり、それは今日のＥＵ（ヨーロッパ共同体）とそれに近接する非ヨーロッパ世界との分割線の起源をマークするものでもある。だがさらに興味深く重要なのが、東のインドと中国に対する扱いである。基本的にインドと中国はヨーロッパ世界とは没交渉であり、「自由の概念の発展」から取りこぼされた地域として、つまりヨーロッパの裏側の世界として位置づけられる。

しかしてこの『歴史哲学講義』の構成の中で、個別の地域の叙述の一番初めに置かれた項目が「中国」なのである。それは、文字として遺された歴史の古さから言えば、中国が最も長い歴史を有していることが疑えなかったからだろう。「第一篇 中国」の冒頭はこのようにある。

> 中国とともに歴史がはじまります。歴史のつたえるところ、中国は最古の国家であり、しかもその共同体の原理は、この国にとっては、最古の原理であると同時に、最新の原理でもあるのです。すでに見たように、中国が歴史に登場したときのありさまは、いまとかわらない。というのも、客観的な存在とそのもとでの主観的な運動との対立が欠けているために、そこではいかなる変化も生じようがなく、わたしたちが歴史と名づけるもののかわりに、永遠におなじものが再現するからです。(『歴史哲学講義(上)』長谷川宏訳、岩波文庫、一九九四年、一九五頁)

「中国とともに歴史が始まります」と述べつつ、「わたしたちが歴史と名づけるもののかわりに、永遠に同じものが再現する」——この矛盾を取り出し、それをもってヨーロッパ中心主義を批判するといったことにはもう意味がないだろう。なぜなら、今日の中国は広義の意味では近代国家として「発展」し、さらに台頭する中国として「世界史」に参入してきているからだ。そのような意味で、『歴史哲学講義』の立場からして、歴史状況はアイロニカルなものとなっている。だがまた別の側面からして、『歴史哲学講義』の要諦は「自由の概念の発展」だった。そこからまた大いなる反復が感得される。つまり日本も含めた現在欧米社会の中国への眼差しは、ここでの「自由」に、さらに「民主」や「人権」などを加えつつ、無傷のまま保存されていると言えるのである。実に、これこそ歴史のアイロニーであるかもしれない、あまりにも同じであることによって。

果たして問題の核心がどこにあるのか、やはり再度明確にせねばならないだろう。すなわち、この『歴史哲学講義』という書物が書かれる前提としてフランス革命（そしてナポレオンによるフランス革命の拡大）があったとして、ではそれと対応するところの中国革命をどのように評価し、どのように「世界史」の中に位置づけ得るかという思想課題である。フランス革命が「自由の概念の発展」の起点として想定されるならば、中国革命もそういった類比のもとに語られるべきではないか。すなわち、中国人にとっての「自由の概念の発展」として中国革命もあるのではないか、ということである。大半、このような見方は退けられる傾向ではあろう。しかし少なくとも言えるのは、帝国主義列強によってコントロールされ、また内戦の苦しみを抱えていた現代中国において、中国革命という方法は、「国家の自由」を追求するために不可避の選択だったということである。

◈

さてもう一つ、ヨーロッパの眼差しから中国を論じた著作として、M・ウェーバーの『儒教と道教』に触れないわけにはいかない。同書は一九一五年に発表（一九二〇年に大改訂）されたものであるが、これは信仰体系としての儒教や道教を個別に論じたものではなく、中国革命以前の倫理社会のシステム全体を論じたものである。ウェーバーの時代に至って、中国は単に文字によって記録されたものだけではなく、実際に中国社会の中に入っていったヨーロッパ人、特に宣教師や調査員が見聞した第一次資料を通じて理解されるようになっていた。そこで同書のモティベーションは、中国が当時のヨーロッパ＝世界システムの中にどう入っていくのかを展望することにあった。そこで同書の要諦とは、つまりヨーロッパ人の精神（倫理観）と中国人の精神（倫理観）がどの程度似通っているのか、あるいは似通っていないのかを「比較」することであった。しかして同書の最後に置かれている考察は、ピューリタニズムと儒教との入念な「比較」であった。

ところで、この著作が世に出たタイミングも実に意義深い。既に辛亥革命が成立しているのであるが、ウェーバーの叙述においてその影は薄い。あるのは、革命前夜の事件としての「太平天国」である。だがそこでも注目されているのは、「太平天国」の綱領がキリスト教（特にピューリタニズム）からインスパイアを受けた折衷的性格に対してである。ウェーバーはそういった文脈から、「太平天国」への評価において、呪術に反対しまた偶像崇拝を打ち破り、さらに儒教的な行政と倫理に対抗したものとして高い評価を与えるのである。次いで、このような「太平天国」へのウェーバーの高評価は、何よりもその発生の場所が西洋社会（香港）に近い磁場に照準を合わせていること——この点を見逃すことはできない。そこで基準となるのは、合理主義的資本主義の成長を促す法習慣や倫理的基礎がどの程度まで、外側から移入された西洋文化によって影響を受けているかであった。

中国人は、十中八九は、日本人と同じくらい、いやたぶんもっとそれ以上に、近代の文化地域において技術のうえでまた経済のうえで完全な発展をとげた資本主義をわがものとする能力があるかもしれないのだ。中国人がこうした要求にはもしかすると生まれつき「天分がない」のではないかなどということは、明らかに全然考えられないことだ。しかし、西洋にくらべて外面的には資本主義の成立に幸いするきわめてさまざまな事情があったにもかかわらず、資本主義は中国においてつくりだされたことがないのであって、そのことはあたかも、西洋の、およびオリエントの古代において、またはインドにおいて、またイスラム教の勢力範囲において、これらの諸領域のいずれにおいても中国と種類こそちがえ同様に有利な事情が資本主義の発生を歓待するようにみえはしたが、結局資本主義は創造されなかったのと同

様であった。(『儒教と道教』木全徳雄訳、創文社、一九七一年、四一一頁)

ここでウェーバーが使用している言葉づかいは、まさに意味深長である。中国内部の自前の力では作り出せないとする資本主義は、だから西洋社会からの導入を必要条件とする、という暗黙の帰結をほのめかしている。

総じて、同書全体としての中国の王朝への評価から窺われるのは、統治領域が比較的小さく国民主義風に編成されていた宋/明王朝を称揚する傾向が強く、その反面として、異民族を出自とする元/清王朝の帝国統治のあり様に対して批判的となっていることである。こういった価値判断はいずれにせよ、国民経済を作りだす合理主義的な資本主義精神への親和性に指標を置くものとして、帝国性を退けんとするものであった。ウェーバーの眼差しにおいて、中国の帝国性は資本主義の発達にとって大きな桎梏と映ったのである。

ところで、ウェーバーの叙述の最も白眉たるところは、中国で発達した官僚制への分析である。この部分は、今日における共産党体制における官僚層の性格規定にかかわっても重要な分析格子となる。それはつまり、ウェーバーが重要な基準としたところの、王朝(氏族)への奉仕を起源とする家産官僚制と、あくまで法に基づいて形成される依法官僚制とを区別し、後者の近代性を擁護せんとする態度であった。ただこのような見解も、実のところ中国の古典思想において、まさに法家が強調したところであって、中国人からすれば既に先取りされていたものである。西側からの「民主」の発想が、いわゆる三権分立と複数政党制を旨とする選挙民主主義の移植を念頭にしているところとは違い、改革開放以降の中国における「民主」の具体的な目標とは、できるだけ正常な依法官僚制を整備し、それをもって合理的で健全な資本主義的成長を図り、それがさらに人民共和国建国以来の社会主義国家の完成に資する、といった構図を持つことになる。ウェーバーがもたらした近代への問い、あるいはそれに先立つように法家が提起した統治思想は、近代（現代）の実験場としての中国において再度試されているようにも観察される。

## 新たな「比較」の視座

外側から導入されるべき近代（ソ連モデルも含め）、その実験場としての現代中国を論ずるとして、結局のところそれは中国だけに限ったことではなく、非欧米地域全体の歴史的性格のことであるとも言える。ただこれまでも論じてきたように、中国における近代、つまり現代中国そのものは何重もの意味で容易にモデル化できないあり様を呈している。

ここから現代中国の固有の性格をさらに鮮明にするためには、西洋と中国とのかかわりだけではなく、むしろ別の「比較」の補助線を引いてみる必要がある。一般的には、非欧米地域同士での近代（現代）の対比は、主要には意識されてこなかったものであるならば、やはりそれは方法意識のもとに進められる必要がある。

日本の近代と中国の近代を戦後日本の磁場から「比較」してみせたのは、現代中国研究者、竹内好であった。記憶に残る論文として、一九四八年に発表された「近代とは何か（日本と中国の場合）」があり、また講演録を整理したものとして六一年に発表された「方法としてのアジア」がある。竹内好が思想界において活躍できた時期は、七〇年代半ばまでであり、いまだ中国では革命（文革）が続いていた時期である。ただ遡れば、彼によって練り上げられた中国イメージは満州事変の後の留学経験に基礎を置くものであり、両国の比較は歴史的モメントとしての日中戦争という背景を色濃く反映している。だが日中戦争のモメントはあくまで潜在的なものであって、歴史的事象としては必ずしも竹内にとって同時代的経験となっていない、五・四運動（一九一九年）に対して特権的にフォーカスが当てられている。ここから推察されるのは、対華二一ヵ条要求を突きつけたことで帝国主義への転化が明確となった日本、それと帝国主義批判の抵抗運動として五・四運動を組織した中国――この思想的対立を後の日中戦争の爆発の淵源として扱うという基本的アングルである。言い換えると、現代中国において理念としての「反帝国主義」がそこでインプットされ、また自身において帝国主義にならないということ、特に日本モデルを選択しないこととしてそれは刻印された――このように竹内は見て取ったことになる。

◆

このような竹内による「比較」の営為を確認しながら、さらに今日的文脈において興味をそそられるのは、非欧米地域における近代化の「比較」において、竹内が当時からインドを引き合いに出していたことである。この発想もまた、その淵源として一九一九年というモメントに行き着くものであろう。同年四月、中国の動きを先導するようにインドにおいても、ガンディーなどを中心的メンバーとして英領インド政府への第一次不服従運動が勃発していた。

このような同時代性は、やはり第一次大戦後の世界情勢として帝国主義への嫌悪と反省が、たとえばレーニンの報告に基づいたソ連による「平和に関する布告」（一九一七年）や、民族自決を謳ったウィルソンの「一四ヵ条」（一九一八年）に反映されたものとして、世界史的状況を規定したと言える。近代を「比較」する領野として、日本や中国、そしてインドなどの非欧米諸地域の内部を「比較」する発想法、つまり竹内の言葉で言えば「方法としてのアジア」は、この第一次大戦後における価値転倒を大前提とするものであった。それまでの「世界史」における「比較」とは、欧米と非欧米との関係として、当時においては植民地主義（／反植民地主義）という形で、制度と文化の移植プロセスとして生じていたものであった。象徴的に言えば、一九一九年以前においては、欧米を模倣することがそれまでの「比較」の意味内容なのであった。

さて、戦後の時空において竹内が提示した「方法としてのアジア」というコンセプトは、第二次大戦後の第三世界の独立の追い風の中、一時期的にも思想界において大きな影響力を持つことになった。戦後一〇年たった時点で行われたアジア＝アフリカ・バンドン会議（一九五五年）をメルクマールとする「非同盟運動」の理念は、そういった歴史の反映であった。「非同盟」運動は、後に第三世界主義として概念化されることになるのだが、それはまさに冷戦政治への抵抗としての非 - 同盟なのであった。しかしまた「非同盟」諸国、後の第三世界地域こそ、米ソ両大国の覇権が角逐する現場となり、あるところでは内戦が始まり、さらには一握りの為政者による過酷な寡頭政治が出現するなど、大きな試練が課せられることになった。そこでインドなどが典型なのだが、経済システムとして試みられた混合経済（中国の場合には新民主主義路線）も、五〇年代後半には既に暗雲が立ち始めていた。しかして、第三世界のまとまりにとっての致命的な破局は、実際のところ中ソ対立にも連動した形で勃発した中印間の戦争（一九六二年）であったと言える。東西冷戦を超えようとした「非同盟」や「相互尊重」といった理念がそこで大きく潰《つい》えてしまった、と筆者は見ている。

さらに一九七〇年代へと歴史のコマを進めると、中国の文革が終結する時期から八〇年代にかけて、第三世界主義はさらに色褪せたものと扱われることになった。それまでの中国は、アメリカの世界覇権への反対勢力として、またソ連圏にも属さない第三世界の旗手として振る舞っていたわけだが、文革を終了させ、改革開放に打って出ることとなる。それは端的に、世界資本主義ネットワークの中に自らを挿入する行為であった。さらにまた八九～九一年のプロセスを経てソ連・東欧圏の崩壊とともに、論理的には世界資本主義ネットワークの外側に置かれた領域は消滅することとなった。そこで生じたことは、第三世界というポジションの消失である。第三世界の理念や理想もにわかに曖昧なものとなり、空疎なものとして退けられることになったと言える。

それらの地域・国家は、かつての第三世界主義の原理を放棄した形での経済の高度成長を追求し始め、そこで勝ち組となった国家は、二〇〇〇年代になると新たに「新興国」と命名され直すことになる。しかしここにおいてまた、世界史はアイロニカルな構造変化を示すことになる。それら「新興国」の経済成長は確実に旧第一世界の発言権の一部を侵食しつつあり、またその社会発展の原理において、西洋近代が作りだした制度や文化についても、それぞれ選択的な模倣に努めることで、さらに西洋社会にとっては困惑の種ともなる過剰模倣の現象も見られることになった。

その過剰模倣の一つの例を挙げるならば、第三世界諸国による核保有への決断である。それは、中ソ対立と中印対立によって主権防衛にかかわる緊張感が極度に昂進していた、人民共和国によって強行された核実験（一九六四年）の成功から始まる。この影響はもちろんのこと、捩れた形で後の米中接近（七一年）に接合することにもなるわけだが、ここで見過ごされやすいのは、一〇年後にインドにおいても核実験が行われている事実である。ここにおいて、実に中印間において密かな形で「模倣」が成立していることである。もとより核保有は西洋近代技術への模倣である。であるならば、中国からインドへのそれは——技術的なものではなく、態度としてのそれとしてだが——模倣の模倣であるわけで、このような事態においてもやはりあのヘーゲルにおける世界史の概念、「自由の概念の発展」は検討を要請せずにはおかないものとなる。核保有によってこそ、それらの国々は国際社会における「国家としての自由」を獲得できた、という解釈も成り立つのだから。実に今こそ、竹内好が半世紀以上に提示せんとして十分に機能しないままになっている、非欧米地域内部における「比較」が必要になってきているゆえんである。

ところでその「比較」の焦点について、たとえば中印に絞って論じるなら、初歩的にも確認しなければならない前提は以下のようになるだろう。すなわち、両者とも「帝国」を近代化の地盤とする共通点（中国の場合には清朝、インドの場合にはムガル帝国）を有するわけだが、まずインドの場合にはイギリス植民地統治に全面的に包摂された経験を持つ一方、中国の場合には複数の帝国主義列強によって部分的に分割支配される半植民地状態であった——こういった差異が念頭に置かれなければならない。そして、そこから派生した最も大きな差異がおそらく政治システムの別である。インドにおいては、既に植民地期において民族や宗教によってカテゴライズされた分割統治が進行、さらにその後期にはイギリス式の選挙民主主義が導入されている。そのためにも帝国統治においては曖昧化されていた民族・宗教の別が如実に選挙結果に現れることになり、それが後のインドとパキスタンの分離・独立（一九四七年）を誘発することになる。端的に中国との対比で言えば、インドは、ムガル帝国の版図を回復するのに失敗した、という評価にならざるを得ないだろう。そしてパキスタンとの分離と同時に独立を果たしたインドにおいて、イスラム勢力はマイノリティの地位に置かれざるを得ず、かつての緩やかに機能していたイスラム方式の帝国統治の伝統は、結局のところここで断絶してしまったことになる。

一方中国は、前述した通り、ソ連式の党組織を有する二大政党が祖国防衛戦争を経験しつつ、数度の合作と分裂を繰り返しながら一九四九年の新国家創出という一つのピリオドを打ったことになる。この際に重要なことは、（階級政治を優先させる）マルクス・レーニン主義を奉じる指導者が国づくりを担当することになった事態である。彼らはまず、地主のいない社会を作るべく土地改革を行い、さらに帝国の言語たる中国語を標準化したところで徹底して文盲率を下げる施策に力を入れた――このことは、独立後のインドとの「比較」においても決定的なモメントを有することとなる。しばしば中国人から発せられるインド批判のモメントとして、カースト制の残存と文盲率の高さが挙げられる。その反面として、インド人からの中国批判は、制度としての（ヨーロッパ風の）民主主義システムが保証されておらず、また民族や宗教アイデンティティのモメントが無視されている、という評価になるだろう。興味深くも、中国とインドにとっての近代（現代）は、裏腹のイメージを有することになる。

総じて、現代中国においては、先述したように清朝（帝国文化）を否定することが革命運動の一つの柱とされてきたにもかかわらず、帝国文化の遺産は実に陰に陽に現在の統治様式の中に取り込まれている。今日使われている「中華民族」という概念自体が帝国の継承性を象徴することになる。内部構造において様々な矛盾や葛藤を含んでいるとはいえ、この継承された帝国性を前提とした民族概念が機能していること自体は認めざるを得ないところである。

## 改革開放、及び「政経一体」

中国のある友人との何気ない会話から気づかされたことがあった。彼からすると、日本内部の思考法は相変わらず冷戦を引きずっていると見える一方、中国では多くの問題を抱えながらも、かつてのような冷戦思考は既に乗り越えられている、という診断である。それは端的に、中国においては特に外交政策において如実に見られたものであり、そしてまた経済政策のモデル・チェンジとしても明白であろう。

実に本書を書こうとした動機は、この彼の診断を私の視点から整理してみようと考えたことに存するわけだが、人民共和国成立以来維持されてきた、社会システム全般にかかわる性格規定をしておかねばならないであろう。それはまず、政治領域と経済領域との近さ、とりあえずは表現できるものである。現在、中国における経済運営のあり方は、既成のイデオロギーの枠組みでいう「計画経済」ではもうなくなっている——このことは確かである。論証抜きに言ってしまうが、「計画経済」は既に改革開放の始動によって、さらに一九九二年の「南巡講話」によってほとんど解体されている。かつて一つの「財布」であった国家財政は、「生産請負制」の普及により、各地方政府、各企業、各農家へと分散されるに至っている。だが、にもかかわらず現代中国は、また西側社会とは違った形態として、革命の結果として特異な「政経一体」のシステムを現在に至っても維持しているということ——このこともまた真実である。

では、現在まで駆動しているところの（とりあえず改革開放以降に限定した）「政経一体」システムは、どの時点でどのように定位されたものなのか。それは鄧小平の最後の政治活動の場となった「南巡講話」においても示されたヴィジョンであり、江沢民政権、胡錦濤政権、そして習近平政権にまで引き継がれたものとして、現時点でもそこからの大きな逸脱はないものと見做し得る。鄧小平は、一九九二年一月一八日〜二月二一日のいわゆる「南巡講話」において、以下のような言葉を残している。

社会主義の道を歩むのは、ともに豊かになることを逐次実現するためである。ともに豊かになる構想は次のようなものである。つまり、条件を備えている一部の地区が先に発展し、他の一部の地区の発展がやや遅く、先に発展した地区があとから発展する地区の発展を助けて、最後にはともに豊かになるということである。もし富めるものがますます富み、貧しいものがますます貧しくなれば、両極分解が生じるだろう。社会主義制度は両極分解を避けるべきであり、またそれが可能である。解決方法の一つは、先に豊かになった地区が利潤と税金を多く納めて貧困地区の発展を支持することである。もちろん、それを急ぎすぎたら失敗してしまう。

（中略）

われわれは三中総（一九八四年）以来の路線、方針、政策を推し進めるに際して、強制はせず、運動もやらない。みんなは政策に参加したければ参加する。このようにして、だんだん多くの人民がついてきた。論争をしないというのはわたしの発明だ。論争をしないのは、計画を遂行する時間を少しでも多く得るためである。論争を始めるとややこしくなり、時間をとられ何もできなくなる。論争をしないで大胆に政策を試み、大胆に突き進む。農村の改革はこのようにやったのであり、都市の改革もこのようにやるべきである。

（中略）

一部の国に重大な曲折が現れ、社会主義が弱体化したように見えても、人民は試練に耐え、その中から教訓を汲み取り、社会主義がいっそう健全な方向に発展するよう促すだろう。だから、慌てふためく必要はない。マルクス主義が消滅したとか、役に立たなくなったとか、失敗したと考えてはならない。そんなことはあるはずがない。

世界の平和と発展という二大問題は、いまなお一つも解決されていない。社会主義中国は実践でもって、中国は覇権主義と強権政治に反対し、永遠に覇を唱えないと世界に表明すべきだ。中国は世界平和を擁護する確固たる力である。

われわれは引き続き、中国の特色を持つ社会主義建設の道を前進しなければならない。

（「武昌、深圳、珠海、上海などでの談話の要点」一九九二年一月、中共中央文献編集委員会編纂『鄧小平文選 1982-1992』中共中央編訳局他訳、テンブックス、一九九五年、三七二～三八三頁）

ここに、現在の中国社会が抱える問題の根幹が示されている。中国内部の都市と農村の落差、都市内部の所得格差、そして中西部と東部などの地方同士の落差は今、西側先進国の水準を遥かに飛び越した深刻な事態となっているわけだが、そういったことが九〇年代の初めころにも既に予見されていた。そしてそれらの落差を埋め、コントロールする主体は共産党の指導性が発揮された中央政府にしかないことが強調されており、これまで述べた「政経一体」のシステムを「社会主義」と定義し直しているようだ。そこで現実のあり様として見えてくるのが、農村部など貧困階層の人々ほど、目の前の矛盾を解決してくれる主体として常に共産党と中央政府の判断に頼りがちであり、またそれらに支持を与えようとする傾向が存在することである。すると、もしもこの「信頼関係」が根本的に崩壊するならば、先に述べた中国の「政経一体」のシステムも崩壊する、ということになるかもしれない。核心にある問題とは、つまりこのような「信頼関係」が、辛うじてであれ、なぜ存続してきたかである。まさか、共産党と中央政府が全国民を洗脳してしまっているからだ、ということだけでは説明がつかないであろう。

次に言及しておきたいことは、上に引用した箇所で鄧小平の言葉としての「論争しない」である。この部分はまさに、共産党が追求してきた「改革」の方向や内容に関して、主導権をそれ以外のところに引き渡さないという決意、また内部の意見の分裂を許さないという決意の表れである――これこそ西側社会からは常に、「表現の自由」の制限として受け取られているものである。

ただこの部分に関しては、また鄧小平本人の歴史経験とも関係することである。鄧小平は文革期において数度、中央政府の要職から追い落とされ、辛酸を舐め尽くしている。彼にとって文革期とはまさに、「論争」が物理的な破壊となって社会を混乱させた時期として印象に残っているようである。だからこそ彼とその周辺の人々は、あの一九八九年の六・四天安門事件に際しても、それを「文革の悪夢」として取り扱ったのである。しかして実に、これは中国社会にとっては核心的なパラドックスである。現代中国において政治経済にかかわる「論争」はその活力の源泉でもあったのだから。文革から改革開放へと決定的に向かうプロセスにおいても、やはり「論争」があった（またこれと同様に、人民共和国の成立から文革まで、共産党の内部において多くの「論争」が繰り返されていた）。現代中国の、なかんずく共産党による政策決定のプロセスは、多く「論争」に負ってきたことも歴史の事実なのである。鄧小平の「論争しない」というモットーは、私の予想において、しかし完璧に作動しているものではなく、現実として「論争」はやはり存在している。

ここで確認しておきたいのは、そのような鄧小平の「遺言」でもあるような「論争しない」という方法が方法として現時点では選択され、無意識の支持を得てしまっている事態である。対比するならば、毛沢東時代とはむしろ「論争」の時代であった。鄧小平からするならば、過去の反省も踏まえ、またそのことを糧としながらも、あえて「論争しない」ことが選択されたわけであり、それも実に現代中国的な選択であると言えるかもしれない。すなわち、ここで生じている磁場は、「論争しない」体制が全体を覆っているということではなく、「論争する」という態度の極と「論争しない」という二つの態度の極があって、時期と状況を選んでこの間の移動が潜在的には可能となっているという仕組みであろう。先の引用にも示された通り、鄧小平の思想には半ば格差を是認する態度と半ば格差を解消せんとする態度とが同居しているなど、矛盾するモメントの間を移動する思考法そのものが散見され、そのこと自体が現代中国の性格を物語っているようにも感じられる。

ここでもう一つだけ触れておきたいのは、鄧小平が言及した社会主義への信念である。もちろん改革開放以降、社会主義の定義は実に曖昧なものとなっている。市井において、鄧小平の言った「中国の特色を持つ社会主義」は「中国の特色を持つ資本主義」にも置き換えられている。では鄧小平の言う、すなわち中国共産党が守っているところの社会主義とはまた全くの虚偽の代物なのであろうか。

整理して考えてみると、中国共産党自身もそこで信じていることとして、先に述べた「政経一体」のシステムを最大公約数として「社会主義」の内容としている事態がある。であるならば、必要なことは、その「政経一体」のシステムそのものに対する具体的な分析もさりながら、現代中国にとってそれがいかにして必要なものとされてきたのか――この歴史的淵源に遡って考察することが肝要である。そこで鍵となるのはやはり、現代中国の形成過程にあっての主権防衛と内戦の危機の歴史であろう。すなわち、そういった切迫性の中で、農業生産の主体を地主に委ねておくことも、また工業生産の指導権を資本家に引き渡す余裕も与えられなかったという歴史経験の重み――これをまず尊重しなければならないということになる。そこで伝統中国から近代国家建設への脱皮の過程は、一時期において極度に集中化したシステムの構築を要したのである。その意味でも、結果でもあり原因でもあるところで、現代中国を生きる人々にとって、「政経一体」を旨とする共産党の指導性と強力な中央政府の存在は必須条件なのである。しかしてまた、そういった体制を許容する精神的基盤は、長期にわたる帝国統治期も含む中華世界の文化統合の歴史の蓄積にも負っている、という円環構造を描くことになるだろう。

## 参照する現代中国、そして日本

先に挙げた幾つかのモメントを総合し、「比較」の文脈をもう一度確認するならば、日本も中国もインドも含め、非欧米諸国地域はそれまでの過去のあり様に基づき、また当時の歴史条件において欧米（ソ連も含む）の制度や文化を模倣しつつ己の近代（モダニティ）を追求してきた、ということになる。ただ、結局のところこのような「比較」は一体何のために必要なのか、ということはいま一度はっきりさせておかねばならないことである。つまり「比較」は、方法意識に基づいたものでなければならないということである。そのため、日本の読者を主要な対象とする本書では、もう少し遡ったところからの日本文脈によるアプローチを提示する必要があろう。

古来より海を挟んで中華帝国に近接していた日本（琉球弧はこの場合に念頭の外に置く）は、朝鮮やベトナムやモンゴル、琉球などのように王朝の存立のため直接的な承認を中華に負うシステム内部（冊封体制）にはなかった――このことは東アジアの文脈においてやはり重要であり、見落とすことはできない。そしてまた中国との差異として、日本は武士層が長期的な統治主体として君臨していたことも念頭に置かれねばなるまい。つまり、日本の制度や文化は、多く中華からもたらされたものとはいえ、すべて日本的に選択され変形されてきたわけであり、そこで独自の政治文化が作動していたことは否定できない。制度や文化の力として圧倒的に中華の側の優勢があったとしても、日本のかつての知識人たちはそれを巧みに、また勝手に読み替えていたことになる。

このことは翻って、また現在の日本のあり様にも当てはまることである。現在の日本は、制度的・文化的な意味で、アメリカからの圧倒的な影響力を受け、また日米安保体制に象徴される依存関係に入っていながらも、日常生活での習慣や集団形成のあり様などからすると、実際にはアメリカと全く違った文化態度が主流である。端的に、日常生活の領域において、日本人はアメリカ人のようには振る舞えないのである。いずれにせよ、こういった日本的主体性を前提として、日本は近代化の過程において中華からヨーロッパへ、さらにアメリカへと、自身が依存する上位参照枠を容易に変更してきた。

そのような日本がもう一度、かつての中華をリニューアルさせた現代中国に、近年の言い方では「台頭する中国」と向き合わねばならなくなった。だからこそ、ここに困惑が生じないはずがない。そこでたとえば、日本にとっての上位参照枠をもう一度中国に付け替えること——この可能性はまずあり得ないものと私個人は思う。前提として、現代中国は既にかつての帝国ではなく、実際にも国際法に則って行動せんとする国民国家の一つにすぎないし、またそのように行動せんとしている。にもかかわらず、否応なく、ほぼヨーロッパ（EU）の二倍弱の人口を要する中国は、その規模においても、またその文化統合の性格からしても、従来の国民国家モデルのみでは解析し得ない対象であるということ——このことは認めねばならない。このことは、中国に近接する東アジア地域において特段に知的エネルギーを費やさねばならない方向性を指し示す。

先に述べたように、現代中国は日本も含めた他の非欧米諸国・地域と比較するならば、自己の過去の遺産（この場合には文字によって記された歴史のことを言う）の保存度が数段に高いこと、このことはもう一度強調しておきたいことである。ただ、これまで述べたように、現代中国が自身の外側にあるものをモデルとしてこなかったことを意味しない。他の諸国地域と同様に、現代中国もまた欧米（ソ連また日本）をモデルとして己の近代（現代）を追求してきたはずだが、そのモデル化の仕方にやはり独特の土着化の契機があったと言わねばならない。では中国においてその土着化は、一体どのような機制と法則によって実践されたものなのか。果たして、そこに過去の遺産が入り込んでくることになる。しかし現代中国において自己の過去の遺産が参照枠となってきたことは、外側からは一見して目に着き難いものであり、また中国人内部においてもそれは多分に曖昧で無意識的な作業となっている。だからこそ、この領域に照準を合わせることによって、おそらく現代中国にかかわる議論がより生産的なものとなるのではないか、とも推察されるのである（詳しくは、第1章以降の内容に進んでいただきたい）。

◈

以上述べたことをまとめるならば、「中国」というネーション・ステート形成にかかわるロジックには、ある一貫性が存することが浮き上がってくる。つまり、失われた帝国の損失をネーション・ステート形成の中で回復し、民族としての自由を勝ち取ること。そのための手段として、「革命」というコースが選択され、この「革命」を実践する主体としての「党」が必要視されたということ。そしてネーション・ステート形成の中間地点として、一九四九年の人民共和国の成立があり、さらにもう一つの別次元への展開として鄧小平によって主導された改革開放の中国が目前にあるということ。そして今日、いわゆる「台頭する中国」というイメージはまた、多分に中華帝国の再生形態として認識される余地も残しているということである。

ここで一つ留意しなければならないのは、改革開放における社会発展にしても、それまでの革命政治の成果が大きな前提となっており、「党」はその機能をシフト・チェンジさせて己の機能を発揮させ続けている事態である。であるならば、イタリアのマルクス主義者、アントニオ・グラムシがかつて現代の君主としての「党」を定義したことは、実に中国において最も示唆的なことであったのかもしれない。グラムシによれば、「党」とは、知的なもの、道徳的なものにかかわる改革装置である。現代を生きる中国人にとって「党」は、それを否定するにしても肯定するにしても、単に外在的な存在ではなく、彼、彼女たちの希望を集合的に表現してきた何かである。孫文が規定したところの人の心を作る装置としての「党」のあり様は、将来どうなるかはさておくにしても、現在に至るまで機能し続けているのである。

ここで再度強調しておくべきことは、以上の意味からも、現代中国が己の「近代」を発展させてきたコースは、やはり著しく日本とは違ったものとなっているということ。このことをまず認めた上で、さらにその差異を確認するための適正な知的枠組みというものが、実にいまだ発見されていないということである。このことを前提にした上で、いかに現代中国のあり様を受け止め、そして東アジアにおいて共存していくのか、これが今日、特に日本内部の中国認識の形成に課せられた使命であると思われる。

その意味でも、「没落する日本」と「台頭する中国」という通俗化した構図によってのみ両国の間の出来事を比較するのであれば、それはいささか単純に過ぎるものである。もとより、日本文脈による中国及び現代中国の意味だけを特権的に浮き立たせる必要もないかもしれない。だが、にもかかわらず対照的に現代中国にとっての日本という存在も、別の意味で困惑の対象とならざるを得ないものである。それはまさに、現代中国の始まりのプロセスの中に日清戦争からの日本との屈折に富んだかかわりが生じたからである。

現代中国の形成の方向性とは、中華の王朝の交代劇とは別次元の思考を身に着け、「中国」というネーション・ステートを追求することにあったが、そのきっかけはポスト日清戦争期に存したことになる。それは第一に、日清戦争以降に大きな流れをなした日本留学での学習経験から、王朝とは別次元の国民国家（ネーション・ステート）という概念が学ばれたということ。そして第二に、清国の敗北から始まった清朝内部の改革運動（戊戌《ぼじゅつ》の変法）の挫折から革命派が生じ、革命を通じた国民国家形成への糸口が見えることになったということ。そして第三に、そのような国民国家への胎動の端緒に日清戦争（敗北）があり、そこで清国人とは別のアイデンティティが求められ、「中国」という概念が期待の地平に浮かび上がってきたということ。このようなプロセスにおいて、中国のネーション・ステート形成の初発の動機が形成されたと言える。その意味からも、実に「中国」とは、日本との戦争に敗れ生まれ変わろうとした「われわれ」という起源を刻印して誕生した何ものか、と言わざるを得ない側面もある。すると「中国」ナショナリズムというものは、それが浮き出てくる際には常に、（それに負けたくない）「日本」の影が立ち上がってしまうという、潜在的な素地を抱えていることになる。

周知の通り、日本で言う尖閣諸島（中国から言うと釣魚列島）は、日清戦争の後半、日本の内閣が閣議決定した後に「併合」した経緯を持つもので、中国側のナショナル・ヒストリーからすれば、日本からする侵略の突端に位置する象徴物である（もちろん、冷戦期においては、国交がない状態であったことからも、また米軍がそこを管理していたことからも、尖閣諸島／釣魚列島は久しく係争の対象とはならなかった）。二〇一〇年代に入ってから、にわかに「領土」という実に一九世紀的とも言える問題が惹起され、まさにわれわれを困惑させている今日である。総じて、この事態を解くにも、実に初歩的なアプローチが繰り返されなければならないように思われる。つまり、それぞれのネーションステート形成のストーリーの中にあるお互いの無意識を明るみに出すこと、そして近代化にかかわる自らの参照体系を批評的に解読すること。すなわち本書は、そのような歴史批評を、現代中国の形成を手掛かりにして推し進めようとする試みなのである。

# Ⅰ　「帝国」の再編成

# 第1章◎「中国の台頭」と帝国の再編成

## はじめに

序章でも述べたように、現代中国という概念が特異な意味を帯びて存在するのは、紛れもなく中国の「現代」が中国革命というプロセスをその中に孕み持っているからである。が、この時注意深くあらねばならないのは、さらに革命のプロジェクトが帝国＝中華という存在によって強く規定されており、容易にモデル化し難い領域が議論されねばならないことである。この領域を考慮しないならば、一般的な近代国家形成のロジックから、ウェスタン・インパクトを受けて中華帝国が否定され国民国家建設に向かうというストーリーが充当されるだけになる。しかし現在、中国の帝国性は消滅していないとも考えられる。(防衛戦争も含む)中国革命のプロセスからおよそ清帝国の規模が回復されるなど、少なくとも現代中国は、明らかに西洋近代が想定する国民国家の範疇には収まらない様相を見せている。中国はウェスタン・インパクト以来、国民国家建設を一貫して追求してきたわけであるが、中国が列強帝国主義に対抗して主権を回復し、内部では中国革命を推し進めてきた一方、序章で述べたように、そのプロセスは帝国の回復を含んでいたのではないか、という仮説も成立する可能性がある。「中国の台頭」が叫ばれている今日、「帝国の再編成」といった角度から現代中国を考察せねばならないことも必然的な課題となっていよう。

しかしこの時なされるべきことは、中国を静態的に観察し、無時間的に取り出すことではない。ウェスタン・インパクトに至るまでも中華（帝国）は絶えざる生成の過程にあったわけであり、さらに辛亥革命からの国民国家形成において表面的には後退しつつも、何ものかへの転化を遂げ続けていたということになろう。その転化の内容を表現する概念こそ、つまり帝国の回復に至る現代中国革命だったと言うことになる。ともあれ、一つの前提事項として、中国の「現代」は清朝内改革派の挫折を経由したものたることは確認せねばならない。

たとえば、儒教（公羊学派の三背説）を典拠として理想世界を開陳し、体制内改革として「変法運動」を進めようとした康有為——彼が北京に上京した際（一八八八年）提出しようとした上書には既にこう記されている。

ひそかに見るに、今や外夷こもごも迫り、琉球滅び、ベトナム失われ、ビルマ〔ミャンマー〕亡滅してより以来、わが朝の補佐たるべき羽翼はことごとくきりとられ、外夷のきっさきはまさにわが心腹に及ぼうとしております。

近来東には日本が朝鮮を取ろうとたくらみ、わが吉林をもうかがい、西にはイギリスがチベットに進出して、さらに四川、雲南をねらっています。北にはロシアが鉄道を建設して盛京〔瀋陽〕に迫らんとし、南にはフランスが乱民を扇動しつつ、雲南、両広〔広東、広西〕を取ろうとしています。内には反逆の匪徒が長江、黄河の間いたるところに居り、まさに反乱を起こそうとしています。(「清帝にたてまつる第一の書」、西順蔵編『原典中国近代思想史』小島晋治訳、第二冊、岩波書店、一九七七年、一二二~一二三頁)

そして、彼が清朝体制内改革を実行に移さんとしつつある中で執筆された『大同書』(一九〇一年に完成)の緒言の冒頭にもこうある。「〔私〕康有為が大地に生まれたのは、インドがイギリスの領土となった年〔一八五八年〕のことである」と。この言葉にも象徴されるように、康有為によって率いられた〔体制内〕改革運動とても端的に言ってウェスタン・インパクトの大きさに突き動かされたものであることは説明を要しない。西からひたひたと押し寄せる列強の到来を隣邦、インドのムガル帝国の滅亡とともに感じ取り、なおかつその年と自分の出生年とを結びつける歴史感覚には並々ならぬ思いがある。まさに亡国の情が俄かに噴き出している。

だがこの時期、体制内改革派は、国民国家を構成することによって帝国主義に対抗する段階には至っていなかった。ウェスタン・インパクトを跳ね返す主体は、あくまで帝国なのであった。

それは先に引用した「清帝にたてまつる第一の書」からも窺えるものである。さらに、計一〇部からなる『大同書』のセクションの標題にも「国境を排し大地を合一する」また「民族を除去し世界を一つにする」などがあるように、旧来の帝国性の瀰漫《びまん》が容易に指摘できる。この時点での中国人にはまだ、国境を鎧のように固め、そしてネーションとステートを一致させる国民国家の必要が感知されていなかったのである。

さて、康有為たちが企図した体制内改革運動が失敗に帰した後、一〇年後に辛亥革命が引き起こされる。構図で言えば、体制内改革の道が断たれた後、力を増したのは孫文などの革命派ということになるが、革命派にとってはもはや清朝は打倒の対象となる。そこで初めて、西洋あるいは日本から導入されたのが、国民国家というコンセプト、と言うことになる。清朝は満州人の政権であり、正しく漢民族の政権が国家経営を担わなければならない、という「種族革命」が革命派の主要イデオロギーとなった。

さて、革命派は数次にわたる蜂起を繰り返し、失敗を乗り越え辛亥革命が成功すると、ついに形式としては国民国家である中華民国が誕生する。すると先に『大同書』の「民族を除去し世界を一つにする」というテーゼは宙づりにされることとなった。ただ、もう一つの「国境を排し大地を合一する」は別の文脈に転化することで、そのテーマの持続性がひねりを加えられて確認されることとなる。つまり辛亥革命の後の深刻な混乱期の到来によってそうなるのである。各軍閥の政権が並び立ち、それぞれ海外帝国主義の後ろ盾を持ち独自の徴税権を担保したことにより、中国内部にこそ「国境」に似たものができたということ。これに加えて、その軍閥割拠状態を克服するために始まった国民革命（いわゆる「北伐」一九二六年〜）の最中において、思いもよらぬ、あるいはまた後から振り返れば必然的でもある契機が生じる。つまり一九二七年四月、蔣介石の反共クーデターによって国共合作が破綻、その中から軍事的に自律する共産党の「根拠地」が成立、そして数年間の時間を持ちこたえた歴史事実である。毛沢東が主席となった江西省から福建省にまたがるその「根拠地」は、中華ソヴィエト政権と称された。

## 毛沢東思想の起源

一九二〇年代後半から三〇年代にかけて、毛沢東が党内で頭角を現していくプロセスを象徴する報告として「中国の赤色政権はなぜ存在することができるのか」（一九二八年一〇月）がある。この報告は世界情勢からするならば、むしろ帝国主義国家群において不戦条約（ケロッグ・ブリアン協定）が成立している時期であることを推し量る必要がある。すなわち、帝国主義間の戦争が一時的には止む一方で、むしろ中国内部においては帝国主義勢力に反映された戦争状態が昂進している事態である。

一国のなかで、一つの小さな、あるいはいくつかの小さな赤色政権が、周囲を白色政権にとりかこまれながら、長期にわたって存在することは、いままで世界のどの国にもなかったことである。このような不思議なことが起こるには、それなりの特有の原因がある。またその存在と発展にも、かならずそれに相応した条件がある。第一に、こうしたことは、どの帝国主義にも、また帝国主義が直接に支配しているどの植民地にも起こりえないが、帝国主義が間接に支配している、経済的におくれた半植民地の中国では、必然的に起こるのである。なぜなら、このような不思議な現象は、かならず白色政権のあいだの戦争というもう一つの不思議な現象と結びついているからである。帝国主義と国内・郷紳階級の支持している新旧軍閥の各派は、民国元年いらい、たがいにたえまない戦争をつづけている。これが半植民地中国の特徴の一つである。全世界の帝国主義のどの国にも、このような現象がないばかりでなく、帝国主義が直接に支配している植民地のどこにも、このような現象はない。(『毛沢東選集 第一巻』北京外文出版社、一九六八年、七七頁、筆者訳)

ここには明らかに、帝国主義に取り囲まれ、その干渉戦争に耐えねばならなかった十月革命後のソ連とのアナロジーがある。そして、帝国主義に間接支配された中国内部の白色政権は新旧の軍閥の寄せ集めとして捉えられており、しかしそれらが一致して赤色政権を追い詰められない状況が示されている。

ここで気を付けなければならないのは、中国がインドのようには直接に支配されておらず、間、接的に支配されているという文脈である。この知見は、今日の現代インドと現代中国を比較研究する際に決定的に重要である。たとえば、英領インドは、ムガル帝国段階でイギリス一国による分割支配を受けた。そして植民地支配後期にインド国民会議など様々な政治自治組織が発足するわけだが、中ではイスラム連盟のように宗教的種別性を機軸とした組織も発足する。そのような状態で植民地末期の一九四五年から四六年にかけて総選挙が実施されると、地域ごとに宗教上・民族上のマジョリティ／マイノリティが過剰に敵対性を帯びることになる。結果、四七年の独立過程において、東西パキスタンとの分離が招来される（さらに四八年には、ビルマ、スリランカなどが分離独立）。またそれとも相関して独立後のインドはイギリス方式の選挙制度により、地域の行政システムが毛細血管のように分枝させられ、全体としての「土地改革」への志向をあらかじめ抜き取られている。ここから、後の社会全体におけるカースト制の残存を予測することもできる。さらに言えば、今日のインドにおける都市スラムの形成は、四〇年代後半の独立過程における分離運動に大きな背景を有していることは間違いない。パキスタン領やカシミール地方から多くの難民（非イスラム系）がインド領側の都市に流れ着いていたのである。

さて、一方中国はどうであったか。毛沢東が言うところの「間接」の支配とは、蔣介石も汪精衛も、またその他複数の軍閥も、それぞれのパトロン＝帝国主義をバックにしたところでの活動を展開していたことを意味するが、翻って中共もまたこの当時はソ連からの援助を受けていた（後に毛沢東路線はソ連からの「自立」を志向するが）。ここにおいて、当時の世界の帝国主義クラブ同士が不戦条約下にある中、むしその帝国主義勢力の闘争が中国国内に反映される、というステージが出現したことになる。そしてこの中から毛沢東は、土地改革を中核に据えた闘争で勝利を重ねていく。そして結局これが、中国が分割されないまま帝国の版図を引き継ぐ要因の一つになったと考えられる。

いずれにせよ、毛沢東の実践的思考は、以後基本的に内外の帝国主義勢力間の矛盾を利用し、その矛盾の中をどう生き抜くか、という発想を終始持ち続けたことになる。それを哲学論として示したのがいわゆる「矛盾論」（一九三七年）であり、さらにその基本構図の中に日本による直接侵略という変数を投げ込んだのが「持久戦を論ず」（一九三八年）になる。日本が中国に侵入したことで、またその日本の背後に国際的な反ファシズム統一戦線が成立するなど、さらなる弁証法的展開が生じるところとなった。

では、このような外部と内部が流動的に転化していく中華のステージは、そもそもいつからできたものであろうか。実のところ、やはり清末（帝国末期）からのことであると特定できよう。中国経済学者、黒田明伸が述べているように、それまでの清帝国は世界通貨の流通を許しながらも、世界経済の中でも帝国経済の自律性を担保し得ていた。それが一九世紀の後半になると、対外流動性への傾斜を加速させる国際金本位制の確立により、現地通貨の存在根拠が脅かされることになる。そこからの帰結として、辛亥革命は、世界経済と清帝国との間の優劣関係をはっきりさせ、中華帝国が世界経済の中に「溶解」する過程を象徴した出来事となった。そこからいわば、中国の内部と外部とが流動的に相互転化するステージが成立するに至った。

以上のような黒田の知見の有効性は、辛亥革命から三八年後の人民共和国の成立（一九四九年）によって、もう一度中国が世界経済に対する（強いられた形での）自律を回復することで裏書きされることにもなろう。いわば、間接に帝国主義の支配を受けた基本ステージがまず閉じられたことになる。より具体的に言えば、解放後の人民共和国は、外国金融権力が自国経済を牽制する事態を許していないということである。現在の中国も（九〇年代前半の経済破綻したロシアの金融政策を反面教師として）金融権を手放さないでいる。また、WTO（世界貿易機関）への加入を経ても、中国政府は黒田が描写したような意味で世界経済への「溶解」を食い止めようとしている状態である。そこで現在の人民共和国は、世界経済と繋がりつつも清朝のように世界経済に対する自律性を保持しているという意味でも、かつての帝国性を担保し得ている、という見方が成り立つわけである。

いずれにせよ、先に引用した毛沢東の「中国の赤色政権はなぜ存在することができるのか」においても頻出するように、中国にとっての敵はずっと帝国主義であった。この構図を押し広げて言えば、旧帝国は常に帝国主義によって狙われるという世界史の法則が理解できるであろう。それはインドにとってのイギリスであり、中国にとっての日本も含む諸列強であり、あるいは今日では中東のイスラム圏にとってのアメリカということになるかもしれない（あるいはまた旧ユーゴスラビアにとってのNATO〔北大西洋条約機構〕軍）。

話を先に進めたい。ここから語っておかねばならないことは、人民共和国以後のことであろう。

## 毛沢東の空間認識

一九四九年の人民共和国の成立から、さらに明確な形で六〇年前後に明確化していくことになるソ連との決別は、ある意味では過剰にも中国の国家としての自律度を高めることに結果した。ここで「過剰にも」と言ったのは、当時西側の国々はほとんど中国を国家として承認していなかったこと、さらに経済環境の上で中国はほとんど鎖国状態となったという意味合いにおいてである。

人民共和国における脱ソ連の動きは、当時の国際政治に即応するようにフルシチョフによるスターリン批判の衝撃から始まるとも言えるが、毛沢東がそれを意図し始める徴候はまず一九五六年に発表された「十大関係論」からで、独自の経済建設を追求する姿勢がわずかに確認できる。しかし朝鮮戦争時におけるマッカーサーの原爆投下の危険性が高まっていたことも受け、新中国は同時期の五七年一〇月ソ連から原爆製造技術の供与を受けるため中ソ国防新技術協定を結んでいる。だが潜在的なソ連離れは進行し、それはデタント時代における世界空間の把握として現れる。その比較的明確な徴候は、五八年九月に報告された「最高国務会議における講話紀要」であり、そこで「中間地帯」という概念が使われている。

「中間地帯」とは、米ソ二大国の間に挟まれた地帯を指し、今後中国がこの領域において敵友関係を再編するなど政治力を発揮するフィールドのことである。ところでこの「最高国務会議における講話紀要」が台湾の蔣介石政権に対する一九五八年八月からの金門島砲撃戦直後に出てきたものであることは、やはり重要である。この時人民共和国政府は、デタントを持続させようとしていたソ連が早急なる支持声明を発しなかったことへの強い不満を持っていた。アメリカに対する敵対意識は既に定数のものであったにせよ、軍事的なものにかかわってもソ連に対する不満がこの時急速に毛沢東も含めた中共首脳部の意識に上ってきた（その意味でも、むしろこの講話において、ソ連への言及は少ない）。そこで目指されたものこそ、米ソの間にある第三の空間にほかならなかった。

第二、アメリカ帝国主義は、NATO〔北大西洋条約機構〕、バグダッド〔中央条約機構〕、マニラ〔東南アジア条約機構〕といった軍事集団を結成しているが、これらの集団の性質は、けっきょく、どんなものか？　われわれは、あれらは侵略的だと語っている。あれらが侵略的なことは、まったく確かなことだ。しかし、そのホコ先は現在どちらを向いているのか？社会主義に攻めこむのか、それとも民族主義に攻めこむのか？　いまのところ、民族主義に、すなわちエジプト、レバノン、中東の弱い部分に攻めこもうとしている、とわたしはおもう。社会主義諸国についていえば、たとえばハンガリーが失敗し、ポーランドも崩壊し、チェコ、東ドイツも崩壊し、さらにソ連でさえ問題がおこり、われわれにも問題がおこって、まさに倒れそうだという、そうしたときに、やつらは攻めこんでくるはずだ。倒れそうだというときに、やつらが攻めこんでこない理由《わけ》があろうか？　いまのところやつらは倒れないが、われわれも強固である。われわれの骨が硬くてかじれないから、やつらはかじりやすいところをかじっている。そしてインドネシア、インド、ビルマ、セイロンなどに手を出し、ナセル、イラクをくつがえそうとし、アルジェリアを征服しようとしているのだ。

こんにち、ラテンアメリカはたいへんな進歩を遂げた。ニクソンは副大統領だが、八ヵ国で歓迎されず、ツバをはきかけられ、石を投げられた。アメリカの政治代表が多くの人々の面前で、ツバであしらわれたのだ。これは「尊厳」を侮蔑し、「礼儀」に欠けることだ。だが、かれら〔ラテンアメリカ人〕の考えではそんなことはものの数ではなかった。おまえらは、おれたちの敵だ、だからツバや石であしらうのだ、というわけだ。だから、あの三つの軍事集団を過大評価すべきでなく、分析を加えなければならない。あれらは侵略的だが、けっして強固ではない。

（中略）

第五、ド・ゴールが登場するほうがよいのか、それとも登場しないほうがよいのか？　現在、フランス共産党と人民は断固としてド・ゴールの登場に反対すべきであり、かれの憲法に反対投票をしなければならない。しかし同時に、反対がダメになったときの、ド・ゴール登場後の闘争の準備をしておかなければならない。ド・ゴールの登場はフランス共産党とフランス人民を圧迫するであろうが、対内対外ともにいいところがある。対外的には、この男はイギリス、アメリカとの紛糾を喜んでいて、はなはだ益するところがある。対内的には、フランスのプロレタリアートを教育するための不可欠の教員である。その点、わが中国の「蔣委員長」と同じだ。共産党の正面教育だけではダメで、「蔣委員長」がいなければ、六億の人民を教えこむことはとてもできなかったろう。ド・ゴールは現在、威信をまだもっているから、いまかれを倒しても、かれは死なず、人びとはかれをしたう。かれを登場させて、おそくとも五年、六年、七年、八年、十年やらせれば、かれはきっと倒れる。かれがひとたび倒れれば、第二のド・ゴールはなくなり、この毒は発散されてしまう。この毒は発散させなければならないし、毒は発散してしまえば消えてしまう。(太田勝洪編訳『毛沢東 外交路線を語る』現代評論社、一九七五年、四七~五〇頁)

この「最高国務会議における講話紀要」に特徴的なのは、フランスのド・ゴールが国内の左翼勢力からは「独裁」としてどれほど批判されていようとも、米ソに距離を置くその姿勢に対して賛意を示している点である。毛の論法では、このド・ゴールによる独自外交路線は覇権大国を牽制するのに有益であるとし、次いでこのド・ゴールをさらに乗り越える主体としてフランス左派がある、という位置づけになろう。ここで強調されているのは、ド・ゴールを乗り越える努力を通じてフランス左翼が教育されるという文脈であるが、それを台湾に逃れた蔣介石とのアナロジーとして語っているところもまた興味深い。いずれにせよ、この「中間地帯」なる発想は、中国の外では帝国主義同士が停戦状態にある中（今回の場合は米ソのデタント）、中国内部の戦争状態（国共内戦の延長線上にある金門島砲撃戦）を背景に持つことからも、かつての報告「中国の赤色政権はなぜ存在することができるのか」との類似性が確認できる。ともあれ「中間地帯論」のこの後の展開をもう少しトレースしておかねばなるまい。

この後の一九六二年に勃発した中印戦争は、明らかに五四年段階でインドと結んだところの「平和五原則」（相互尊重、相互不可侵、相互内政不干渉、平等互恵、平和共存）の破綻を意味する。この意味も実に大きい。五四〜五五年に浮上していた「平和五原則」やバンドン会議の水準のコンセプトが破綻し、新たな空間認識が発明されねばならなくなっていた。そして、文革が発動される前（核実験を成功させる直前）に提出された「二つの中間地帯」（六三年九月、六四年一月、七月の講話）に突きあたる。ここでの二つの「中間地帯」とは何か。一部分を引用してみよう。

アメリカは手をわれわれ西太平洋、東南アジアに伸ばそうとしている。伸ばし過ぎである。ここに来ている第七艦隊はアメリカ最大の艦隊である。アメリカには一二隻の空母があるが、第七艦隊で六隻もある。さらに第六艦隊が地中海に当てられている。一九五八年のわれわれの金門島砲撃戦の時、アメリカは慌てて、第六艦隊の一部分を東に差し向けた。アメリカはヨーロッパ、カナダ、キューバ以外のラテンアメリカをコントロールしている。そして今また、アフリカにも手を伸ばし、コンゴで戦争をしている。

アジア、アフリカ、ラテンアメリカの人民はみな、アメリカ帝国主義に反対している。ヨーロッパ、北米、また多くのオセアニア諸国でも多くの人々がアメリカ帝国主義に反対している。またある帝国主義国もまたアメリカ帝国主義に反対しているが、たとえばド・ゴールがアメリカに対抗しているのがそれを証明している。われわれは今、このような見方を提出している。つまり、二つの中間地帯であり、アジア、アフリカ、ラテンアメリカが第一のそれ。ヨーロッパ、北米カナダ、オセアニア諸国家が第二の中間地帯。日本もこの二つ目に入る。日本の独占資本はアメリカに不満を持っており、今既に部分的にもアメリカに反対していることを表明しているが、別の部分はアメリカに依存している。しかし思うに、時間が経てば、日本のそれらの人々の多くの部分も自分の上に圧し掛かっているアメリカを追い出そうとするだろう。（『毛沢東文集 第八巻』北京人民出版社、一九九九年、三四五頁、筆者訳）

二つの「中間地帯」の一つのカテゴリーは、日本やカナダもそこに含むところのヨーロッパ・オセアニア諸国のこと、そしてもう一つは、アジア、アフリカ、ラテンアメリカのことで、後の「第三世界」と呼ばれる国々のことである。

ここでも毛沢東がまず注目しているのは、またもフランス（ド・ゴール）の動向であった。フランスは実に、一九六〇年に核実験を成功させている。興味深くも、毛はフランス（ド・ゴール）を帝国主義国として名指している一方、中間地帯の一つにも分類しているのである。その扱い方は先にも述べたように、その米ソから自律した独自外交に賛辞を送るものであり、フランスの核実験の成功はさらにその思いを後押ししたことになる。いわずもがな、中国はこの流れを引き継ぐように、一九六四年自国の核実験を成功させるのである。

この後で注意を要するのは、この「二つの中間地帯」のもう一つのカテゴリーたるアジア、アフリカ、ラテンアメリカへの関与が今後どうなっていくかである。さらに一九七〇年代に入って「中間地帯論」の発展形である「三つの世界論」の段階になると、帝国主義は米ソの二つに局限され、新たに設定された第二世界は先の中間地帯（後者）たるヨーロッパ・オセアニア諸国となり、そして「第三世界」にもう一つの中間地帯として分類されていたアジア、アフリカ、ラテンアメリカが充当され、また中国もそこに含まれる塊として認識されることとなった。

こういった空間認識の編成を国民国家という物差しで測った場合に、では一体どういう契機がそこに存しているのか、探ってみたい。毛沢東は一方で、建前としてはこれら「中間地帯」の国々を国際法に照らすところでの国民国家群として承認している、つまり国民国家の相互承認の論理を受け入れているのである。しかしもう一方で、一九六〇年代における「平和五原則」の破綻以降において、むしろこの相互承認の論理が八〇年代まで曖昧にされる。それは特に、アジア、アフリカ、ラテンアメリカに対してである。すなわち、中国からのいわゆる「革命輸出」をそこに潜在的に挿入させるものであった。それは端的に、カンボジアやアンゴラなどに代表される有形無形の「援助」の事実としてある（アンゴラへの「援助」に関しては、反ソが最も強い動機であり、むしろアメリカと共同歩調をとっていた）。

だがそこに転機が訪れることになる。カンボジアでの革命政治（ポルポト政権）の行き詰まりと中越戦争（一九七九年）により、中国政府は一九八〇年代に入ると急遽、五四年段階の「平和五原則」に立ち戻ることを宣言することになる。簡単に言えば、革命の輸出を自ら放棄することを宣言するところとなった。そして最終的には、八九年の六・四天安門事件の直前に訪中したゴルバチョフとの間で正式にアンゴラへの関与が清算され、そして最終的な中ソの和解が成立する――「革命輸出」路線は完全に終了したものと見做せる。もちろんここに至るまでに、七九年における米中国交樹立が大きいのだが。

今日では、中国政府の要人がかつての旧中間地帯（アジア・アフリカ・ラテンアメリカ）を訪問する際の演説では、常に「平和五原則」が持ち出され、国民国家の承認政治の水準が確認されることになっている。にもかかわらず、今の中国にとってもかつての中間地帯（前者）は、やはり特別なエリアとしてあって、実質的にはアメリカやヨーロッパとは区別された存在として認識されてもいる。その理由として、一つにそれらの国々の多くが資源国として存在していることが大きいわけだが、いずれにせよ国連その他の国際機関における「政治判断」では共同歩調をとる機会が多いことも強調しておかねばならない。そこでの共同歩調の根拠とは、大ざっぱに言えば、経済成長と環境問題、そして主権防衛などについてのバランス感覚にかかわる類似性というもの、つまり後発近代化における矛盾の類似性に存することは十分に推測できる。そして共に、既に発展してしまっている先進国からの牽制をかわす意図が潜在する。

さて、ここでもう一点だけ元の時点に立ち戻って議論しておきたいのは、一九六〇〜七〇年代の歴史過程である。人民共和国は一九六四年に核実験を成功させ、またその二年後に文革が発動している事実である。しかしてそれと同時に提起された、もう一つの実践にもぜひとも触れておかねばならない。それはいわゆる「三線建設」と呼ばれる国防建設計画の実行で、核開発とも、また間接的に文革期の革命政治とも連動するものであった。

## 文革期の国家建設の遺産

「三線建設」の発想の淵源は、実は一九五八〜六〇年に地方で展開された「大躍進」政策に発するものと言われている。ちなみに、ここで言う「三線」のうち第一線とは沿岸部及び国境地帯のことであり、第二線とは第一線と内陸部の中間線、そして第三線とは四川省など内陸のことを指す。この中で特に第三線地帯の建設が重要視されることになった。すなわち、沿岸部及び国境地帯における侵略の危険を計算に入れ、国防上のシフトとして内陸重視に舵を切ったもので、またイデオロギー上では解放前の根拠地防衛戦争（人民戦争理論）への回帰現象とも見做し得るものである。しかし「三線建設」は先述したように、核兵器の配備と開発を念頭に置いたものとして、明らかに解放前の根拠地闘争とは物質的水準を異にしている。

しかしてこの「三線建設」は、一九八〇年代の改革開放期に入ると、建設地点の辺境性と、人と物の流れの立地条件からして、多大なコストと不便を強いたものとして批判的に総括されることになった。ただ改革開放がまたさらに深化している二一世紀の今日において、むしろ中西部地区の工業開発にとって、「三線建設」によって基礎インフラの整備が文革期に既に完了していたことなど、その功績面が強調されるケースがあることも指摘しておきたい。

ここで直観的にも不思議に思われるのは、「三線建設」という事業は文革期においてずっと途絶えることなく進行していたという事実である。この時期の中国は一方では革命政治に邁進していたと同時に、このような独自の近代化建設にも邁進していたわけであり、この二つを駆動した「二足歩行」として文革期の政治経済の動向を把握する必要があろう。それは、革命政治の構図では仮に毛沢東路線と劉少奇路線の種別性としても現前していたわけだが、実際のところこの「二足歩行」が現実の中国の姿であったのだ。

ただこういった把握は、当時の日本国内では極めて少なかった。文革を支持する政治潮流はもっぱら前者（革命政治）に深くアイデンティファイしていた反面、文革を支持しない潮流にしても後者（三線建設）の動向についてほとんど把握できていなかった。その中で当時、竹内好は吉本隆明との対談の中で、文革期中国について以下のような言葉を残していた。

もしそれを特定の人なり勢力なりに代表させるならば、毛さんのほうは国家解体の極だと思うんです。劉少奇によって代表されるほうが国家防衛、つまり官僚制の擁護というふうな図式になるんですがね。いま中国は、近代国家として非常に整備されています。そうでなければ、核開発なんかできっこないでしょう。しかし、歴史上はじめて整備された近代国家になっているけれども、中国社会そのものは、われわれの考えるような型の近代国家じゃない。そうとう流動的なんで、内部構造は複雑です。奴隷制社会から、資本主義社会から、人民公社なんかが理想とするような将来の共産主義社会まで、あらゆる歴史の段階を含んでいる社会なんです。中国社会というのは、一種の総合社会なんだね。だからわれわれのもっているような国家観とか世界観の尺度だけで律することは、むずかしいんじゃないかというのが、お手あげになる一つの理由なんですがね。（竹内好・吉本隆明対談「思想と状況」『文芸』河出書房新社、一九六八年一〇月号、引用は『状況的 竹内好対談集』合同出版、七四〜七五頁より）

竹内がここで述べている「総合社会としての中国」というコンセプトは、実に興味深いものである。ただここでは、竹内が中国の核兵器開発のことについて、日本人の通常の「核」道徳観から離れて論評しているところが特に肝要である。この「核」道徳観が日本国内で焦点化するのは、いわゆる左翼陣営において社会主義国の核と先進国の核を分離し、前者を容認する構図がかつて存在していた経緯とも関連する。しかして竹内の場合には「社会主義政権であったから」というわけではない。それは、核兵器を開発している発展段階と、それとは全く異なる様相を持つ社会状態が共存する中国的近代のあり方に注目しての発言であった。

ここで再び考察してみたいのは、現在の日本の平和運動圏における中国認識である。社会主義陣営の核を容認するアングルは既に否定されており、また中国におけるラディカルな政治実験たる文革も内外で否定されるに至り、日本の平和運動は、西洋近代的普遍以外の選択がとれなくなっている。実に、そのような「普遍主義」路線が既に所与のものとなっている。ところがその反面、中国からインド、そしてパキスタンへと（さらに潜在的にはイスラエル、イラン、朝鮮民主主義人民共和国へと）いわゆる第三世界への核兵器保有が浸透していく中、日本の平和運動はそこで有効な提言と実践をなし得ないままであることも、現状認識として必要な前提事項である。

ここで必要なことは、いわゆる国家政治のレベルで第三世界諸国が行った決断の背景にある歴史感覚――特に主権防衛への危機感――に深く接近しなければならない、ということである。いずれにせよ第三世界の核保有のきっかけを作ったのは、まさに人民共和国の「現代」的選択だったということだ。さらに皮肉なことに、核実験後の中国は一九七〇年代に入って、日米も含む西側諸国との関係改善に成功し、さらに国家建設における自信を勝ち得るなど、結果として他の第三世界に一つの歴史モデルを提示したことになる。

ここでポイントとなるのは、核実験開発とは先に述べた「中間地帯」論の提起と、さらに「三線建設」への邁進といった当時の国家戦略の一環として推し進められたものであったということだ――が、この文脈は改革開放後の現在、その歴史的コンテクストはかなりの程度消滅してしまっている。今日を生きる中国の若者にとっても、核保有に至る現代中国史の道筋はかなり曖昧なものとしてしか受け取れない。にもかかわらず、この場合に必要な評価の視点として、おそらく中国の核開発が明確にある政治的決断だったということ、すなわち、誰にも反対されない当然の権利のように所有したわけではない、ということははずせない状況把握である。

文革期の「近代化」にかかわる歴史が曖昧になっている、それ以上にそこで展開されたラディカルな「革命政治」に対する評価もまた曖昧になっている現況を指摘することができよう。汪暉は、『世界史のなかの中国』(青土社、二〇一一年)所収の論文「中国における六〇年代の消失」の中で、文革期の激しい政治闘争の結果として、基層の官僚組織が大衆運動に対して柔軟に反応せざるを得ない仕組みが遺産となった側面を強調している。そしてこれが、一九八九〜九一年のソ連・東欧圏の崩壊を受けても人民共和国が倒れなかった大きな要因であろう、とも推察している。

今日、文革期のラディカルな「革命政治」について論じる際にも、やはり毛沢東に起因する部分も軽視できないものと思われる(さらに核開発にしても、また改革開放の始動にしても毛沢東によって決断された)。そこでもまた「中国の赤色政権はなぜ存在することができるのか」(一九二八年)との類似性が確認できるかもしれない。文革の革命政治も、やはり世界的にはデタントの最中に発動されたもので、米ソが世界を二分し支配する構図(デタント)への抗《あらが》いが、中国内部の路線闘争に反映されたものと見做せる。ただし形式的にはソ連型官僚政治を代表する路線(劉少奇)が打倒されたものの、実際にはソ連型の緻密で高度な官僚制を抜きにしては核開発も「三線建設」も展開不可能であったと言える。次いで七一年になると、陣営上は人民戦争理論を代表する林彪の失脚により、文革の革命政治自体はその半ばにして頓挫し、むしろ中国はアメリカとの協調路線へ、さらに改革開放へと向かっていくことになる。

毛沢東の死後、鄧小平の改革開放が展開していく一九八〇年代、欧米に移った中国人学者の評価によって、毛沢東という歴史的個性を(農民)皇帝型権力として論ずる叙述が流行していた。こういった見解は、多分にオリエンタリズムを含んだ眼差しとはいえ、アイロニカルに真実を含んだ知見ともなっている。批判する側からのものだが、現代中国の帝国性への注視があるのだ。ただそのような論述において欠けているのは、「政治決断」の分析であろう。暫定的な評価をすれば、たしかに毛沢東は皇帝であった、が、また同時に革命家でもあった。翻って鑑みて、これはあまりにも当たり前の事実である。現代中国を英米流の近代ナショナリズムの文脈だけで処理することはやはり不可能なのである。

先の汪暉は『近代中国思想の生成』(岩波書店、二〇一一年)所収の論文「「中国」とその「近代」をどのように解釈するか」の中で、現代中国の歴史的評価について端的にこのように述べている。「近代中国が清代史という土台の上に成り立っていることを認めるならば、中国革命の結果生まれたこの近代中国をナショナリズムの知によって十分に描き出すことはできないだろう」と。汪暉の一九九〇年代からの仕事のモティベーションとは、欧米の近代中国への偏見を、また西洋理論の装置によって反論することであったと見受けられる。また汪暉は、現代中国にかかわる結論的総括として、帝国と国家の二元構造における内部的な錯綜にではなく、帝国建設と国家建設とが同時進行的に重なり合ってきた部分に着目しなければならない、とも述べている。現代中国は、その空間認識を弁証法的に転化させながら、結果として帝国の規模を回復する運動を展開してきたことになる。まさに、その同時進行の要《かなめ》の部分に中国「革命」が発動していたのである。

## 今日の様相

中国の近代国家建設における帝国性の問題は、しかし単純な解釈を許すものではない。たとえば先に述べたところで、改革開放が始動した直後に勃発した中越戦争（一九七九年）がある。この戦争はベネディクト・アンダーソンが述懐していたように、西側左翼においては社会主義国家間で戦争が生じたことの衝撃をもって受け止められた一方、日本の中国研究者においては、中国側の戦争言説「懲罰行為」が帝国性を「野蛮」に発露したものとして別の衝撃を与えていた。ただこの戦争の性格は、中国・ベトナムともに「三つの世界論」に反映されたところでの第三世界（カンボジア）への「革命輸出」をめぐってなされたもので、そこで結果したのは毛式の「第三世界論」がついに崩壊したことであろう。そして先に述べたように、中国政府は一九八〇年代に入って「中間地帯論」「三つの世界論」以前の段階としての「平和五原則」に戻ることを宣言するのである。

筆者の見たところでは、中越戦争の戦争形態を現象として論じるならば、最も一般的な意味での国民国家の正規戦の様相を強く呈したものであり、またその後の中越関係はカンボジア問題について妥協点を見出し、関係性をある程度までノーマライズすることにも成功している。否応なく、中国はこの戦争以降、国民国家の相互承認のレベルを逸脱しない配慮を見せるようになっているが、台湾に関しては、一貫して内政問題として扱っている。その理由として、台湾はやはり日清戦争前の段階において、独自の王朝を持つものではなく、（東側の原住民区を除いて）清朝が直接管理する行政エリアであったからだ。台湾は朝貢や冊封の対象ではなく、むしろ帝国の内部（福建省の延長）であったのだ。

さて、ここで述べている現代中国の帝国性そのものは、観察としては、一九九二年の南巡講話「以後」という第二次改革開放とも呼べる時間性の延長線上において、つまり九〇年代後半から徐々に顕現してきたものと言えよう。現在に至る汪暉の現代中国認識も、この南巡講話以降の文脈で練り上げられてきたものたることも確認しておく必要がある。

具体的に叙述してみると、こうなるだろう。一九九六年、台湾直接総統選挙への干渉行為としてのミサイル演習が、アメリカ太平洋第七艦隊の台湾海峡への侵入によって挫折させられていた。ただここでの挫折は、実際には傷にならなかったようである。というのは、にもかかわらず、その翌九七年の香港返還をつつがなく成功させたからである。ここに、現代中国史に一つの画期がもたらされることになった。これまでの文脈でいう帝国の回復が印象づけられたのである。香港の統治はその後、大陸とは別の法体系と通貨体系を有しつつ、またイギリス統治がもたらした選挙制度をも包含して今日に至っている。これこそ帝国性の顕現と言えよう。

ここでもう一つ付け加えたいのは、先に述べた一九九六年の台湾海峡危機以降の人民共和国内部での台湾問題及び軍事方面にかかわる調整である。中国は帝国性を発露し始めたとはいえ、帝国主義の論理には一定して距離を置いているように観察される。一つの前提として、八〇年代より解放軍内部ではアメリカのシーパワー論を模倣した海洋戦略政策が研究されていたことに注目してみたい。時期的には中国が第三世界戦略を放棄し、アメリカをはじめとした国民国家群の論理を急速に模倣しようとしていた時期である。そして九一年の第一次湾岸戦争の研究を間に挟んで、九六年には台湾の直接総統選挙への牽制として台湾海峡でのミサイル演習を選択した。ところが、先に述べたように、九六年の時点でアメリカ太平洋第七艦隊の介入を全く牽制できなかった結果は、やはり深刻に受け止められたようである。人民共和国は空母の保有も視野に入れた海洋権力への道筋にあるように見受けられる一方、現在あるのはソ連製の中古品である。アメリカ系雑誌が指摘しているように、「孫子の兵法」(見せかけの兵力誇示)ではないかとの指摘もある。現時点においては、広域海洋エリアにおいてはアメリカに太刀打ちできないとする判断があるらしい。ただし現時点で最も重要視されているのは、南シナ海への発展論理である。これは、領海設定や資源開発に力点が置かれているように見えて、実際のところはシーレーンの確保なのである。この海域の通航は、資源確保を海外に頼る現在の中国にとって死活問題となっている。「台頭する中国」は一方では、生存権の拡張を目指す権益の確保とその基礎となる海路防衛に向けられた自動運動を伴いつつある段階を迎えている。

こういった今日の大陸中国のあり様は、中長期的視点に立って台湾問題を取り扱う上では、また目に見えざる成果を挙げつつあると言える。つまり、(軍事的に事を荒立てなければ)台湾との間での政治統合を棚上げにした形での経済統合が着実に進行している。そして、台湾に対して、独自の軍事力を有したままでも名分において中国の一部であることを否定しなければそれで構わない、という姿勢が示されている。結局のところ人民共和国政府は、台湾問題を長期的視野に立って解決するステージを築いたかに見える。台湾を自国の勢力圏内に留め置きさえすれば、それは北に向かっては東シナ海でのヘゲモニー行使として、そして南に向かっては南シナ海での通商海路の防衛として、いずれにせよ人民共和国の対外戦略における自由度が確保できるという算段である。

この傾向に関して、つまり基本としては陸国家としてありながら、海の国家への道筋も模索しているのが今日の中国のあり様ということになる。かつて清朝が北洋艦隊を整備し、海への拡張も図りながら、一時期の挫折(日清戦争)を被っていたことは、実に一二〇年前のことである。いわば、今日の人民共和国は、一二〇年前の挫折を意識しつつ、慎重に海への拡張を目指しつつある段階にあると言えよう（この中国における陸から海への転換の歴史内在的ロジックに関しては、後に触れることになる）。

## まとめに代えて

改革開放以降のここ三〇年の中国の外交環境を簡単に整理しただけでも、中国が自身のポジションを目まぐるしく調整してきたっている事態が感得できよう。現代中国は己の世界内における位置づけを、常に弁証法的に柔軟に模索し続けている。この際にやはり重要なことは、現代中国の性格を中長期的スパンにわたって解析する歴史感覚をいかに磨いていくかであろう。現代中国の傍らで生きていく限り、このことは必須の作業とならざるを得ない。

日本ではあまり顧みられることのない人民共和国の周辺問題にかかわる柔軟な対応例では、改革開放後の方針を凝縮した路線として一九七九年に出された「台湾同胞に告げる書」が今日に至るまでの基本的姿勢を言い表している。この文面には、武力解放のニュアンスはほとんど認められない。ただ、中華民族の大同団結が帝国的に、また家父長的（儒教的）に述べられているにすぎない。その一部を見てみよう。

今日、中国の統一を実現することは、人々の望んでいる方向であり、大方の趨勢となっています。世界でも遍く、一つの中国だけを承認し、また中華人民共和国が中国の唯一の合法政府であると認めています。最近では、日中平和友好条約も締結され、また中米両国の関係の正常化も実現しており、この潮流は実にいかなる人も遮れなくなっています。目下、祖国の安定と団結は、その形勢はこれまでのどの時期よりも良好です。大陸の各諸民族人民は、四つの現代化の偉大な目標のため心を一つに力を合わせています。私たちは、台湾が早く祖国に帰り、共に建国の大業を発展させることを心から望んでいます。私たちの国家のリーダーたちは既に、必ず現実の状況を考慮し、祖国統一の大業を完成することを決心しています。また統一問題を解決する際にも、台湾の現状と台湾各階人士の意見を尊重し、また情を重んじて合理的な政策と方法を採用し、台湾人民に損失を被らせないことを決心しています。

（筆者訳）

「尊重」「情」といった文字が見られるところからもわかるのは、文革期から改革開放にかけて、ナショナリズムのディスコースも近代的な民族解放の論理から、儒教的なるものへと転換している事実である。改革開放とは紛れもなく、中国が世界資本主義ネットワークの中に参入したことを国内的に言い表した言語であるが、これが文革期には完全否定されていた儒教的なロジック、煎じ詰めれば帝国的なロジックによって推し進められようとしていることは注目に値する。そこで気づかされるのも、かつて竹内好が中国社会を「総合社会」として考えた知見であろう。奴隷制社会、資本主義社会、共産主義社会、そして今、その総合の中には「帝国」も入れねばならないはずである。

こういった流れを現代中国史の運行として論じ直すならば、おそらく「歴史総合化」過程としての現代中国の把握、というものになるのではないかと思う。この「歴史総合化」過程の前期は、おそらく中国革命が担っていたことは紛れもない事実であり、中国革命の内容の精査は実に必要な手続きとなる。おそらくその延長線上に、たとえば台湾を回収する事業も含まれているのである。いずれにせよ、この台湾を回収する事業にしても、より大きな参照枠の器として帝国的素地が前提として潜在している。なぜなら、繰り返しになるが、中国革命は帝国段階から出発したものであり、その広さを革命の手段によって回復せんとした運動となったのだから。

さて、現代中国にとっての参照枠として「帝国」があったとして、ここで対比し得る別の視点として出されるべきは、おそらく現代日本（日本の近代化）のあり様である。日本の場合の参照枠はおそらく「ヨーロッパ」（＝脱亜論）であった。もちろんわれわれが知っている「脱亜論」は、それが提出された一八八〇年代当時において十全に機能したものではなく、後の時空においてその参照機能を強化していったものである。だが、ヨーロッパに同化できるという、考えてみれば時空間を超越するこのラディカリズムがなければ、そもそも日本は私たちが知っているような（日本的）近代化を実現できなかったと言えるかもしれない。これはおそらくある視点からすれば、完全にねじまがり湾曲した近代の立ち姿なのだ。そして、その立ち姿のまま多くの日本人は今日、中国の「近代（現代）」がいかにねじまがったものであるかを躍起になって証明しようとしている。ここで難しいことは、現代中国の運行がねじまがったものであることは、むしろあまりにも当然な大事実（単なる事実を超えたレベル）だということである。

であるならば、われわれがなさねばならないことは、中国がそこに入るところの世界史の法則と見えるものを書き直すことであろう。だがここで重要なのは、今後の現代中国の動向そのものが何がしか世界史の法則性の書き換えとして現象するだろうことである。実際、既にそのことは進行している。だが、われわれは気づこうとしていない。世界史は、それを記録し省察する人間がいなければ成立しないものであり、現代中国の歴史もまたそのことを必要とする。なぜならば、紛れもなく現代中国自身が己の記憶を参照しつつ現代中国を形作ってきたからだ。

# 第2章◎海から見た東アジアの再編成

## はじめに

二〇一二年九月一〇日当時、野田首相によって尖閣諸島の「国有化」が宣言され、中国の一〇〇ヵ所以上の都市で激しい反日デモを誘発することとなった。折しも、その一週間後の九月一八日は、満州事変（柳条湖事件）の記念日にも当たっていた。一時期、それらの抗議活動は日系の商業施設や工場及び日本車への攻撃にも及んだが、中国政府が海洋管理及び漁業行政にかかわる公船を係争領域に派遣したことを合図に一応の鎮静化に向かうことになった。日本政府は、この間一貫して「領土問題は存在しない」という立場を繰り返し表明しており、二ヵ国の間の火種は消えないままになっている。

過去に遡れば、尖閣諸島／釣魚列島、大陸中国からの呼び名では「釣魚島」、台湾の中華民国からすれば「釣魚台」が反日運動へと発展した契機は、一九七〇〜七一年にアメリカの台湾出身留学生、及び台湾の大学生を中心にして始まった第一次保釣運動（釣魚台を守れ運動）に求められる。この時点で、日本との間で国交関係が成立していたのは台湾の中華民国政府であった。これと関連したところで、当時はまた国連での「中国」の議席をめぐる争いが徐々にクライマックスを迎えつつあった。人民共和国政府と民国政府との間での議席交代が起こるのは、実に七一年の一〇月のことである。この後、アメリカと台湾での保釣運動は下火になっていくのだが、しかし今回、台湾の中華民国政府との間の火種も今日にまで引き継がれていることがまた証明された。大陸中国での抗議行動が一応の鎮静化を見せた後の九月二五日、さらに台湾側の漁船と中華民国政府が派遣した公船が当該領域でデモンストレーションを展開するところとなり、領土問題の係争の主体性は台湾にも存することが印象づけられたこととなった。

目下日本政府は、韓国ともまたロシアとも「領土」に関して係争関係を有しているが、相手側が実効支配を続けている状況にも規定されているためか、この両者に対しては自覚的に「領土問題」の存在を認めるところとなっている。ただいずれにせよ、明治維新段階における日本の統治領域のあり様を起点にしたところでは、尖閣諸島／釣魚列島も含むところの現在の日本の「領土問題」は、それ以後に生じた膨張過程の外延にあって、象徴的に申せば「海と島」にかかわる歴史の想像力を必要とする問題となっている。日本の今日の「領土問題」は、目下の政府間交渉としての位置づけと並列しながら、近代日本がその外延としての「海と島」のあり様に関心を傾けてきた軌跡において、その歴史観を適切に批評する素材となることは間違いない。

　また同様に中国にとっても、この「領土問題」はまた近代日本の膨張過程の裏側に位置する主体として、「海と島」にかかわる歴史経験と思考蓄積をより深く再検討する契機をもたらした。なぜならば、それは尖閣諸島／釣魚列島のみならず、もとより琉球全体にもかかわることでもあったからだ。すなわち琉球王朝が中華王朝による朝貢システムの内部にあったことからも、一八七〇年代より、中国（清朝）と近代日本との間には重大な係争関係が発生していた（後に詳述）。一方台湾はと言えば、実は大陸にとって海峡を挟んだ島であるのだが、中華の原理に従えば、そこに独自の王朝があったわけではなく、東側の行政統治が及ばなかった原住民地域を除いて直接的な清朝行政の範囲にあり、端的に中華内部にあったと見做し得る。尖閣諸島／釣魚列島、沖縄、台湾、いずれにせよ中華を主体とした場合に、それらはもとより大陸的性格の強い中華世界が海洋世界と繋がり行く結節点である以外のものではなく、どういったアングルを選択するにせよ重要な思考対象となる以外にないものである。そういうことで、今回激しい反日デモを引き起こした「領土問題」は、目下の二ヵ国政府間のみならず、アメリカをその内部に含んだ東アジアの海洋領域において、またさらに大きな世界史的な視点において、まさに己の歴史観を鍛えるための素材とせねばならないところのものとなっている。

　まず一つの前提として、本稿の第一の思考の対象となる尖閣諸島という呼び名の由来を説明しておきたい。これは一八九五年の実効支配の確立後の一九〇〇年、沖縄の学者（教育者）、黒岩恒により、西洋社会（主にアメリカ）が使用していた「Pinnacle group」を翻訳し、学術的に登録した契機に由来を持つ。この反面のあり様として指摘したいのは、先島諸島の漁民は、尖閣のメインの島について「魚釣島《うおつりじま》」と呼んでいた事実である。「領土問題」が発生する以前、あの島は、台湾とそして先島諸島の漁民たちとが生活を成り立たせる「漁労」の場として、ただ語順を倒置して同じ意味内容の名称を分有していたことになる。端的に、ここには一つの秩序と平和が息づいていたわけであり、その秩序と平和を潰す決定的な契機として、一八九五年の日清戦争の結果たる「実効支配」が歴史の地平に、そしてこの領域の水平線に現れたことになる。

## 一二〇年前

先に触れた野田首相による「国有化」の発表と対をなすところで、外務省からの文書「尖閣諸島の領有権についての基本見解」が政府の公式見解としてHPにアップされるに至った（二〇一三年段階、左記の文章は改訂されている）。そしてこの文書は、先に述べた近代日本の歴史観を精査するための重要な糸口たるテキストとして、様々な視野からの批評を誘発することとなった。

尖閣諸島は、一八八五年以降政府が沖縄県当局を通ずる等の方法により再三にわたり現地調査を行ない、単にこれが無人島であるのみならず、清国の支配が及んでいる痕跡がないことを慎重確認の上、一八九五年一月一四日に現地に標杭を建設する旨の閣議決定を行なって正式にわが国の領土に編入することとしたものです。

同諸島は爾来歴史的に一貫してわが国の領土たる南西諸島の一部を構成しており、一八九五年五月発効の下関条約第二条に基づきわが国が清国より割譲を受けた台湾及び澎湖諸島には含まれていません。（外務省ＨＰより http://www.mofa.go.jp/mofaj/area/senkaku/）

最初のセンテンスに出てくる「無人島」が、一二〇年前の帝国主義全盛の時代において汎用されていた「無主地先占」に由来することにまず注意を惹かれる。続いて、「清国の支配が及んでいる痕跡がないことを慎重確認」という文言であるが、既に羽根次郎などの学者が指摘しているように（羽根次郎「尖閣問題に内在する法理的矛盾――「固有の領土」論の克服のために」『世界』二〇一二年一一月号参照）、この間日本政府は清朝との間で琉球全体にかかわる領土画定のための交渉を行いつつ（先島分島案）、その一方で「無人島」に「標杭」を建てる意志をしばらく堅持していた。しかし政府内部において、清国の反応を怖れた井上馨などの意見により、「標杭」建設はしばらく留め置かれていたということ――このような歴史的経緯が実証的にも明らかになっている。日清戦争に入るまでの海軍力の比較において、日本政府は自国の劣勢を自覚し、さらに清朝が台湾を通じて形式的にもこの領域の管轄権を有していたことを知っていた――その上での「慎重」なのであった。しかして、日清戦争後半期の優勢下において、「標杭を建設する旨の閣議決定」となったわけである。ただこの「慎重」はこの後、皮肉にも別の形で継続される。つまり、実際に標杭は直ぐには打たれず、また清国のみならず、沖縄においても、本土においても「正式にわが国の領土に編入すること」はほとんど明かされないままにされていた。およそこのことが、おそらく後の中華民国にしても、またその後の人民共和国にしても、一九六〇年代後半まで、この領域が日本に「編入」されていることに半ば無頓着であった主要因だったとも推察できる。

総じて、中国（清朝）側からするならば、日清戦争の前までは、あの尖閣諸島のみならず、琉球全体が日本と話し合いが行われるべき潜在的領土であり、この意志を一時凍結してしまったのが、日清戦争の敗北による「実効支配」の固定化であった。ただ実際のところ、中華民国も人民共和国も、現時点では琉球全体にかかわる「領土問題」の提起を行っていない。中国側の論理的一貫性からすれば、実に琉球全体が係争の対象となるはずのものであるが、それを抑制しつつ「領土問題」を尖閣に特定する態度とは、実に一九七〇年前後、沖縄「返還」にともなう日米間における釣魚島（台）の譲渡の挙による、「騙された」歴史感覚からくるものとも判断されよう。

さて話を元に戻して「無人島」、すなわち「無主地先占」の問題である。この用語は、周知の通り西洋列強が「新世界」を植民地や保護領にしていく過程において、排他的な「実効的先占」を追求するため発明されたものである。この「無人島」が表明しているのは、当時新興国であった日本が帝国主義へと転化する突端における、旧帝国への挑戦という構図である。すなわち、この構図において帝国主義の模倣が——先に述べた英語からの翻訳として「尖閣諸島（Pinnacle group)」があるように——言語遂行的に生じた事態である。そこで「尖閣」という命名は、その領域を地域的基盤からむしり取る操作を象徴する。そのむしり取られた地域的基盤とは、まさに清国が台湾を通じて行使せんとしていた管轄の意図であり、また同時に「釣魚島／魚釣島」という漁労の時空のことであった。

さらにここに接続するのが、先の「基本見解」にある「一八九五年五月発効の下関条約第二条に基づきわが国が清国より割譲を受けた台湾及び澎湖諸島には含まれていません」という説明原理である。同年一月一四日にあったとされる「閣議決定」から下関条約の締結までの間には、三月期における澎湖諸島の占領がある。これは実際のところ、台湾領有へと交渉の流れを形成するための「既成事実」作りの行動であったが、この一連の流れによって、あの島々は、まさに言語遂行的にその地域の歴史的地盤から引き剝がされ、「同諸島は爾来歴史的に一貫してわが国の領土たる南西諸島の一部を構成しており」と捏造されることになる。この意味合いからも、現在中国側がかつての日本、そして現在の日本政府の言動を批判的に捉える言葉として「窃取（密かに取る）」が選ばれていることは、決して誇張ではないのだ。

◈

さて例の「基本見解」は日清戦争のことを一切語らず、一足飛びにサン・フランシスコ講和条約に話を移している。果たしてこのことがほのめかしているのは、この後さらに東アジアに張り出していく新興帝国主義日本と、そして既に海洋帝国に発展していたアメリカとの間の関係性である。日本は清国とのさらなる交渉により、日清戦争の後も「福建不割譲に関する交換公文」(一八九八年)を作成、福建省において排他択一的な権益を確保することに成功している。ちなみに、同年においてドイツは膠州湾、ロシアは旅順・大連を、イギリスは威海衛と九龍半島をそれぞれ租借している。いずれにせよ、こういった一連の動きは日清戦争以降の清朝の没落過程を表示する。翻って、このような日清戦争後の状況変化に際し、太平洋の向こう側から張り出してきていたアメリカは、翌年、中国(清朝)にかかわる権益への参入の企図から、日本、ロシア、イギリスなど六ヵ国に「門戸開放宣言(通牒)」を送付する挙に出ている。

すなわち、これらはすべて日清戦争以降の東アジアの地政学的激変を物語るわけだが、この時期日本はアメリカからどのような存在と目されるようになっていたのか。たとえば当時の軍事思想の権威、アルフレッド・T・マハン——彼の海上権力論はいわゆる「シーパワー論」として、戦争と安全保障にかかわる古典の位置を占めるようになった——は、その論考「アジアの問題」(一九〇〇年)の中で、このように日本を捉えていた。

ここで、まだ日本を考察する必要が残っており、日本の役割の重要性は明らかである。なぜならば、日本は民族的にも地理的にもアジアの一国家だが、内外における行動能力を発揮することによって、公認の国際法のもとに、国際社会の一員として完全な資格を備えた国の地位を確立・維持してきたからである。すでに注目したことだが、日本は島国としての国力に必須の諸要素を備えているので、必然的に海洋国家の地位を占めることになる。また、日本が〔アジア〕大陸に対して抱いている領土獲得の野望がどのようなものであれ、それは限られた範囲のものでしかありえない。なぜならば、日本の本土自体、隣接の〔アジア〕大陸と比べて人口が限られており、その限界をこえて日本が行動範囲を拡大しようと望んでいるとは、もちろん想像しがたいからである。(『アメリカ古典文庫八　アルフレッド・T・マハン』麻田貞雄訳、研究社、一九七七年、二四一〜二四二頁)

後の歴史の運行からすれば、日本帝国は一九四一年一二月に北緯二〇度を越えて南下し、マハンの推測は外れたことになる。ただ、日本がそのように振る舞おうとした、海洋国家性格規定そのものはおよそ間違いないものであった。この論文が書かれた二年後の一九〇二年、日本は海洋国家の元祖とでも言うべきイギリスと日英同盟を結成する。

ここでマハンを取り上げたのは、軍事領域に触れないわけにいかないからである。しかしてその軍事学の種別性は、必然的に戦争政策の展開に深い影響を及ぼすことになる。日本の軍事学は、明治初期においてはフランスから、しかして普仏戦争の後に陸軍系統はドイツを模倣、また海軍関係では英米を模倣する動きが活発化するなど、日本の膨張政策に決定的作用をもたらしていた。例を挙げれば、先のマハンは、日本海軍の思想的支柱となって行く秋山真之(司馬遼太郎『坂の上の雲』の主人公の一人〉に深い影響を与えたことから、アメリカにとって太平洋戦争とは、さながらマハンの亡霊との戦いを意味するものとも受け取られていた。さらに、英米の海洋戦略に対する思想的応答として、たとえばドイツの思想家カール・シュミットは、彼独特の空間論のエッセンスを語った著書『陸と海と』の中で、複数回マハンを援用し、陸の秩序原理と海の秩序原理との対位法的整理とその展開をもって世界史の書き換えを目指すところとなった。

ところでマハンの軍事思想は、彼がいわゆる軍艦同士の海上決戦を主要な軍事的モメントとして扱っていたことからも、第二次大戦の時点では既に一周遅れた存在とも見做されていた。しかしその一方、彼の思想は世界史的モメントとしては生き延びているとの見方もある。それは狭義の軍事学者ではなく、世界経済への関与や通商ネットワークなどを通じたグローバル・ヘゲモニーを論じた思想家としての側面である。もちろん、この再評価の文脈は、主要には国家と資本をコントロールする側のヘゲモニー意識に呼応する主体として呼び出される。それは実に、二〇世紀をリードしたアメリカの世界認識の根幹にかかわることとして、事実、マハンの思想はいまだに読まれ続けているのである。先に引用した「アジアの問題」には、続いて以下のような叙述がある。

海洋国家は〔中国などの〕相手国に対処するにあたり、征服するのではなく向上させることに特別の関心を抱くのであり、ここで目標になる世界の福利増進は、強制によるのではなく影響力の行使によるべきだとされる。そして、目標は一国もしくは数国による〔アジア〕諸国の略奪ではなく、その住民の漸進的な進化にこそあるべきで、それは物質的進歩と、これまでのところ最高度の個人的・社会的発展の成果をもたらしてきた一文明〔ヨーロッパ文明〕との、精神的接触を通じてなされるべきである。こうした過程の基礎に軍事力――外部からの勢力の闖入を助ける力、そして外部勢力の相互間に対立をかもし出す力――が横たわっているということは、遺憾ではあるが、しかし、それは歴史全体を通じてみられる反復現象にすぎない。そもそも軍事力は、思想の力によってヨーロッパ世界を現段階にまで引きあげる際の手段であったし、またわれわれの社会組織はいうにおよばず、国内的・国際的な政治体制をも依然として支えているのである。

（中略）

すなわち、中国こそ、その広大な領土と混沌たる現状からして、利害の主要な中心地である。しかも、中国の周辺には、ジャワから日本に至るまで、東アジアを構成する他の〔資源〕豊富な地方――大陸的・島嶼的領土――が群がっている。これら諸地方における将来の市場は、今日、注目の的になっている政治・軍事論議の短期的な対象である。しかし、高度の政治経綸の観点に立てば、こうした目前の利益を越え、遠い将来の結末として、アジア民族がヨーロッパ文明を吸収・同化していく過程でさまざまな影響を受けるというなりゆきが、誰にでも予想される。このような影響にさらされることによって、アジア民族は精神的に対等者、あるいは劣勢者、はたまた優越者の三者のうち、いずれの資格でヨーロッパ共同社会に参入するのであろうか？ また政治的には、彼らはヨーロッパから吸収するであろうか、あるいはヨーロッパに吸収されてしまうであろうか？（前掲書、二四五～二四七頁）

一九〇〇年時点でのこのようなマハンの見解は、これから三〇年後の日本の中国に対するかかわり方に関連して、また五〇年後からのアメリカの東アジアにおける存在のあり様を見た場合に非常に示唆的である。さらにマハンがここで述べた戦略的な思考は、今日のアメリカの中国に対する「人権外交」や「経済改革」への要求も含む、東アジア政策全体にかかわる態度に一つの連続性を見ることも可能であろう。そして今まさに、東アジアにおいて「領土問題」が強いインパクトをもって惹起されている。その現象規定は、もちろん国民国家同士の角逐状況ということになるはずだが、この状況とはマハンが既に述べたように、否応なく東アジア地域内部において誰が「対等者、あるいは劣等者、あるいはまた優越者の三者のうち、いずれの資格で」世界史の中に現れるかというテーマを反復していることになる。

よってここで鍵を握るのは、やはりアメリカの存在である。マハンが東アジアの海を思考の対象にした背景として、やはりアメリカそのものが海洋権力として一二〇年前から既にこの領域に入り込もうとしていた事実を忘れてはなるまい。先に述べたように、一八七九年の「琉球処分」以降、日清両政府はこの地域をめぐり「領土問題」を議論していたわけだが、清国から調停を依頼されていたアメリカ元大統領グラントは一八七九年、琉球全体を二つに分割する提案（先島分島案）を提出している。次いで翌一八八〇年、日本政府は、この提案を取り入れるところとなったが、この提案に付随してある要求を行っていた。つまり日本は清国に対して、一八七一年の日清修好通商条規に欧米列強並みの最恵国条項を追加改約するなら、宮古・八重山両諸島は清国に譲ってもよい、などと申し入れていたのである（この案は合意には至らなかったが）。こういったことからも、既にアメリカが一二〇年前から「領土問題」にかかわって日本と清国（中国）の間に介在していたことが知られるわけである。

## 六〇年前

外務省の「基本見解」に戻りたい。

従って、サン・フランシスコ平和条約においても、尖閣諸島は、同条約第二条に基づきわが国が放棄した領土のうちには含まれず、第三条に基づき南西諸島の一部としてアメリカ合衆国の施政下に置かれ、一九七一年六月一七日署名の琉球諸島及び大東諸島に関する日本国とアメリカ合衆国との間の協定（沖縄返還協定）によりわが国に施政権が返還された地域の中に含まれています。以上の事実は、わが国の領土としての尖閣諸島の地位を何よりも明瞭に示すものです。

なお、中国が尖閣諸島を台湾の一部と考えていなかったことは、サン・フランシスコ平和条約第三条に基づき米国の施政下に置かれた地域に同諸島が含まれている事実に対し従来何等異議を唱えなかったことからも明らかであり、中華人民共和国政府の場合も台湾当局の場合も一九七〇年後半東シナ海大陸棚の石油開発の動きが表面化するに及びはじめて尖閣諸島の領有権を問題とするに至ったものです。

また、従来中華人民共和国政府及び台湾当局がいわゆる歴史的、地理的ないし地質的根拠等として挙げている諸点はいずれも尖閣諸島に対する中国の領有権の主張を裏付けるに足る国際法上有効な論拠とはいえません。

六〇年ほど前に結ばれたサン・フランシスコ講和条約は、当時の日本の多くの人々から、アメリカ及びその友好国に限られた片面講和であると反対されていた。それは実に、中華民国も含む中国の代表者がそこに呼ばれておらず、また朝鮮半島からの代表者も呼ばれていない講和会議となった（ちなみに、ソ連は会議には来たものの調印を拒否する）。これは形式上の問題のみならず、当時は朝鮮戦争がまだ燃え盛っていた時期という問題性もある。周知の通り、日本は当時、経済的な後方支援の意味も含め実質的に朝鮮戦争に関与する主体であった。そして講和条約締結以降、琉球政府（アメリカ側）は第六八号令（一九五二年二月二九日『琉球政府章典』）と第二七号令（五三年一二月二五日「琉球列島の地理的境界に関する布告」）によって管理区域を拡大、くだんの尖閣諸島／釣魚列島が含まれる海域をその管轄下に組み込んだ。そしてここから二〇年ほどの時間が過ぎ、「沖縄返還協定」（七一年六月）が取り結ばれ、あの島々がアメリカから日本へと譲り渡されることになった。ちなみに日中の国交回復はこの翌年、一九七二年の九月のことである。

ではこれまでの期間、人民共和国政府は「領土問題」について、誰に対してどのように話し合いの場を設定し、「異議」を唱えれば良かったのであろうか。あの島々は既に米軍の実効支配下にあった。朝鮮戦争からそしてベトナム戦争、お互いに相手を仮想敵とする米中関係にあって、まず話し合い自体成立しようがない。では、日本はどうか。日本のものとして当該領域が移されるのかどうか、それも「沖縄返還」にかかわる協議の帰趨にかかっており、直前まで不用意な発言はできない状態であったはずだ。また一方、少なくとも一九六〇年代からの時間、大陸の人民共和国政府は、日本との国交回復に向け、水面下での外交努力を続ける最中であった。そこでもし「領土問題」を提起するのであれば、それは当該領域が日本の実効支配に移った後において（日本に対して）やっと可能となるはずである。だから人民共和国政府は、七二年の国交回復の後において、非公式ながら尖閣諸島／釣魚列島の「棚上げ」を求め、またその「棚上げ」論が両国間の国家理性として機能していたはずだったのだ。

もう一度、六〇年前に戻る。そこに戻ったところで考えてみたいのは、むしろ台湾の中華民国政府の立場である。つまり第二次大戦の終了からサンフランシスコ講和会議に至るまで、日米にとっての「中国」とは中華民国のことであり、彼らにも「領土」にかかわる交渉権が存していたと言える。だが、ここで前提として確認しておかねばならないのは、その国家政治体制の歴史的性格である。中華民国政府は、大陸において内戦に敗北して台湾に撤退、そして朝鮮戦争を契機としてその存続が可能となった政権ということになろう。なぜなら、一九五〇年の六月というあのタイミングで朝鮮戦争が起こっていなければ、対岸において「台湾解放」の準備を進めていた人民解放軍は、台湾への渡海作戦をそのまま実行していた可能性が高い。あの六月のタイミングを期して、アメリカは反共防衛ラインを台湾海峡に引き直し、間髪を入れず第七艦隊をそこに派遣するに至った。すなわち、翌年開かれたサン・フランシスコ講和会議とは、朝鮮戦争の最中のイベントであったと同時に、アメリカ太平洋第七艦隊が台湾海峡をパトロールする歴史的地盤の上で開かれた「反共講和会議」以外の何ものでもなかった。だからこそこの時、中華人民共和国は、周恩来首相自らの声明として、サン・フランシスコ講和条約(以下、サ条約)そのものに反対の意志を表明していたのである。

歴史の時間をまた少しだけ戻したい。一九四八年時点において、まだ国民党政権がかろうじて大陸にその地盤を残していた時期のことである。公式の文書とはなっていないが、中華民国政府は実際にもアメリカに対し琉球全体の統治権にかかわって交渉を行っていた——このことが新聞報道(国民党政権側)によって推察されるのである。『天津民国日報』には以下のような記事が載っている。

アメリカの政府筋の非公式見解として、中国の琉球群島の統治権にかかわる要求を拒否するとのことである。アメリカ側が述べるには、琉球は戦略的な信託統治の中にあるべきである。なぜなら、それは既に西太平洋における一つの任務となっており、中国が琉球を獲得したいとする要求は、ここにおいて同情をひかない、と。逆に、またアメリカ政府筋によれば、中国はいまだ琉球において統治権を行使したことがなく、わずかに宗主権を有しているにすぎないものである。一八七〇《ママ》年から日本が琉球を併合してしまったので、全ての問題は不確定となってしまった、と。（「旧日本領小笠原群島に対してアメリカは戦略的統治を行い、またわが国が琉球を回収する要求について拒否した」『天津民国日報』一九四八年二月二七日付、一〇頁、筆者訳）

ここからも窺えるのは、中国大陸における国共内戦の煽りを受け、中華民国はその立場を著しく弱めていた事態である。だがこの時点で、中華民国はやはり琉球全体に対する潜在的統治権（宗主権）をアメリカに求め確認しようとしていた。従って、この時点において中華民国は、非公式ながらもアメリカに「異議」を唱えていたことになる。その反面として、この時点での日本は交渉に足る相手ではなかった。そしてサ条約締結後の一九五三年一一月二四日、さらに中華民国外交部はアメリカ駐華大使に対して、以下の文面も含む文書（覚書）を提出していた。

中華民国政府は一九五一年九月八日サン・フランシスコで取り交わされた対日講和条約の締約国ではないが、その第三条の規定について原則的には同意している。しかしその条項に関して、権限を受けたアメリカがその第三条の記された方法以外で、琉球群島を処理する方法について別にいかなる規定があるわけではない。そういうことで、中国政府は、アメリカによってなされたサン・フランシスコ講和条約において、琉球群島が日本の主権から離脱していないとする解釈については同意できない。（忘備録「行政院はアメリカが奄美大島を日本に引き渡す事案状況の照会を要求したが、その回答への返答」一九五三年一二月台四二〔外〕七四九六号、『立法院公報』第一二会期、筆者訳）

またここからも窺えるように、中華民国政府は、自らのアクションとして琉球全体にかかわる所属についてアメリカ側に「異議」を申し立てていた。この時、実際の琉球の島々に対する「施設権」はアメリカに存していたことからそうしたのであり、翻って日本政府にこのことを持ちだす必要性を感じていなかったと言える。いずれにせよ六〇年前、中華民国において、尖閣諸島／釣魚列島よりも大きい琉球全体にかかわって「領土問題」が意識されていたのである。

そして引用にもあるように、中華民国政府は、実のところサ条約に関してアンビバレントな態度を示す以外にないのである。日本との関係で言えば、講和条約の発効の日付、一九五二年四月二八日をもって調印された日華平和条約は、その第二条に「アメリカ合衆国のサン・フランシスコ市で署名された日本国との平和条約の第二条に」とあるように、「領土問題」に関してサ条約とリンクした副産物たる制限を受けざるを得ないものである。すなわち、全体として中華民国政府はアメリカに対して極めて弱い立場であったということだ。この立場の弱さは、まさにアメリカの存在がなければ、台湾は中共により「解放」されていたはずだからであり、この力関係は今日の台湾の中華民国のあり様にも繋がっている（一九七九年の米中国交正常化以降、台湾にかかわる安全保障は、アメリカ国内法たる「台湾関係法」によって規定されている）。

そしてまたその二〇年後、一九六〇年代後半から七〇年代の前半にかけて、中華民国はどのような行動をとっていたのか。それに関連して、例の外務省の「基本見解」にあるところの「中華人民共和国政府の場合も台湾当局の場合も七〇年後半東シナ海大陸棚の石油開発の動きが表面化するに及びはじめて尖閣諸島の領有権を問題とするに至った」とあるのは、若干時期を後ろにずらしたもので、どんな意図があるのか不明であるが、いぶかしい。少なくとも、台湾の中華民国の政府は、六九年には大陸棚による領土画定の蓋然性及び石油開発の可能性について公式に声明を発し（七月一七日）、それに付随する「境界問題」に関しては「未決」にしておくべき旨も国連事務局に伝えている（同年一〇月一二日）。明らかにこの時期に至ると、「領土問題」の範囲は琉球全体にではなく、尖閣諸島／釣魚列島に引き下げられている。その政治的決断をもとにしたところで、七一年のアルバニア決議による国連での議席喪失の前後においても、中華民国政府は日米両政府に対し、尖閣諸島／釣魚列島に対する領有権について水面下で交渉を進めようとしていた形跡もある（丘宏達『関於中国領土的国際法問題論集』台湾商務印書館、九四頁参照）。ところが翌七二年に入ると、日本との間では人民共和国政府と日本との国交正常化により交渉のチャンネルが失われる。中華民国にとってのこの状況が、つまり二〇一二年の「領土問題」の再惹起にまで連続していたことになる。

◆

もう一度、外務省の「基本見解」に立ち戻る。その思考の習慣を解析するならば、端的にそれはサ条約を主要な根拠としている反面、戦後日本の領土の範囲を枠づける法的根拠としてのポツダム宣言及びカイロ宣言を徹底して無視する態度である。カイロ宣言には「台湾及澎湖島ノ如キ日本国ガ清国人ヨリ盗取シタル一切ノ地域ヲ中華民国ニ返還スルコトニ在リ」（傍点筆者）とあり、またポツダム宣言第八項には「日本国ノ主権ハ本州、北海道、九州及四国並ニ吾等ノ決定スル諸小島ニ局限セラルヘシ」（傍点筆者）とある。ちなみにここでの「吾等」とは中国も含む連合国を指すことになろう。

ここでまたサ条約の存立条件に戻るならば、この効果は先に述べた日華平和条約と、またもう一つの日米安全保障条約と一体のものとして東アジアの冷戦構造を規定していたことになる。このうちの一つ、日華平和条約は一九七二年の日中国交正常化における日中共同声明により、その役割の多くの部分が減殺されたことになる。ここで指摘しておきたいことは、日華平和条約と入れ替わる形で東アジアに挿入された日中共同声明には、「ポツダム宣言第八項に基づく立場を堅持する」とあることである。この共同声明は国家間の公的約束であり、日本政府はだから「ポツダム宣言第八項」を考慮に入れないわけにはいかないはずである。従ってこのことを軽視した行動が極めて重大な反応をもたらすことは、また理の当然となる。ポツダム宣言第八項にあった「諸小島」に尖閣諸島／釣魚列島が入っていると中国側が解釈することが必然のものとなるからである。ここにおいて、現在日本政府がとっている外交行動が問題となる。つまり、尖閣諸島／釣魚列島を日米安保条約の範囲内であることをたびたびアメリカ政府に照会している事態である。実にここにおいて理解できるのは、日中共同声明と日米安保条約体制には根本的な矛盾が存在しているということ——少なくとも今回の「国有化」宣言によってそれが浮き出てしまったことになる。

## 台湾をめぐる思考

さらにここから少しだけ話を展開させたいのは、「ポツダム宣言第八項に基づく立場を堅持する」とある日中共同声明第三項の中に、「中華人民共和国政府は、台湾が中華人民共和国の領土の不可分の一部であることを重ねて表明する。日本国政府は、この中華人民共和国政府の立場を十分理解し、尊重し」と記されていることである。一つの例として、近過去において、日本政府の当時の外相（町村信孝）がこのことに著しく抵触する発言を行っていたことを思い起こしたい。つまり二〇〇五年四月二九日、訪米中の町村がニューヨーク市内で政策スピーチを行った後、聴衆の質問に答える形で、同年二月に日米安全保障委員会において合意された共通戦略目標に関連して、「そこで台湾（問題の平和的解決）を述べたからと言って、日本の防衛線がそこまで拡大したかというと、もともと台湾は日米安保条約の対象になっている」と語っていることである。

以上挙げたことも一つの例であるが、やや非公式的な発言であったとはいえ、ここでも明らかに日中共同声明での約束と、そして日米安保条約にかかわる日本側の解釈が鋭く対立している局面が理解される。これに派生して浮かび上がってくるのは、現在の人民共和国政府において台湾が核心的利益（絶対に譲れない利益）とされていることである。台湾を将来的に統一するのは人民共和国政府の歴史的悲願であろうが、さらに一方で台湾を自身の勢力範囲に留めておくことは、また後に触れることになるが、広義の権益、特に海洋権益とも関係づけられている。それは、一二〇年前を起点としたところから持続する中国の発展への希望、そして現在進行形の「中国の台頭」とも関連することである。一二〇年前、日清戦争の直後にマハンが近未来として予言していたことは、やはり今日において的中しているように読める。

ところで、最近の日本との戦争〔日清戦争〕中に中国の国家組織がそのあらゆる部門にわたって崩壊したが、それは予想外にひどかったにせよ、予測されないことでもなかった。しかしながら、中国の惨敗は、その人的資源の動員のしかたが拙劣をきわめたというだけのことであって、その潜在力は最上級のものであるという事実――つまり、中国の人口は巨大で同質的、しかも急速に増加しているという事実――を変えるものではない。最近ではトルコ軍の復興という一事に徴しても、中国が近代的組織化を遂げて、その潜在力を十分な軍事力に転化させていく可能性は多分にあると考えられる。しかも、このような考え方はきわめて単純明快であるだけに、いとも容易に理解されるものである。ひるがえって日本人についてみると、彼らは〔その近代化に〕偉大な能力を発揮したけれども、これといった障害に遭遇しなかった。というのも、人口四千万の島国である日本を動かし制御する方が、その一〇倍もの人口をかかえる巨大な大陸国である中国を動かし制御するよりも、はるかに容易だからである。日本と比べて中国の発展が緩慢だ、ということは断言できようが、数々の点で多様性をはらむ中国をこれまで長い間とにかく一国として統合してきた諸要因が、将来においても堅固な国民的団結を保障するであろうと予想される。そして、この挙国一致の感情は、巨大な人口とあいまって、中国全体の運動に恐るべき重要性を付与することであろう。（「二〇世紀への展望」一八九七年、前掲書、一四三頁）

大陸中国はおよそ、改革開放までの時期、海洋権益を志向する条件になかったと言えるし、またそのような伝統モジュールを持ち合わせていなかった。しかし現在、人民解放軍内部の思想傾向は、徐々にかつての人民戦争理論から脱皮し、また陸の国境防衛システムを既に完成させたところから、海洋権益を志向する成分を持ちつつある。それは必然のこととして、大陸中国が内部資源をもっぱら利用していた段階を超え、外部からの資源調達に頼らねばならない発展段階に入ったからである。それに即応したところで、人民解放軍（海軍）は、主要な貿易海路のエリアとなる南シナ海をカバーする潜水艦の力量を持つに至っている。これは、リアルな認識として留意せねばならないところである。このような戦略的配置の転換を一九八〇年代に主導したのが、「中国のマハン」と呼ばれる劉華清提督であった。そこで念頭に置かれるべきことは、マハン流の通商海域ドクトリンであり、そのために必要な制海権獲得の要求である。実に、マハンの海洋権力論の人民解放軍内部（また国家海洋局）での消化というものが、東アジアの平和構築にどのような意味を持つのかを冷静に見届ける必要が出て来ている。しかし実際のところ、中国側がそのマハン・ドクトリンを適用しているのは、南シナ海であり、もとより尖閣諸島／釣魚列島に対してはさほどの熱意は感じられていなかった。結局のところ、人民共和国政府が最も重視しているのは、実に台湾という海の要所なのである。現在、大陸中国内部で最も注目されている（中央政府において注目されている）マハン主義者にして「タカ派」と目される軍事思想家、張文木の見解を参照してみたい。

なぜ台湾問題は避けて通れないものなのか。やはりそれが中国現代化の大局に波及するからである。台湾は東南経済圏を守る盾のようなものであり、台湾を失えば、海上の脅威が中国の生産活動に、高度な生産機能を有する黄金地帯に迫ることになる。こういったことは、いかなる大国においても許容できないことである。かつて毛沢東が朝鮮戦争にかかわった理由の一つは、東北地方を新中国の鍵となる重工業とエネルギー基地と定めていたからである。（中国の場合）国家の安全のためには必ず、緩衝地帯を必要とする。況《いわん》や台湾はわれわれの主権の範囲の中にある地域ではないか。この視座からして、中国の東北アジア政策は中央政府が東北の工業基地を振興させようとする政策と不可避的にリンクしていることになる。（北）朝鮮が失われていたならば、あの地域の貿易はどうなっていただろう、とも語られている。しかしそう言っている人たちにしても、このようには考えていないだろう。まさに（北）朝鮮が保全されたことで、われわれは東北においてどれほど軍備を軽減できたか、ということを。朝鮮戦争から現在まで、半世紀近くが過ぎたが、中朝国境で軍事衝突は起きていない。地政学からして、安全のための緩衝地帯を考慮しないわけにいかないのだ。

（中略）

台湾統一問題に関しては、われわれはアメリカのリンカーンがかつてイギリスの覇権を恐れず、あえて戦いまた戦いの精神を持ったことに学ばなければならない。アメリカ独立戦争後も、イギリスはやはりそのことを受け入れず、一八一二年にアメリカ内に侵入し、また一八一四年にもワシントンを攻撃し、アメリカを分裂させようとした（結果としては、敗北を喫し、ヨーロッパに戻っていったのだが)。またアメリカの南北戦争の折にも、イギリスは南軍の側についたが、リンカーンが国家意志を堅持したので、この試みも失敗した。アメリカはこの結果を受けて、本当の意味での統一した国家と統一した国民市場を持つことができ、そうして初めて後のアメリカ経済の突出した発展の基礎を持つことができた。そして一九世紀の九〇年代中期、アメリカは世界の工業国家となった。一九世紀から二〇世紀の初め、アメリカ国内は経済発展によって貧富の拡大が生じ、そこから社会的動揺が出てくることになった。これによってアメリカは海外市場に目を向けることになった。このためアメリカは、イギリスなどの海上覇権国の海上封鎖を打ち破らなければならなくなったのである。この時、アメリカ人はやるしかない、と思った。一八九八年、一気呵成にハワイ、キューバ、フィリピンを獲った。ここからアメリカの海上権力の境界線が極東地域に拡張してきたのである。(張文木『世界地政における中国国家安全利益分析』山東人民出版社、二〇〇四年、三八八〜三八九頁、筆者訳)

張による中国の明日の利益を思考する基本的枠組みは、かつてアメリカがイギリスの海洋権力を覆すに至った展開を、目下のアメリカと中国との関係に類比する投影法である。もちろん、この考え方の危険をわれわれは指摘することができる。なぜなら、この構図は、かつて七〇年前、日本によって大東亜戦争(太平洋戦争)という歴史的エポックとして一度顕現したものであったからだ。ただもちろんのこと、張も一般の中国人も、かつての日本の失敗を念頭に置いていないはずがない。

いずれにせよ、このような新たな軍事思想家が出てきたことは、中国人の世界認識における構造変化を象徴することになろう。というのも、先に述べたように、もとより中国には海洋に張り出す伝統が形成されていなかった（あるいは一度、清朝下の北洋艦隊の試みが挫折している）。カール・シュミットの区分けからするならば、中国は明らかに大陸国家であったはずである。そこで張の論述自体に興味を覚えるのは、朝鮮戦争という陸戦によって得られた緩衝地帯という発想を台湾（海洋権益）に向けて折り返している発想である。そういうことで、「中国の台頭」が持っている転換のインパクトは、また一つの予感として海洋権益を含んだところからも世界史的事件としてあらざるを得ない。しかして、このような中国の海洋進出への道が、特にアメリカとの利害対立においてどのような結果をもたらすのか、実際のところほとんどその帰趨が見えないのが現状である。

## 結びに代えて

東シナ海の「シナ」もまた南シナ海の「シナ」も、本当のところでは、日本人にとって歴史問題からくる独特の困惑を秘めた「支那（中国）」の意味であった。またそこからして、奇妙にもこの二つの海は「中国」の海であるが、また同時に東アジアの海でもある――そのような共有のされ方がどのように可能になるのか。そこでは必要な方法的意識は、常に二重のもの、矛盾するもののバランスである。実に現在の大陸の人民共和国は、名分／実利という思考法で台湾と東アジアの海を見ているように思われる。

まず実利的な志向から。これまで述べた通り、先の張文木の主張からも類推されるように、現在の人民共和国は、実際の南シナ海における海洋権力の展開からしても、実利として台湾及び東アジアの海を捉えているということである。興味深くも、大陸中国内部で「タカ派」とされる張文木は徹底的な実利主義者と言われている。これは、日本の右翼政治家の発言がほとんど実利に即していないこととも興味深い対照を示しているようにも思われる。

しかしてまた、名分の方からの志向性についても整理してみたい。本章の冒頭、二〇一二年の反日デモから話を始めたことからも振り返りたい。石原前東京都知事による「島の購入」に反発して起きた八月一五日の海上デモ——あの島に上陸した香港の活動家グループ「保釣行動委員会」の行動である。そこで気になることとして、香港の「保釣行動委員会」のメンバーには反共思想の持ち主もおり、さらに注目されるのは、台湾側の旗、すなわち中華民国の旗を島の上で振っていた事実である（さらに船上では香港の旗も掲げられていた）。あえて解釈するならば、彼らの反日海上デモは汎中華ナショナリズムとなる。これは実に、究極的な意味での中華ナショナリズムという名分の発露である。ここでポイントとなるのは、彼ら香港の活動家たちの真意、つまりデモの目的そして宛先である。実際に、日本政府及び日本人に領土問題について糺したかったということなのであろうか。もちろんその要素は確かにある。しかし彼らの行動は、総合的に考えれば、対日本であると同時に、先ほどの複数の旗印の使用から考えて、大きくは中華圏全体に対して、狭くは大陸の北京政府に対する自己アピールとしても解釈可能なものである。たとえば、今回（二〇一二年）の行動（八月一五日）に関して、これに資金援助を行っていたのは、日本からする香港の政治地図で言う「親中派」の資産家であった。このことは、やはり彼ら活動家の行動のあり様からして不思議なことではない。しかし問題はこの次で、あの上陸活動の後、活動家の一人、曽健成（通称「阿牛」）が香港議会に立候補している事実である（結果としては落選したのだが）。その際の政治党派としては、日本の分析地図で言うところの民主派、「社会民主戦線」が選択されているのである。先ほどの資金源とのかかわりから言っても、このことは実に日本のマスメディアが判断の材料にしている香港の政治分布――「親中派」「民主派」といった分類が実は、いかに怪しいかも物語っていよう。話を元に戻すならば、そのくだんの曽が大陸中国政府に対する警戒感を手放さず、香港アイデンティティを重視する「社会民主戦線」から出馬したということは、取りも直さず彼ら「保釣行動委員会」のアピールの宛先として、それが大陸中国政府に向けられているということ、彼らの潜在的な目的は中華圏内部での香港アイデンティティの主張であることも見えてくる。

またもう一つ、香港の活動家の「海上デモ」、そして大陸中国全土でのデモに付け加わるようにしてなされた台湾の漁船四〇隻と中華民国（台湾当局）の巡視船数隻が尖閣諸島に現れ、日本の海上保安庁との間で繰り広げられた九月二五日の抗議行動も、香港のケースとの類似性が指摘できる。まず資金源として、大陸中国で事業を展開している台湾企業「旺旺」グループがかかわっていることが挙げられ、そこからここでも大陸中国へのアピールの姿勢が感得される。また今回の台湾側の行動は、中華民国総統である馬英九が漁業権交渉も含むこの地域における資源の共同開発を主たる獲得目標としていることなど、その現実主義的な思考と行動が指摘できる。既に馬英九は(二〇一二年)八月五日に、「東シナ海平和提案(東海和平倡議)」五項目を提示していた。その中身は以下。「一、自らを抑制し、対立をエスカレートさせない。二、争いを棚上げし、対話のチャンネルを放棄しない。三、国際法を順守し、争いを平和的に処理する。四、コンセンサスを求め、東シナ海における行動基準を定める。五、東シナ海の資源を共同開発するメカニズムを構築する」。

ここにおいても、台湾側のロジックが潜在的に大陸中国との微妙な連関を前提にしていることが理解できる。実のところ、大陸中国の政府が挙げている尖閣諸島/釣魚列島を自国の領土とする根拠の一つは、台湾漁民(宜蘭県)による操業の史実であり、また尖閣(釣魚島)それ自身は地域概念として台湾に所属するものとなっている。台湾側はこの大陸中国側の枠組みにリンクさせて自己主張しているのであり、その意味からも、今回の台湾側の行動にしても、先に述べた名分としての汎中華ナショナリズムの潜在性が確認できる。

総じて、これら台湾や香港は、一九世紀において、イギリス、日本という帝国主義勢力によって清朝の版図から分割・分断された地域である。そして今日まで、それぞれの地域は、分割・分断の既成事実の中で独自の文脈を作ってきたことも確かなことである。しかし、皮肉にも石原前都知事の「島の購入」、そして日本政府によってなされた尖閣諸島／釣魚列島の「国有化」宣言は、そういった分割・分断の歴史的起源を思い起こさせることになったと言える。図らずも、中華圏世界に持ち込まれていた植民地と冷戦による分断は、あの島をめぐる騒動のためにこそ、かえって中華ナショナリズムの名分の地図を台湾や香港など、海洋チャイナを巻き込んで顕現させたことになる。

◆

ではここから、もう一つの島国、日本の将来のあり方を占ってみたい。当面この海域においてアメリカと中国との角逐状態を現実として引き受けるのであれば、日本はかつての琉球王朝に倣い、両属体制に向かうべきではないかと思われる。琉球王朝の平和思想こそ、島国の知恵のエッセンスとなり得る。琉球は薩摩によって徴税されながらも、陸国家たる清朝との関係維持にも尽力するなどのバランス平和を追求していた。ただし、琉球王朝は、両属体制を維持させるために武器を手元に置かなかったが、そのためにも日本（明治政府）によって併呑された歴史経験もあり、その教訓にも思いをはせる必要があろう。そこで引き出される教訓とは、琉球にとっての日本（大和）のような存在へと今の中国をしむけないようにすること。またさらにマハンから張文木への思想転移を読み取りながら、中国をアメリカのような存在にしむけないことである。

日本は、この米中という二大ヘゲモニー国家の角逐状態にあって、どのように自らの名分／実利のバランスを取るのか――今、重大な調整が必要な段階に至っている。このことに関して、主権問題を遠くの世界のこととして認識する、戦後的平和主義では立ち行かなくなっていることがまずは指摘できる。むしろ、主権問題を徹底的に思考し尽くすことが肝要である。この道行において、米軍の基地を撤退させるとともに、そして改めて憲法第九条の実行を図ることである。ちなみに、沖縄の民衆のほとんどは心情として日本からの独立に心動かされながら、あえてかつての旧ユーゴのような惨状を避けるためにも主権（独立）を言わない、といった態度も示されているという（一方、独立への胎動も観察されるが）。このような主権問題の克服の仕方というもの、またそのバランス感覚は実に日本（本土）において今、最も足りないことかもしれない。

ここで近過去にあった可能性について思い起こしておきたい。かつて民主党・鳩山政権の下で掲げられていた東アジア共同体構想、及び尖閣諸島／釣魚列島海域を「平和の海」とし、海洋資源の共同開発を積極的に働きかけようとしていた形跡である。鳩山政権時代の東アジア共同体構想の中核に位置するものが、実にこの領域における海洋資源の共同開発であった。これはまさに、EUが領域内の石炭と鉄鋼にかかわる経済連携から生じた知恵を模倣したものとも言える。この構想の中身の多分なる曖昧さと現実感覚の薄さを割り引いて考えたとしても、今さらながらこの方法がこの領域の平和構築にとって最も適していた、と振り返らざるを得ない。私たちが忘れてはならないことは、この「平和の海」の構想が米軍基地の沖縄からの「国外／県外移設」とセットになっていたこと、そしてそのためにこそアメリカ及びそれと繋がる日本内部の勢力によって構想が潰された事態である。

翻って今、この流れを率先して動かそうとしている主体として台湾の中華民国があることは、やはり特筆しておかねばならない事柄である。台湾はおそらく、海洋チャイナの名分をもって、今後は大陸中国との間での黙約にも似た補完関係を演じることになるのではないか、という予感もある。大陸中国も、そして台湾の中華民国もそれぞれ通商海路の確保の必要性を主要な利益の核心として、南シナ海への関心を払ってきたが、いわゆる領土問題として南沙諸島への軍事関与を深めていたのは、主に台湾であった。目下のところ、この台湾側の南シナ海における活動について、大陸中国政府は干渉する兆しを全く見せていない。おそらく黙約として、南シナ海についての台湾側の活動を容認しているのである。これもまた、海洋チャイナという概念が既に一つの明確な形を示しつつある証拠とも言える。二〇一一年からだろう、アフガン・イラク戦争の収束を睨みながら、アメリカ政府は再び「アジア太平洋回帰」と称して、東南アジア、南アジア、オセアニアへの政治的・経済的関与を強めようとしている。その裏にあるのは、明らかに中国の地政学的台頭への警戒である。このような潜在的でありかつ大きな対立の構図が、二一世紀前半においてどのような意味を持って展開していくのか、予断を許さないことは確かである。

# 付章◎中国における反日デモの世界性と固有性——二〇一二年の転換点として

## はじめに

二〇一二年は、中国にとって大きな転換点となった。確実に社会の空気が変わったのである。日中関係というフェーズでそのことを述べるならば、やはり尖閣諸島/釣魚列島にかかわる日本政府による「国有化」宣言（九月一〇日）から始まった反日デモの激発によって生じたところの、一九七二年の国交回復以来の「日中友好」の時代の終わりである。ただこのことだけで今年、二〇一二年という転換の年に生じた中国社会の変化を言い表すことはできない。さらに総合的に考えてみなければならない。

ひとまず直観的に述べてしまえば、それは三・一一以降の日本社会の変化とも対応するものなのだが、さらにはどこかでこの間の中東で起こった政治的変化、また金融危機にあえぐヨーロッパの周辺部で起こった数々の街頭での出来事、さらにはアメリカ都市部で起こった「占拠（オキュパイ）」運動とも即応する出来事として考える必要がある。さて実際、どのように中国社会内部の変化を叙述するかであるが、それはまた中国内部の独得の反応形式とその展開から読み解く必要がある。評判になった汪暉の『世界史のなかの中国』は、まさにそのことを述べている。世界史の中の中国は、確実に世界史的動向に反応しつつありながら、独自の形式をもって自らを表現することになる。そこで起こるべくして起こるのは、世界史の概念そのものが揺らぐことであろう。ところが、日本のメディア環境などが一つの典型であるのだが、自らの世界観が揺らがない叙述形式が実はまだまだ支配的である。

そこでまず初めに、このような関連のさせ方は生産的にはならないという例を一つ述べてみたい。二〇一一年より中国都市部で起こっているデモのパターンとして、いわゆる中東のジャスミン革命に名を借りた動きが出ていたのは、日本でも紹介されていた通りである。中国語の直訳である「茉莉革命（ジャスミン革命）」、それはまたソーシャル・ネットワークなどを利用した側面も強いことから、日本や西側諸国が考える「中国の民主化」に繋がるものとの期待を抱かせた。もちろんこの動きは、ネット社会の動向を調査している政府当局者によって監視の対象となり、ほとんど不発に終わったわけだが、この不発の要因をすべて当局の管理体制にのみ帰することはできない。それは、デモを呼びかけた側にしても、中東で起きた出来事のイメージと名前の連鎖に頼った「ノリ」であった観は否めず、デモを呼びかけた側における「中国の民主化」の定義も方針もほとんど曖昧なままであった。個人的な初めからの予測として、到底中国社会という的に当たる矢とはならないのではないか、というのが私の印象であったが、果たしてそうなった。「中国の民主化」というテーゼ、あるいは「共産党の体制」への漠然とした不満は、潜在的に中国社会に存在している——そのことは確かである。その漠然としたモヤモヤを表現する際に、や自己言及的に「表現の自由」が制限されている、といったフレーズに帰着するわけだが、しかしそれでは中国社会は動かない。いずれにせよそういった言説のパターンは、日本や西側からする「期待の地平」にほかならないものである。しかしてその「期待の地平」とは、通約的に述べれば、既に市民社会が成熟した側からいま成熟しつつある中国市民社会を外在的に観察する、という立場となろう。しかしそのような「市民社会」観は明らかに、中国社会の実際の仕組みからはずれたイメージを描こうとし、そして何度も挫折する。このような叙述のパターンに留まりたくないならば、目下の中国社会の反応は、具体的なイシューに根差した「生存権」の要求として出てきているわけであり、まずはその要求の出し方に着目する必要がある。

## 生存権デモの頻発

当然のこと日本の視点からしては、二〇一二年の中国におけるデモへの注目は、先ほど軽く触れたように尖閣諸島の「国有化」から端を発し、九月一八日の満州事変勃発の日付まで続いた、およそ中国全土の都市六〇ヵ所から一〇〇ヵ所で繰り広げられた反日デモに向けられるであろう。もちろん、本稿においてもこの出来事に触れないことはあり得ないわけだが、その前に別文脈で形成し蓄積されつつある中国社会内部の抗議行動の活況について、特に「生存権」にかかわって勃発した二つの事件について描写してみたい。

まず特筆されるべきは、その前年二〇一一年の八月一四日、大連市で化学工場の移転を求めて起こった一万人から三万人にも上る座り込みのデモ（抗議行動）で、結果的に翌日大連市の共産党委員会と市政府によって工場の即時操業停止が決定、その後工場の移転も確約されることになった。大連市民たちが立ち退きを求めていたのは、大連福佳大化石油化工のパラキシレン工場で、台風を契機として工場近くの防波堤が決壊、この工場が流していた有毒物質の被害を怖れ、近隣住民が避難する騒ぎとなっていた。この危険性がネットの書き込みから周知のこととなり、抗議デモが一四日の昼前から大連の市政府庁舎前で始まることになった。このデモに関して、もちろん当局は許可を与えていなかったし、またデモの申請もなされていなかった。デモ申請は不許可となるのが中国での常識であり、逆に群衆が集まった瞬間にデモが成立するのである。これは申請そのものは許可されるものの、多くの場合、警察によって一方的にコントロールされる日本のデモとはかなり違ったものと言わざるを得ない。

この大連でのデモの成功は、実に中国社会における一つの転換点を示したと言えるかもしれない。都市戸籍と農村戸籍の別がまだ制度的に機能しているとはいえ、都市人口は確実に増え続けている。その都市における「生存権」にかかわる要求は、既に地方政府レベルにおいて抑え切れない政治力として認知されるようになった。市政府はその市政府前広場に陣取った市民たちを蹴散らすことを諦め、あっさりと行政命令を下す以外にはないという力関係が顕現したのである。ここで生じたことは、まさに広場の側に政治の主導権が移行した瞬間であったと言える。このクライマックスは、共産党委員会の書記が市政府の建物から広場の方にやって来て、警察車両の上から、「工場を閉鎖する」と述べたところ、その場でデモ参加者より、「いつ閉鎖になるのか」との確認要求があった後、さらに書記が「即刻だ」と答えた瞬間であった。

このあり様とは、つまり官僚機構の側の人間が広場（人民）の側の方にやって来て、人民の側の要求を呑む象徴行為としての直接民主主義が遂行されたことを意味しよう。制度的な政治決定機構に対峙した空間に集会（アセンブリ）を構成したデモ側との対位法において、政治的主導権が後者に移行した瞬間がマークされたことになる。いずれにせよ大連で起きた歴史的瞬間は、当然のこと動画情報として中国全土に視聴されることになったわけだが、また二〇一〇年代における中国の民主化状態の水位を示した事件としても画期的なことであった。というのも、この大連パターンが決して少なくない、中国の都市部において模倣されることになったからである。

◈

大連パターンと似たデモ（抗議行動）として特筆できるのは、二〇一二年七月二八日、江蘇省南通啓東市で起きた、三万～四万人のデモ参加者が啓東市政府を取り囲んだ例である。事件の発端は、日本大手の王子製紙が利用しようと計画していた排水管の経路が啓東に面した黄海に設定されたことによる。その建設は、同市政府が計画していたものであったが、そのために市政府のトップたちは王子製紙から賄賂を受け取っているのではないかとの噂が流され、市政府前を一斉に占拠したデモ側の行動が功を奏し、建設計画の中止が決定された。この時も勝利の鍵となったのは、一挙に群衆がそこに集まったこと、さらに武装警察が大挙して来られないよう参加者側が道路を一時的に封鎖した結果である。すなわち、ここでも群衆による直接民主主義が勝利したことになる。

この啓東市のケースで注目したいのは、勝利までのプロセスが大連市に近似している側面もありつつ、むしろその象徴的性格がエスカレートしていることである。デモ隊は、実力で市政府庁舎内に入り込み、市共産党委員会書記の孫建華を市政府前の広場に引きずり出した。彼はかねてから、収賄の容疑を噂されていたのであるが、この日デモ隊は、彼を広場に連行するとともに、賄賂の証拠品としてブランド製の煙草、酒、朝鮮人参などを探し出し、それを燃やしたともいう。また、その張本人たる書記の孫建華は、広場で上半身を露わにされ、デモ隊が着用していた抗議シャツを被せられるという「屈辱」を味わうことになった。ただもちろん、身体には深刻な傷は与えられず、その後結局彼は公安に守られながら、その場を後にすることになった。

ここで指摘しておきたいことは、直接民主のプロセスにおいて「裁き」が生じたことであろう。

すなわち、為政者(また同時に賄賂の犯罪者)を「示衆(見せしめ)」にしたことである。「示衆」とは、魯迅が『阿Q正伝』のクライマックスに置いた場面であり、古代より連綿として実践されてきた、近代的な法システム以前の宗教的＝政治的身振りである。この「示衆」は西側の理論においては、フーコーが『監獄の誕生――監視と処罰』(新潮社)の第一・二章で展開したところの、君主の栄光を犯罪者の身体へと刻みつける処刑の解釈などによって定位されていたものであるが、それが中国基層社会においては君主の廃絶以降にも機能していたことになる。ではこの場合、フーコーが述べた君主の位置には、やはり人民共和国成立の主人公たる人民＝プロレタリアが入り込むという構図になるのだろうか。確かに言えることは、二〇一二年の七月二八日、啓東市において、市の共産党のトップがいわゆる(冷戦期の西側世界において恐怖の的となってきた)「人民」裁判によって裁かれるという事態が引き起こされたことである。

ここで考えなければならないポイントは、まず、近代的な法システムがコストの面も含め完備されることになった暁には、このような「野蛮」な所作はなくなるだろう――こういった価値判断に対してどのように留保をつけられるかである。この啓東市の事件に関して西側の報道の幾つかを確認したところで感得できるのは、しかしまた共産党体制の崩壊の可能性という「期待の地平」であり、これを決して直接民主主義の作風として理解しないということである。

いずれにせよこの節で示したデモは、強いて分類するならば「生存権」にかかわるデモのあり様であるが、二〇一〇年代から特に地方などで頻発している状況である。またこの動きを直接押さえつける装置として、地方政府指導下の警察がいわばダーティな仕事を請け負っているという構図となる。群衆VS.地方警察という場面が散見されるのであるが、ここで重要なことは第三者として中央政府がこれを観察し、コントロールしているということである。地方政府と中央政府との間には単に上下だけでなく、より複雑な横斜め、縦斜めの権力の線分が存在し、指導と相互監督のネットワークが潜在する。つまり、多くの出来事はこのネットワークの流動化の中で決せられるということになろう。日本から見て最もわかりにくく、観察されていない部分がこれである。語弊を厭わず、ある結論を先んじて述べてしまうならば、一般民衆は、中央政府の裁定に常に期待しているということであり、またそれを求めているという中国政治の原則である。

## 反日デモ（都市編）

ようやく、反日デモの話に入る。やはり日本のマスメディアが二〇一二年九月中において発生した、暴動へと発展した反日デモの様態にもっぱら注意を傾けること自体は、やむを得ないことではあろう。ただここで検討すべきことは、先に挙げた二つのデモの例との比較である。先のデモが住民自治を中心とした動力によって構成されているとすれば、反日デモの中でも、特に暴れている多くの参加者は、明らかに非正規雇用の若年層（あるいは失業中の若者層）であるとの判断が可能である。またここでのもう一つの補助線となるのは、数年前の〇五年に起きた小泉元首相の靖国神社参拝を端緒とした反日デモとの比較である。北京で始まったあのデモの場合には出発点は北京でも、ＩＴ産業が集中する中関村であった。つまり〇五年のデモの場合、あくまでホワイト・カラー（あるいはその予備軍となるべき）の若年層であった。中国内部の常識からしては、そのような都市の若者が今回のように毛沢東の肖像を掲げる行動をとるべくもなかった。日本社会との類推で言えば、〇五年の反日デモの担い手は都市リベラル層であって、今回の反日デモについて、特に暴動に参加した部分について言えば、地方出身のヤンキー＝保守層という区分ができるかもしれない。

いずれにせよ、今回のデモの焦点となるべき階層とは、主に地方出身の非正規雇用の若者であり、またもとより都市にいながら就業の機会を逸した若年層ではないかと考えられる。およそ一週間ほど続いた全国的な都市部デモであるが、一部は日系企業の工場へ、あるいはまた日系の商業施設への攻撃へと結びついたあり様とそれは関連する。この一連の出来事は、直観的にもまず、ロンドン・オリンピックの前夜において、都市の商業施設が非正規雇用の若者たちによって略奪を受けたそのイメージとダブることになる。分析的に述べるなら、若者の商業施設への破壊的衝動とは、かつてのフォーディズム型の労働・消費サイクルのあからさまなる崩壊を意味するだろう。つまり、労働者が生産している消費財をもう一度労働者が消費者として買えるという仕組み――このフォーディズムの循環に破れ目が生じているのである。そうすると、彼らの攻撃の矛先がむしろ生産点（多国籍企業）に向かう論理構成も、一定程度、説明可能なのではないかとも思われる。その意味からも、今回の若年層を中心とした反日デモは、彼らがどのように意識しているかは別として、世界的なフェーズで言うところの「反グロ（ーバル）」運動としての性格を帯びたものであることも否定できない。ただ特にその攻撃目標が日系企業に向かっている限りにおいて、現代中国が成立した歴史条件（抗日戦争）を背景として、その行動を是認する一般的な中国社会の歴史的蓄積が彼らを後押ししている側面も見逃せないだろう。

さて「われわれは九九％だ」とするスローガンを掲げたアメリカ各地のオキュパイ＝占拠運動ともそれは踵《きびす》を接するものとの見方も可能となるだろう。デモには何らかの大義名分や象徴装置が必要であるが、アメリカのオキュパイ運動の場合には、もちろんのことリンカーンの「人民による、人民の……」などの人民民主主義言説の伝統がそこに充当されることは容易に感得できる。これとの類推として、中国にとっての人民民主主義（あるいは直接民主主義）の伝統は毛沢東、とならざるを得ないように見受けられる。この点に関連して、一九九〇年代より始まったいわゆる「愛国教育」に反日の要因を探らんとする日本側「識者（チャイナ・ウォッチャー）」たちの見解が既に流通しており、また格差社会への抗議の意志表示として毛沢東が「平等社会」を先導するイコンとなった、との説明もなされている。筆者もそのような見解に真っ向から反対するわけではない。ただそのような見解を取る論者は多く、世界的な視野を欠いていると見做さざるを得ない。彼らが見逃しているのは、ロンドンでの暴動も、アメリカ各地でのオキュパイ運動も、そして反日として括り込まれている中国のデモも、やはり世界経済のグローバル化の中で生じた現象として把握する視点である。にもかかわらず、やはり毛沢東の肖像の復活は、それとして中国固有の歴史的文脈を背負っている。

一つの指標をここで提示するとすれば、毛沢東時代とはいわば英雄時代であり、すると現在はポスト英雄時代ということになる。そこでなぜ今毛沢東なのかということなのだが、それを解析するには、やはり中国内部の歴史認識の偏差に気を配る必要があろう。たとえば、当然のこと一方において、都市内部の中年層のインテリ階層からは、毛沢東の肖像を掲げることに対する反発や皮肉が込められたネット上の批判も散見されていた。つまり、やや年上の目線から、若者たちが毛沢東という過去のイコンとともにあることから、彼らを「紅衛兵」になぞらえ批判する見方が出てきている。これなど実に、中国的文脈による歴史解釈の一端を示している。ただし、これをもってのみ今回のデモの担い手を位置づけるのは不可能である。今回の出来事は、改革開放以降の文脈で、中国社会全体が経済システムを変化させてきた事態を物語っている。つまり、六〇歳以上であると見做される老年層の参加がなぜ今回の反日デモに少ないかである。そういった年上の人々は、多くは国有企業や国の機関に勤めていた人々である。彼らは改革開放以降、あるいは鄧小平の南巡講話以降、徐々に退職させられていくことになるわけだが、それでも国有企業や国の機関にねばって居続けた年数に応じて退職金が支払われている。ある意味、彼らは社会主義システム時代の「既得権益者」と言えるかもしれない。すなわち、端的にそういった世代と対極にあるのが、また象徴的に言えば「年金が貰えない」今回のデモ参加者たちなのである。

実際のところで、今回のデモに参加して暴れた若年層を「紅衛兵」になぞらえるとすれば、やはり多くの誤りを含むことにならざるを得ない。端的にかつての「紅衛兵」の多くはそれぞれ自身の学歴を積もうとしていたエリート学生であった（初期「紅衛兵」の多くはもとより高級幹部の子弟であった）。また先ほど、二〇〇五年の反日デモに参加した階層との比較を述べたが、さらに遡って一九八九年の天安門に陣取った若者たち、特にデモ参加者を組織する側に立っていた若者たちも、実は多くは将来を嘱望されていた大学生たちであった。総じて、デモに参加し活躍する主要な主体を見出そうとすれば、長いスパンからするなら、確実に下の方へと階層的（また地方出身者）に移動している。そしてこういった若年階層の不満の出口に毛沢東がいるということは、実際のところ中国社会にとって決して幸福な状態ではないだろう。たしかにデモの担い手が下方へ周辺へと移動していること自体は、そこに多くの波乱要因が含まれることを意味しよう。多くの報道においても確認されることとなった暴力は、またその証左となっている。

一方、こういった現象については、政府当局者にも危機感が潜在することも確かである。ただ、デモの担い手が下方へと移動していることは、一つの可能性として、中国社会が人民民主主義の要素をますます色濃く表出してきている徴候と観察されるかもしれない。願わくば、そのようなデモの担い手が、中国の、あるいは東アジアの平和を希求するエネルギーへと転化し得るかどうか――ここにかかっているだろう。

近年の中国若年層の動向に心を痛めながら、的確な批評を展開している思想家、賀照田は、二

○一二年の反日デモに触れながら、以下のような総括を行っている（筆者が最も信頼し得る観察である）。

私は、今年（二〇一二年）の反日デモで破壊活動を行い、人を襲ったとして中国警察に指名手配された人々の顔つきや服装に注意してみた。彼らは明らかに、ホワイトカラーではないが、七、八〇年代の労働者や農民の顔つきもしておらず、数年来の経済発展の中で限られた収入しか得られず、近年の物価とりわけ住宅価格の高騰に前途を見失った、本当の「ダメ人間」の表情をしていた。

彼らは中国の国内政治に参与するより、まず「国際政治」に参与している。中国国内での発展がうまくいかず、みんなが中産階級になれるという夢を破壊され、損害を被り、希望を失った「ダメ人間」が、情緒的鬱屈ゆえに「国際政治」に参与しているのである。そして、過去に幻想を抱いていたからこそ、今日の絶望が深い「ダメ人間」は、容易に暴力的になる。このような人々の「国際政治」への参与が、中国の外交、および中国国外の中国外交に対する理解に、影響を与えないでいるのは不可能だ。

まさにこの点で、慨嘆せずにはいられない。中国の現実を理解するのは難しい、中国の未来も謎、油断ならぬ謎である。そうではないだろうか？（賀照田「中産階級の夢の浮沈と中国の未来」『現代思想』河村昌子訳、青土社、二〇一二年一二月号、一九五頁）

二〇一二年の夏期間における反日デモにおいて、それが特に領土問題として、賀照田が述べているように「国際政治」にかかわって惹起されている側面については触れないわけにはいかない。ただここで確認しなければならないのは、こういったデモ参加者と政府との関係性である。

このことに関連して、一方の日本においてはどのような見方が主流なのであろうか。まず、それら反日デモが中国政府の外交方針に与えた影響に着目し、それを共産党中央の権力闘争と関連づける「識者（チャイナ・ウォッチャー）」たちのもっともらしい論じ方が挙げられる。たとえば、毛沢東の肖像の余白に、重慶事件によって失脚した薄熙来の名が散見されていることなど、彼らの見方に一部説得的な部分もある。しかし基本的には権力闘争とのリンクは薄いと言わざるを得ない。なぜなら、反日デモはやはり、日本政府による「国有化」発表に対する民衆内部の政治衝動に確かに基づいていることは否定できないからだ。そして満州事変の記念日、九月一八日をもって、デモを控えるようにという通達が政府から発信され、また政府が公船を尖閣島（釣魚島）の周辺に派遣するに及んだことで、いわゆる反日デモは一斉に退潮することになった。つまり、中央政府の対応が進んだことが確認された上で、デモ参加者たちは主体的に自分たちの対応を控える判断を行ったことになる。翻って、領土問題など中央政府の高度な判断を要するイシューについて、実際のところ民衆の側はそれに干渉しないという態度が提示されたわけであり、領土問題が実は共産党中央に分岐を与えているものではないことが確認されたことになる。

今回の反日デモは、自国政府の日本政府への煮え切らない態度への批判として展開され、中央政府はその動きに反応を見せたものと感じ取れる。その意味では、賀が指摘するように、反日デモは中央政府を通じて「国際政治」に影響を与えたと言えるし、さらにある瞬間においては民衆と政府の行動とには高度の一致が見られたという観察も可能である。いずれにせよ、このようなエネルギーが中国の東アジアの平和に寄与するものへと転化するかどうかは、賀が「中国の未来も謎、油断ならぬ謎」と述べた通りである。

## 五・四運動という起源

ここまでの整理のために触れておきたいのは、中国において発生するデモがいずれにせよ、ある歴史的な光景を起源にしていることである。二〇一二年九月間の大陸中国での尖閣諸島／釣魚列島に関するデモのスローガンとして、「愛国無罪」「抵制日貨（日本商品排斥）」など、一九一九年の日本による対華二一ヵ条要求への反対運動として勃発した五・四（文化）運動で使われたものがそのまま登場しているように、歴史の反復性を感じさせる側面である。

そこでさらに思い起こしたいのは、中華圏で言うところの「保釣運動（釣魚台を守れ運動）」が、かつて一九七〇～七一年の時点においてまず、台湾の学生運動（それと合衆国在住の台湾系学生の運動）として始まった歴史的起縁である。当時はいわゆる「沖縄の返還」の直前であり、日本政府が尖閣諸島（釣魚島、釣魚台）の領有権を主張し、「返還」のもう一方の主体たるアメリカ政府が日本側の主張を追認するという経緯がこの運動に火をつけることになった。実は、この「保釣運動」においても確かに五・四運動のイメージが学生たちを鼓舞した事実があり、またこの運動は台湾民主化の進展の起点としても位置づけられるものである。しかして日本において尖閣（領土問題）をめぐる論調や議論においてずっと無視されているのが、この台湾において始まった「保釣運動」である。この時、台湾で起こったデモは、まさに戒厳令下台湾における最初の公然たる反体制デモとして、日本大使館とアメリカ大使館に向けられたのであった。

ここで強調しておきたいのは、つまり中華圏の反日ナショナリズムに根差したデモは、その歴史的資源として、否応なく五・四運動の歴史イメージにアクセスせんとするということである。翻って、西側及び日本の報道が中華圏のデモを評す際に、得てしてそれは、常にある別の歴史参照軸に置き換えられることになる。すなわち、宗教的エネルギーを動力として排外行動を爆発させた義和団事件（一九〇〇年）の「野蛮」と「反動」のイメージである。総じて中華圏のデモに関して、西側及び日本のメディアはこの一九〇〇年のネガティブ・イメージにその資源を求め、一方一九一九年については素通りする、という歴史的態度を示してきたことになる。

このような齟齬のあり様を端的に物語っているのは、二〇一二年九月間の反日デモで「理性愛国」というスローガンを掲げた若者たちの行動に対し、日本のあるメディアが「反反日」であると評した事実である。しかし「理性」、「愛国」といった言葉が出てくるのは、明らかに中国において近代国家の成立を担った五・四運動の文脈以外にあり得ないわけである。中国を主語にして整理するならば、それは「義和団」のイメージを自ら払拭し、五・四運動の記憶にアクセスせんとする中国人の歴史への態度である。であれば、そのような「理性愛国」に対して「反反日」と評するのは、全くもってお門違いと言わざるを得ない。いずれにせよ、五・四運動によって勝ち取られた価値が反帝国主義運動としての「反日」であったことは絶対に否定できないものである。これはおそらく、デモに参加した人々も、さらにそのデモの動向を注視してきた共産党においても、ともに同じ歴史地平にいるということを意味する。さらに整理してみると、かつての五・四運動が反帝国主義（反日）であったとするならば、そのイメージは、「反グロ」的性格が織り込まれているものとしてある、と言えるかもしれない。いずれにせよ「反グロ」とは、かつての反帝国主義運動のリニューアル版なのだから。

さて、もうすぐ五・四運動の一〇〇周年を迎えることもあり、徐々に五・四運動にかかわる整理的考察が学術界でも出始めている。早くは、アメリカ留学組であった林毓生による『中国意識的危機』（一九八六年）である。五・四運動の批判の矛先であったものは、旧道徳・儒教であったとしても、その批判や行動の様式は、極めてまじめな儒教的精神に則ったものであるとの見解など、興味深い指摘が既になされている。さらにアメリカの中国学者、ラナ・ミッターの『五四運動の残響』（日本版二〇一二年）においても指摘されているのは、五・四運動の精神における「救国」の価値は、学生のみならず、当時の企業家などにおいても疑いのないものであったということと。そこで興味深いのは、先ほどの反日デモで見られた「理性愛国」といったスローガンである。奇しくも、五・四運動の残響を後の文革期や改革開放期の精神に読み解こうとする視点から派生するのは、中華圏の運動においては常に儒教道徳の残響が見てとれるということである。この現代中国におけるナショナリズムはみな、国家と人民の間の道徳観を再定義する方向を孕んでしまうということである。

翻って、日本の側から見て、まさに日本が今回の中国ナショナリズム昂揚の宛先（敵）となって「釣魚島を返せ」と叫ばれた意義の重さを避けることはできない。今回の反日デモ全体の性格に関して、それを中国政府への不満のガス抜きであるとか、別の本来の要求を後ろに隠したマヌーバーにすぎないものと判断するなら、やはり「木を見て森を見ない」、あるいは「自分の手の汚れに気づかない」結果となる。

総じて日本においても中国においても、「釣魚島を返せ」という合言葉によって、一つの歴史的契機が再刻印されたことになる。それはつまり、一八九五年という年である。尖閣（釣魚島）が日本政府の閣議決定により日本に編入されたのは、一八九五年の一月、日清戦争の形勢がほとんど日本有利に傾いていた最中であった。また日本軍は同年三月、台湾海峡にある交通の要所、澎湖諸島を占領する。そして同年五月、下関条約によって台湾は日本に割譲されることになる。ちなみに台湾ではこの時、日本の征服軍に対する激しい抵抗運動が起き、一時期「台湾民主国」が宣言されるものの、数ヵ月を経て平定されていく。すなわち今、中華圏の人々が思い出しているのは、そのような一二〇年前の自分たちの状態である。そしていずれにせよ、デモを行った中華圏の人々の胸に去来するものは、今の自分たちはもはやかつての自分たちではないはずだ、という自己認識である。そのスタート・ラインとして、一八九五年という日付が再び中華圏の人々に回帰し刻印されることになった。同時に、かつての自分たちではないという歴史意識は、否応なく世界史における中国あるいは中華圏の「台頭」の意識に結びつくわけだが、それは本稿でこれまで論じてきたところの大陸中国内部に渦巻く経済生活上のギャップと激しい化学反応を起こしていた――このように今回の大陸中国での反日デモのあり様を理解できるのではないかと思われる。

## 結びに代えて

最後に触れておきたいのは、テーマに記した「二〇一二年の転換点」のもう一つの意味である。つまりこれを日本に当てはめれば、一一年の福島第一原子力発電所の事故以来、ついにこの（日本）本土も沖縄並みに、人民のデモが社会を変える武器となり得る可能性を取り戻しかけることになった――このように位置づけられることとなろう。一二年の反原発デモは、およそ一九六〇年の新安保改定反対闘争の時間を超えた持続性を見せることとなった。そこでかつて六〇年安保のことを論じるならば、その時デモに費やされたエネルギーは池田内閣の登場とともに「所得倍増計画」を旗印とする高度成長へのチャンネルへと転換させられていったと言える。しかして今日、アベノミクスがいかに喧伝されようと、かつてのような高度成長はほとんどあり得ない。では、この間に沸き起こったデモの力は、今後果たして日本の政治経済システムに何らかの変化を促すことになるのか。

ここで一つの潜在的連関を描きつつあるのは、「オスプレイ配備反対闘争」として先鋭化している沖縄の反基地運動であろう。それは、アメリカの世界的ヘゲモニーの具体物たる日米安保条約体制への「否」であると同時に、結果としてこの運動は潜在的に「日米安保の適用範囲」となるあの尖閣諸島（釣魚島）とも強く関連づけられることになる。目下、国会や官邸前の反原発運動は、デモ主催者側の意図としても反原発の「ワン・イシュー」に固定するよう誘導されるなど、「脱政治」の壁が取り憑いている。だが、米軍基地と同様にして、原発という怪物も日米の合作権力によってこの地に敷設されたものではなかったか。反原発のデモは、このイシューに特化されたことによって参加へのアクセスの敷居を低くした効果は確かにあっただろう。しかしワン・イシューへの特化は、日本の戦後体制そのものを不問に付すことにもなりかねない。この壁が乗り越えられねば、「二〇一二年の転換点」は東アジアにおいて一つの画期を形成しつつも、またもや日本本土をすり抜けていくことになるかもしれない。

しかしともあれ、この間の長期にわたる反原発デモにおいて、人が集まるとはどのようなことなのか、またそれらはどのような効果をもたらすのか——人々が考え始めるようになったことは確かである。制度やシステム任せの、また政府任せの民主主義が作りだしたものこそ原発であったと人々は気づいてしまったからだ。先に沖縄並みにと述べたが、むしろ中国並みに日本（本土）でもデモが発生するようになったと言えるかもしれない。形式上・制度上では民主主義があったとしても、もう一方の極において直接民主主義、あるいは人民民主主義を行使する政治的民衆がいなくてはどうにもならないということ——このことが理解され始めているのだ。

# Ⅱ 「党」による指導

# 第3章◇「核」開発と冷戦の組み換え

## はじめに

二〇〇八年、北京の革命軍事博物館を訪れた際に気になったことがあった。革命軍事博物館は、当然のこと中華人民共和国の公的歴史を記録し展示する機関なのであって、そこで提示されていた歴史的整理もおそらく公的なものとして中国の教育機関で教えられているはずだ。目が釘付けになったのは、人民共和国が核兵器開発を始めた一九五〇年代からの歴史を展示したコーナーに見入っていた時のことである。そのコーナーの写真やパネルの文章を確認したところで、ソ連からの影響がほとんど記されていないことを発見した。その代わりに記録されていたのは、アメリカ留学をしていた中国人の物理学者が人民共和国の成立以降に本国に呼び戻され、そして核実験の成功に至るまでの開発研究に携わった功績である。そのコーナーでは、それらアメリカ留学の学者たちによるソ連視察の事実は記されていたものの、五〇年代における核開発全体にかかわって、ソ連の影響がまるでないかのような叙述となっていた――私はまずこの事実に衝撃を受けるとともに、冷戦をめぐる配置がかくも違っていることに驚いた。現在の日本では、冷戦構造とは朝鮮戦争をその発端とし、米ソ対立が東アジアへと波及するあり様として記憶され、中国とソ連が一対となって日米に対峙する構図として理解されている。しかし、後で述べるように一九八〇年代まで、中国にとってはむしろソ連との敵対が主たる動力として、人民共和国のあり様を決定づけていたと見るべきなのである。いずれにせよ、東アジア冷戦史というフォーマットを想定した場合、中国の内と外との間の歴史観にかくも大きなズレ（視差）が存在することに気づかざるを得ない。

ここで考えてみたいのは、人民共和国の歴史叙述が誤っているかどうか、ということではない。中国にとって東アジア冷戦とはどのようなものであったか、その国家記憶を読み解かなければ、おそらく現在の中国の核政策、さらにそこから派生するところの原発政策の未来を予測することもできないと考える。なぜなら、日本の原発推進政策に限らず、東アジアの核政策は、まさに一九五〇年代に淵源を持つところの東アジアの冷戦体制の文脈から生じたものであるからだ。そこで、日本から見た冷戦システムの向こう側にあった「中国にとっての冷戦」とは何であったのかを提示できなければ、東アジアの脱冷戦も展望できないし、またおそらく共通の理想となるべき、東アジア全体からの核の廃絶（もちろんのこと、アメリカが持ち込み、また植えつけてきたものも含めて）

も展望できないはずだからだ。

## 朝鮮戦争という起点

中国が冷戦体制の片側たるソ連圏に強力に位置づけられる端緒、また後の核政策推進の端緒となったのは、一九五〇年の朝鮮戦争への参戦決定（一〇月）であるものと考えるのが至当であろう。それ以前に中ソ友好同盟相互援助条約が締結されているが、これは平時を想定したものであった。後の歴史研究から見て、人民共和国の参戦は自動的に決まったものではなく、主にソ連（当時の社会主義圏全体）との関係による政治判断の結果だったということである。翻って、朝鮮戦争への参戦という契機がなければ、人民共和国の後の政治経済政策（国防重工業路線）はかなり違ったものとなったことが推測される。たとえば、朝鮮戦争が起きず、またそのため急速なソ連モデルの工業化・国防を急ぐ必要がなかったならばどうなっていたか、である。おそらく、民族資本の存在を容認し、また農民が土地を所有することを肯定していた「新民主主義」段階が継続されていただろう。

さて、朝鮮戦争の経緯とその主動因にかかわる叙述については、今日ソ連側の資料も発掘されるなど、研究水準が次第に整えられている。一つ重要なのは、まさに中国からの視点であった。朱建栄の『毛沢東の朝鮮戦争』（岩波書店、一九九一年）は、第一次資料の発掘が困難な時代にあって、丹念な調査と聴き取りにより、特に中国人民志願軍の参戦の経緯について大きな足跡を残した。第一にＤＰＲＫ（朝鮮民主主義人民共和国）側の開戦の決断の理由について、中朝関係からの要因として、朱の労作から一点、興味深い視点が提出されている。それは、中国の内戦の一応の決着を見た後、つまり一九四九年の一〇月以降、中華人民共和国側から朝鮮人兵士、三万五〇〇〇人以上をＤＰＲＫ側に帰還させることが中朝間で取り決められた経緯である。この多くの兵士の帰還が実現し、朝鮮半島南北の軍事バランスが一変したことが、特に開戦への決断を促したものと想定されている。その意味でも、潜在的に朝鮮戦争は、国共内戦の延長線上に位置づけられる要素もあるということである。

さて、今日のいわゆる「六者協議」と呼ばれる枠組みにおいても、その潜在的な交渉の主軸は、米中間にあることは紛れもない事実である。この二つの大国は今、お互いに不信感を残しつつ手を握り合っていると言える。その際に気になることは、この朝鮮戦争からの残響について、双方が実際のところどう感じているかである。国連軍（米軍）の仁川上陸以降、戦闘の最たる激突もまさに、国連軍（米軍）と人民志願軍との戦いであった。いずれにせよはっきりしているのは、先に述べたように、人民志願軍の投入は極めて高度な政治的判断によっていたということである。それは、金日成のスターリンへの要請により、中国政府側（主に周恩来）とモスクワとの間の長い協議により決定されたものである。当初、林彪など中国人民解放軍内部においても慎重論が強かったのだが、毛沢東がこれを制し、最終的に参戦を決定したのであった。

もう一点付け加えなければならないのは、人民志願軍の派遣は、人民共和国側（共産党）にとっては、内戦の仕上げ段階としての「台湾解放」の放棄と引き換えになされたという見解である。朝鮮戦争の勃発により、アメリカの反共防衛ラインが引き上げられ、太平洋第七艦隊が台湾海峡に入ることとなった。すると、「台湾解放」の主力部隊と考えられていた中国東南部沿海地域の大量の部隊（主に第三野戦軍を中心とする数十万）が東北部へと引き抜かれ、朝鮮半島情勢に対応せざるを得ない事態となった。それ以前において、アメリカは台湾防衛を半ば諦めていた。内戦過程において根深い腐敗を抱えていた国民党政権を見放すことが半ば、コンセンサスを得ていたのである。しかし朝鮮戦争の勃発は、まさにアメリカ内の反共意識に火をつけることになった。これと連動して、国内においても赤狩り（マッカーシー旋風）が吹き荒れたこともその流れの中で生じたことである。また一方、皮肉を込めれば、人民共和国はこの戦争の結果、台湾の代わりに三八度線以北から鴨緑江までの「緩衝地帯」を手に入れた、という言い方も成り立つだろう。だがそれは、人民共和国にとって実に大きな痛手を伴うものだった。

以上の文脈に強烈に絡まり合ってくるのが「核」という次元である。つまり朝鮮戦争（東アジア冷戦）の休戦状態とは、マッカーサーによって立案されトルーマンによって拒否された「原爆の投下の可能性」から始まる歴史的サイクルを描いてきた延長線上にあるもの、ということである。冷戦を規定したと言われる「トルーマン・ドクトリン」であったが、そのドクトリンは結果的に、今日の私たちの知る東アジア冷戦体制を規定し続けてきたことになる。それは当然のこと、後に人民共和国が自らの主権防衛のために核兵器保有を求めて走り出した軌跡も含むことになる。一九五〇年一二月、人民共和国は早くも国のシンクタンクである中国科学技術院の中に「原子力研究室」を設置することになった。

## ソ連からの「自立」

さて冒頭に提示した革命軍事博物館での見聞からじかに繋がることであるが、次に見なければならないのは、一九五〇年代から六〇年代における中華人民共和国の歴史とはソ連からの「自立」の歴史であったという事実である。この感覚は、皮膚感覚としては反共シフト側で生きていた「われわれ」にとっては最も理解し難い文脈である。結果的に、中国がソ連から深い影響を受けていた時期はだいたい六〇年までであって、実に一〇年にすぎない。それからは、中国はずっとソ連と対決姿勢を崩さない時間をキープしていたことになるが、最終的にそのような中ソ間の敵対状態が解除されるのは、八九年春のゴルバチョフの北京訪問によってである。およそ実質的に中ソが対立していた時期は、三〇年の長さに及ぶ。中ソの同盟関係が成立していた時期の約三倍なのである。

しかして、その中ソが同盟関係を持っていたと考えられる一九五〇年代にしても、その半ばから既に「自立」に向かう助走が始まっていた。ソ連内部でフルシチョフによるスターリン批判が行われた同じ年（五六年）、毛沢東は「十大関係論」という重要講話を行っている。この講話の一部で、かつて二〇〜三〇年代にコミンテルン派で中共のトップであった王明への批判を繰り返していることからも、内部的には脱ソ連が暗示された講話と見做し得る。そしてその政治経済にかかわる報告において、朝鮮戦争以来緊密化している主に東北部におけるソ連モデルの移植への部分的批判が反映されたものとなっている。その批判の骨子は、ソ連モデルから影響を受けた重工業への偏重、農業集団化の強行、過度に中央集権的な計画経済、粛清問題など多岐にわたるが、いずれにせよソ連モデルからの自立と克服を目指す中国社会主義の理念と方法を探る端緒を示すものであった。

ちなみに、この「十大関係論」の前年一九五五年、中国はソ連との間で「中ソ原子力協力協定」を締結している。この年、奇しくも人民共和国は台湾の国民党政権との間で「台湾海峡危機」と呼ばれる軍事衝突が発生、金門島で砲撃戦を展開している。この出来事がおそらく、翌年の報告「十大関係論」に影響を与えており、毛沢東など中共首脳部をして真剣に核開発に乗り出す動機を与えたものと見做し得る。ただいずれにせよ、中国における核開発はソ連の手助けなしには進行し得なかったのは確かである。そのためにこそ、一九五五年「中ソ原子力協力協定」が求められたのである。しかしこのソ連をルートとする核開発は実に短期間で終わってしまう。すなわち、一九六〇年に公然化する中ソ対立の前年、五九年には既に「中ソ原子力協力協定」が破棄されている。いずれにせよ、実際的な外交関係において、ソ連の核開発技術が中国に移転されていた時期は物理的には四年間にすぎなかったのだ。

以上の前提を踏まえ、実際に「十大関係論」の中の核政策を含んだ国防部門に関する叙述を見てみよう。

国防はもたないわけにはいかない。軍隊をすべてなくしてしまってよいだろうか？　よくない。敵がいて、その敵はわれわれをかたづけようとしており、われわれは敵に包囲されているからだ。われわれは、すでにかなりの国防力をもっている。抗米援朝戦争（一九五〇〜五三年）をたたかってわが軍隊はより強大になったし、自己の国防工業も建設されはじめた。盤古の天地開闢以来われわれは自動車、飛行機のつくりかたを知らなかったが、いまや自動車、飛行機をつくれるようになりはじめた。わが自動車工業はまずトラックをつくり、乗用車はつくらない。そこでわれわれは毎日外車で会議に出かけるほかない。愛国的であろうとしても、そんなにはやくはできない。いつの日か国産車で会議に出かけられればそれでよい。

われわれはまだ原爆をもっていない。しかし、過去には飛行機、大砲さえなく、われわれは粟プラス小銃で、日本侵略者と蔣介石とをうち負かしたのだ。われわれはすでにかなり強いが、こんごもっと強くならなければならない。このために頼るべき方法は、軍事・行政費をほどよい比率にすることで、その比率を段階を追って国家予算の二〇パーセント前後に下げることだ。こうして経済建設の費用を増やし、経済建設をより大きくはやく発展させる。

これを基礎とすれば、国防建設もより大きな進歩をえられる。こうすれば遠からず、多くの飛行機、大砲だけでなく、自分の原爆ももてるようになる。

原爆がほんとうにほしいか？ もしそうなら軍事・行政費の比率を下げ、経済建設に力をいれる。原爆がほしいというのはウソか？ もしそうなら軍事・行政費の比率を下げず、経済建設に力をいれない。いったいどちらがよいか、みんなで研究してほしい。（「十大関係論」一九五六年四月『毛沢東 社会主義建設を語る』矢吹晋編訳、現代評論社、一九七五年、九〜一〇頁）

この文献は、当時もそして今日も、ソ連からの「自立」をマークする意味で重要な文献として受け継がれているのだが、さらに公的に一国の指導者が「核」についての戦略的思考を提示した意味でも極めて興味深い。この時期はまだ中国が核開発に乗り出すかどうか、内部でも様々な議論がなされていた頃である。

ここで注意しなければならないのは、これまでの重工業ははっきりとソ連モデルへの依存を前提としていた事態であり、この引用部の用語でいえば「経済建設」の範疇にある。その一方、ここで述べられている「軍事・行政費」は従来の人民戦争理論に依拠した戦略の主要要素として、主に「人件費」を意味する。すると、ここには大きなジレンマが存在していることになる。工業化モデルとして既に数段高度な分業体制を打ち立てていたソ連からの援助がなければ、核兵器も含む国防工業は発展できなかったという事実である。

さらにもう一つ付け加えなければならないのは、この後明らかになっていくところの、いわゆる通常兵器開発と核兵器開発の間の予算配分の矛盾である。中国の核兵器開発を研究した学者、平松茂雄によれば、既に一九八〇年代に入ってからのことで、五〇年代における兵器開発と生産について当時の国防部長であった張愛萍がこのように言及していたという。つまり、当時の中国の予算規模では、到底のところ通常兵器によってはアメリカに対抗できない（さらに後にはソ連にも対抗できない）ところから、むしろ核開発の方が低コストであろうとの計算から、そちらへの配分に傾斜していったという事実である。このことに鑑みて、あの「十大関係論」以降の中国における軍事発展の志向性は、だいたいにおいて通常兵器にかける予算を削減し、それを核兵器開発に集中させ、さらにその過渡期の穴埋めとして旧来の「人民戦争理論」が文革中にかけて持続的に喧伝され続けていた、ということになろう。

その後、以上述べたこのジレンマは、半ば暴力的に解消されるとともに、語義矛盾となるがそのジレンマは深く滞留することになっていく。一九五九〜六〇年、中ソ対立が発生し、先に述べたように中ソ間の「原子力協力協定」が破棄され、またソ連の技術者が一斉に帰国することになった。ここにおいて中国はその道半ばにしてソ連というモデル対象を失うと同時に、ソ連からの「自立」を一挙に行うべく極端な政策に走りだすことになった。中国はその四年後の一九六四年、ソ連の杞憂が実現するように核実験を成功させ、そして核開発を順調に進行させる。すなわち、このような紆余曲折に富む「経済建設」が進められていたわけであるが、イデオロギー上はまさにそれと正反対の「革命政治」、中国文化大革命がこの直後に発動されていたことになるのである。

この事態をもう一度、共産党内部の政治闘争の側面から説明するならば、歴史的事件としての廬山会議(一九五九年)での一連の騒動をはずすわけにはいかない。廬山会議とは、毛沢東によって発動された「大躍進」政策の失敗を受け、一九五九年の七~八月、毛の政策——大躍進と急速な人民公社化など——を批判した、彭徳懐(国防部長)とその同調者たちが失脚したところの中央政治局拡大会議を指す。この時の彭の主張は、ほぼソ連共産党による毛沢東の政策への批判と軌を一にするものであった。さらにこの時、彭が失脚させられる裏の文脈として、国防部長であった彭が中国国内においてソ連の通信基地を建設しようとしていた事実が大きい。毛沢東の脳裏において、彭は脱ソ連という文脈では最大の障壁だったことになる。そして、代わって国防部長のポストについたのは、つまり先の「十大関係論」の文脈では軍事・行政費に力をかける「人民戦争理論」を信奉する軍人、林彪であった。

先に述べたジレンマの解消と深化という言い方になぞらえれば、つまり脱ソ連はこの廬山会議によって前進したということであり、その上で、ソ連の実質的な手助けを欠いたまま核開発も含む「経済建設」が推し進められなければならなかった。このジレンマの深化形態として「文革」が発動され、さらにこのジレンマが爆発的に露呈される形で、「文革」をイデオロギー的に牽引した林彪の失脚事件が一九七一年九月に到来する。林彪失脚の最も大きな背景となるのは、「革命政治」を嫌った反林彪派の軍幹部の存在であり、後にそれら反林彪派の軍幹部たちが「改革開放」の流れを支えていくのである。反林彪派とは、つまり「経済建設」を重視する勢力として、実に人民共和国の主流派のことである。既に核開発を終了した人民共和国は、軍事方面に関して言えば、この後、通常兵器の開発と量産にも力を入れる余裕を手に入れていったということになろう。

いずれにせよ、この林彪失脚により実質的に「文革」は終了したのである。同年暮れ、キッシンジャーが極秘に米中接近を図るために中国入りを果たし、そして翌一九七二年の初め、米中接近を指し示す「上海コミュニケ」が発表されることになる。ここからはある種の憶測の範囲を超えないものであるが、今日ＤＰＲＫによって繰り返されている核実験は、まさに中国による六四年の核実験成功からこの七二年のアメリカとの「和解」の文脈を、歴史的な参照枠としているものではないかという理解が可能になるのである。

## 毛沢東にとっての戦争／平和

ではこの間の、毛沢東の「核」に対する考え方はどのようなものであったのか、少しく触れてみたい。先の「十大関係論」にもあるように、一九五〇年代半ばまで、正確にはフルシチョフ統治下のモスクワを訪れるまで（五七年）、毛沢東にとっての「核」とは、アメリカ帝国主義と一体となった外なる脅威のことであった。よく引用される「米帝国主義は張り子の虎」に象徴されるように、外なる「核」の恐怖に対抗するための言辞が選ばれていた。ただしそれは、ソ連に核兵器が担保されていることを前提としたものであった。ぎりぎりソ連との同盟を維持していたその段階まで、中国がソ連の核の傘に入っていることは是認されていた。五七年一一月にモスクワでなされた毛の講話には、以下のような言葉遣いがある。

結局のところ、われわれは一五年の平和状態を勝ち取らねばならない。その時になったら、われわれは天下無敵になるのであり、誰もわれわれを攻撃しようとしなくなる。世界もまたそれによって持続的な平和が得られる。

現在さらに状況予測をしておくと、戦争をやりたがっている頭のおかしい連中、彼らは原爆や水爆を落としたがっている。彼らが落とせば、われわれも落とす。そうなればめちゃくちゃで、人の命がたくさん失われる。最悪のことも考えておかねばならない。われわれの党の政治局が何度も会議を開いて、この問題について議論した。今は戦おうと思っても、中国には手榴弾があるだけで、原爆はない、ただしソ連にはある。考えてみてください。もし戦争が勃発したら、どれだけ死ぬか。全世界の人口は二七億人で、おそらく三分の一が失われるだろう。もっと多めに考えるなら、半分だろうか。ただわれわれはそうしようと思っているわけではなく、彼らがそう考えているのであり、始まれば、原爆や水爆が落とされるだろう。私は以前、ある外国人の政治家とこの問題について議論したことがある。彼はもし原爆の戦争になれば、人類は死滅すると言った。そこで私はこう言った。極端に考えても、半分までであって、半分は生き残る。帝国主義もやられるのであり、全世界は社会主義化する。数年すれば、また二七億人に戻るのだし、さらに増えるだろう。われわれ中国はまだ建設半ばであり、平和を欲している。しかしもし帝国主義が無理にでも戦争したいと言うなら、やるしかない。そして戦って、また建設し直す。毎日戦争のことを心配しているが、本当にそうなったらどうするつもりか？　私は先に、東風が西風を圧倒しており、戦争は起きないと言っていた。やはり戦争が起こる状況になったことを想定し、いくつか説明をしたことになる。このように二つの可能性についても予測できるものである。（「モスクワの共産党と労働党の代表者の会議での講話」『毛沢東文集 第七巻』北京人民出版社、一九九九年、三二六頁、筆者訳）

ここで注目しなければならないのは、毛の平和に対する考え方である。一般的には、引用にあるような毛の発言を指して、毛の好戦性、さらには野蛮な生命観を根拠づける議論が主に西側社会に存在している。だが、朝鮮戦争にもまして、当時、中華民国（台湾）当局との間で発生していた金門島での砲撃戦（一九五五年及び一九五八年）などにかかわる危機感なども鑑みるならば、人民共和国が自国の経済発展のために「平和時間」を欲していたことも確かなことである。ここで「二つの可能性」という言葉が出てくるわけであるが、当時の毛もそして人民共和国もこの二つの可能性を一つのものとして生きていたという事実が重要である。中国にとっての平和状態＝経済建設とはまさに敵に攻め入られないためのものとして「戦争への戦争」なのである。簡単に言えば、外側から破壊されないだけの国家建設が急がれていたという事態だが、これとても通常、日本で語られる平和概念とは似て非なるものであることを感得する必要がある。さらに言えば、この後、中国にとっての獲得すべき平和は、まさに自力での核開発の成功によってこそ達成されることとなる。

この講話は上述のように一九五七年になされたものであり、引用の冒頭で示される一五年という時間設定は、結果的に、後の中国のあり様からして意味深長なものと言えなくもない。一五年後とは、六四年の核実験成功を間に挟んでやって来る七二年に当たる。つまりアメリカとの間での、事実上の平和状態を勝ち取る出来事の到来である。

さてこの次に、中国にとっての平和獲得の一里塚である核兵器開発の成功、つまり一九六四年一〇月の核実験の成功直後の人民共和国の声明を見てみたい。

自分の身を守ることは、いかなる主権国家にとっても奪われてはならない権利である。世界の平和を守ることは、平和を愛するすべての国家による共同の責務である。日増しに高まるアメリカの核の脅威に直面し、中国は座して待つことができなくなった。中国が核実験を行い、核開発を行ったことは、強いられたものである。

中国政府は一貫して、核兵器の全面禁止と徹底的な廃絶を主張して来た。もしこの主張が実現されるなら、中国は元々核兵器を開発しなかった。しかし、われわれのこの主張はアメリカ帝国主義の頑強な抵抗に遭った。中国政府は既にこのように述べていた。「一九六三年七月の米英ソ三国がモスクワで調印した核実験の部分的禁止条約は、世界人民を騙す茶番である」と。この条約は三大核大国の独占的地位を強化するものであり、平和を愛する国家の手足を縛ろうとするものである。また、アメリカ帝国主義の中国人民と世界人民への核の脅威を減らさないだけでなく、むしろ増やすものである。

（中略）

中国政府は完全に平和を愛する国家と人民が一切の核実験を停止せんとする善良なる要望を理解している。しかし、徐々に多くの国家が理解するようになっているように、核兵器はますますアメリカ帝国主義とその仲間によって独占され、ますます核戦争の危機が大きくなっている。俺たちは持っているが君たちは持っていない、という具合に彼らはいばっている。しかし一旦、彼らに反対している者たちが持つことになったとすると、彼らはいばれなくなるし、核によるゆすりや脅しもさほど効き目が持てなくなる。すると、核兵器を全面的に禁止し廃止する可能性も高まるのである。われわれは心から、核戦争が永遠に生じないことを望んでいる。またわれわれは、全世界の平和を愛する国家と人民が共同して努力し、闘争を続けさえすれば、核戦争は防止できるだろう。（中略）

中国政府は以前と同じように、全力を尽くして国際的な話し合いを通じて、核兵器を全面的に禁止し廃絶する崇高な目的を実現させようとしている。その日が来るまで、中国政府と中国人民は揺るぎなく我が道を堅持して、国防を強化し、祖国と世界平和を防衛するものである。

われわれは核兵器が人によって作られたものであれば、必ず人の手によって廃絶できるものと深く信じている。（中華人民共和国政府声明、一九六四年一〇月一六日『中国蘑菇云』遼寧人民出版社、二〇〇八年、二九四頁、筆者訳）

この声明を表面的に読めば、アメリカ（帝国主義）が主要な敵であるかの印象を持つわけであるが、当時の文脈では、むしろソ連からの自立に資するもの、もっぱらソ連に対する核実験であったことは間違いない。ここでの中国の位置からして、ソ連はこの時には既に「帝国主義」に同調する裏切り者として表象されている。そして現にこの後起こるのは、一九六九年のウスリー川での中ソ紛争である。

ここで強調しておかねばならないのは、ここにある平和観というものが、一九五七年の毛によるモスクワでの講話から真っすぐに繋がったものと認知できることである。まさに中国による核実験の成功は「戦争への戦争」として、平和と戦争とが一体となる時間を象徴することになる。つまり、中国が核兵器を実際に使用しない限り、ここに書かれた宣言「中国政府は以前と同じように、全力を尽くして国際的な話し合いを通じて、核兵器を全面的に禁止し廃絶する崇高な目的を実現させようとしている」が詭弁であるとは完全には立証できないのである。翻ってみれば、このような一見して詭弁とも見做され得るような紙一重のロジックを全世界に向けて宣言してしまうこと自体が、いわば極めて特異で中国的な近代を物語っていたと言えよう。引用の最後にある「人の手によって廃絶できる」という文言がそれである。

## 中国の核実験成功の日本への影響

ここからやや別角度の補助線を引いて振り返ってみたいのは、日本の反核運動（反原発運動を含む）のことである。一九六〇年代初め、日本の反核運動は、ソ連の核保有を認めるかどうかをめぐって分裂、この後遺症は「原水禁」「原水協」の並立として今日まで残り続けている。このプロセスは、まさに日本の平和運動自体が冷戦状況に規定されていた証左であるが、さらに一九六四年の中国による核実験成功の衝撃はまた、ソ連の核保有とは違ったケースとして分析対象となるだろう。

中国による核実験の成功はまず、アメリカと日本のマスメディアでかなり違った反応をもたらしていた事実を特筆する必要がある。当時の冷戦状況を注視していた中国学者の新島淳良によれば、アメリカ・メディアは一般的に、中国が近代的な工業システムを兼ね備えた国家となったメルクマールとしてこの実験を受け止め、義和団事件以来の未開で野蛮な中国表象の変更が迫られた文脈を強調していた。これに比して日本での反響は、一般的には、新中国にかかわるモラル・エネルギーの喪失として受け止められる傾向が散見されていたという（新島淳良「核実験の意味、整風の意味」『エコノミスト』一九六六年五月三一日号）。

しかし日本の反体制運動（特に新左翼側）においては、また別の文脈も生じていたことも明記せねばならないだろう。それはその後に起こった「文革」がもたらした日本の反体制勢力へのインパクトである。結果的にそのことで、一九六四年の中国による核実験の意味合いが変質したことになる。絓秀実の『反原発の思想史』（筑摩書房、二〇一二年）によれば、中国文化大革命は、米ソのイデオロギー対立が実はともに生産力主義に拘束された同一の磁場にあるとして、「文革」がその米ソ世界支配の磁場を突き崩す契機として美しい「誤読」を誘発したという。たしかに日本に紹介されていた人民共和国の社会主義政策のイメージには、大規模工業によらない「土法炉」であるとか、漢方を組み合わせた農村での無料医療活動、さらには都市と農村の分裂を克服する試みとしての「下放」など、美しい「誤読」を誘発する様々な道具立てがそろっていた。そしてそういった表象とは実際には相反するものであるが、中国の核実験を米ソ冷戦体制に亀裂を走らせる行為として理解する文脈が生じていた。いずれにせよ、日本における反公害運動、あるいは反原発運動の起源には、このような冷戦体制の転換点としての革命中国のイメージが強烈に作用していた——この文脈は一考の余地がある。

またもう一つ、一九六〇年代における核問題をめぐる議論において忘れてはならないのは、六四年の二年前に生じていた「キューバ危機」である。アメリカの喉元とも言えるキューバへの核ミサイルの配備がもたらした衝撃は、ソ連がミサイルを撤収したことで一応の収束を見たことになる。ただこの時、その核はソ連(圏)の核だったということであり、それが結局ソ連に返還されたことにより、この時のキューバは後の中国のようには「自立」を印象づけない。

ここから一つのパラドックスが取り出せる。明らかに人民共和国の核兵器保有の技術的経由は(アメリカ留学組によって開かれた側面もあろうが)主にソ連によるものであり、しかしなおかつそのソ連から得られた核技術によってついに中国はソ連からの「自立」を果たしたことになる。さらに核兵器を保有し得たからこそ、一九六九年のソ連との国境衝突も部分化し得た、と中国側は考えている。いずれにせよ中国のソ連からの「自立」が、東アジアにおける冷戦構造を根底から変えてしまったわけである。しかもそれが、実に日本の反核運動の持つ理想主義エトスからはほど遠い国家リアリズムを起点にしているところが(日本の平和勢力にとっての)最大のアポリアとなる。

## 冷戦が変質する一九七〇~八〇年代

さて文脈をもう一度、冷戦の転換点(一九七〇年代前半)に移してみたい。つまり林彪失脚事件と対をなす米中接近(さらに日中国交正常化)である。米中接近が形となって現れるニクソン訪中、そして日中国交正常化が成立するのが七二年のことである。興味深いことに、ちょうどこの年から、中国においていわゆる「原子力の平和利用」が志向されることになる。いわば、アメリカが五〇年代に発明したロジック（アイゼンハワーによる）に乗ったことになる。

ところでこの方向、核兵器開発から「平和利用」へという順番は、米ソ仏など先進国と共通する道程である一方で、では日本の場合にはどう言えるのか。核兵器の国家保有自体は避けられており、順番として顕在的には初めは「平和利用」となる（ただし一九五〇年代から六〇年代にかけて、複数の保守政治家は核武装への志向を抱いていたことが指摘されている）。日本において原発建設が加速するのは、ちょうどこの時期七三年、第四次中東戦争から引き起こされた石油ショックによるものと考えるのが至当である。当時日本の首相は田中角栄であったが、「日本列島改造論」で知られる地方開発に力点を置くこの政治人物の尽力によって、原発建設は七〇年代から加速していく。しかも、この原発建設の加速は、先に挙げた絓の『反原発の思想史』によれば、石油依存からの脱却と、さらには電力政策における相対的自立を目指すものとして、ソフトな脱米志向（実際のところは従属）を内在させたものとも解釈できる。さらにまた、一九七九年のイラン革命に端を発する第二次石油ショックによって原発建設の流れにさらに物質的根拠が与えられ、政界の裏舞台を支配していた田中角栄による政治力学がこの傾向を主導していたことになる。

これまで述べた論点は、日本の「核」の「平和利用」を中心にしたものとして素描したわけであるが、山本義隆の『福島の原発事故をめぐって』（みすず書房、二〇一二年）にあるように、技術論的な観点からも「平和利用」はその意志があれば容易に核兵器の製造へと繋がるものである。現に山本が指摘するように、一九八〇年代の潜伏期を経て九〇年代から加速することになった核廃棄物の「再処理」（プルトニウム精製）と「ウラン濃縮」のための施設建設は、核兵器保有に道を開く試みとの疑念を十分に抱かしめる。山本によれば、七〇年代までのアメリカの核戦略では日本に核兵器製造を許さないものであったが、イラン革命を経た八〇年代初期に転換が訪れることになる。日本で中曽根政権が成立した八二年のこと、レーガン政権との間で「新日米原子力協定」が協議入りし、一九八八年にそれが発効することになる。これによって、プルトニウム規制が大幅に緩和され、今日の六ヶ所村の再処理施設、高速増殖炉「もんじゅ」の問題が出てくることになる。

現在でも国内的にはこの方面の危険性、つまり日本は核兵器保有には進まないだろうとの感覚が、一般の間では支配的な空気である。それは実際に六ヶ所村の施設や「もんじゅ」が建設半ばの事故によってその計画が頓挫したからなのであろうか。それとも、もう少し幅をとったところで、日米安保体制とセットになった「核の傘」論に寄りかかった従来の「冷戦感覚」を持続させているからだろうか。日本列島に住む一般住民は端的に、米軍の基地が国内にあってなおかつ単独に日本政府が核兵器保有を追求する道程は論理的にはないもの、と想定しているようである。こういった将来の図については、日本政府内部の意志、あるいは政治的保守勢力の間でも見解は分かれているように観察される。ただ政治的保守勢力の一部は、やはり「原子力の平和利用」と言いつつ、将来的な核兵器保有の道を諦めていない徴候もある。近過去のことであるが、二〇一二年六月二〇日に成立した原子力規制委員会設置法の附則で、「原子力の憲法」とも言われている原子力基本法の基本方針が変更された。その変更は、原子力利用の「安全確保」は「国民の生命、健康及び財産の保護、環境の保全並びに国の安全保障に資することを目的として行う」としている。

さて一九七〇年代から八〇年代にかけて、一方の中国には大きな変化が訪れようとしていた。西側諸国との政治経済関係を全面的に刷新する「改革開放」の始動である。この「改革開放」の流れは国際政治の局面において、極めて高度な政治選択であった。この時「核の平和利用」にかかわって中国のパートナーとなった対象として、フランスを挙げることができる。八七年、フランス製の原子力発電所が着工されている。中国は原子力発電については、フランス製を導入するか、あるいは自前の開発を目指してきたと言える。

このような選択も実に、毛沢東時代から中国によって選択されていった冷戦への対応から結果したものである。一九六〇年代から七〇年代にかけて、中国は独自の国際政治の地図たる「二つの中間地帯」「三つの世界論」を展開し、米ソと距離を置く独自の活動空間の創出を目指していたが、その参照枠として強くド・ゴールのフランスが意識されていた。独自に核兵器保有を推し進め、ついで原子力発電を強力に推し進めたフランスが一つのモデルとなってきた経緯である。六〇年代において、毛沢東自身がド・ゴールを称賛していた文脈がここに接続することになったと言えよう（ただし、二〇〇〇年代に入ってくると、他国の原子力プラントの導入も検討されるようになってきている）。

そしてもう一点、ソ連をバックにしたところで敵対性を維持していたインドを牽制するため、「敵の敵は味方」というロジックを実行するかのように、中国はパキスタンに接近を図っていく。そして今日パキスタンに対しては、核兵器の技術移転からさらに原発そのものの輸出にまでその範囲を広げている。このような中パ同盟はインドとの関係に強くリンクするカシミール問題に影響を与えて今日に至っている。

## まとめに代えて――第三世界、あるいは中国の「核保有」

最後に、現在進行形となっている問題を提示しつつこれまでの議論を整理してみたい。端的に、現在の中国及び第三世界における核兵器保有及び原発建設の問題である。

周知の通り、ＮＰＴ（核拡散防止条約）体制は一九六三年からの議論の後、七〇年からの実施を見たわけである。ちょうどこの間に、先に取り上げた中華人民共和国の核実験の成功がある。一九七〇年当時、人民共和国は国連の議席を持たない存在であったものの、七二年に議席を勝ち取り、さらに安全保障常任理事国のポストも手に入れた。これこそ冷戦政治の一大転換点であった。そして九二年、人民共和国はフランスとともにＮＰＴ体制の中に入ることになる。そして以下のような転換が出てくる。すなわち、独自外交を目指したフランス以外の「西側先進国＋ソ連（ロシア）」体制が既存の核兵器保有国の枠組みであったものが、第三世界である中国が入ったことにより、核兵器保有の波はさらに、インド、パキスタン、イスラエル、DPRK、そしてイランへと拡大し続けようとしているということである。これら新たな核保有国に共通するのは、NATOに入っていないこと、そして「主権が侵される危機」を抱えていることである。

ここで考慮されなければならない点は、二つある。まず、第三世界の核兵器保有の波は、先に述べたように中国によって押し広げられたものであるが、中国の軌跡が模倣されているということ。さらに第三世界の核保有の正当性として挙げられている「国家主権」の概念が強調されている点である。「国家主権」とは、もとよりヨーロッパ世界が発明したところのものであり、それが独立運動という政治的契機によって育まれた経緯がある――これを無視することはできない。このことに関しては、イスラエルもその例外ではない。

ここから派生する問題として、もう一点新たな問題領域の浮上を指摘しておきたい。NPT体制自体が国民国家を基本単位としており、トランス・ナショナルな組織が核兵器を保持する可能性を想定していなかったことから、息子ブッシュ政権以降の反テロ戦争の口実において、トランス・ナショナルな組織による核兵器保有（及び核施設攻撃）を阻止する必要性が議論されてきた事態である。現時点での技術水準からすれば、核兵器開発と核兵器保有は安定的な技術管理と施設管理が必要とされるため、いずれにせよ国家の手を離れていない段階である。従って、核兵器保有に成功した国家がトランス・ナショナルなグループにそれを引き渡してしまうというストーリー――現時点で欧米諸国が危機感を抱く絵は、ここに集中しているようである。

思い返せば、先に述べたキューバ危機（一九六二年）から人民共和国による核実験の成功（六四年）において顕在化したように、核兵器を保有することは通常の所有概念を超えた領域にかかわる思考を要求することとなった――実にこの点が重要である。かたやキューバ危機においては一度配備したミサイルが返還されてしまうという経緯が示され、かたや中国の核実験の成功においては技術移転の進んだ後ではその輸出元との関係を断ち切って独自に核兵器が保有できる状態が出現したことになる。そして結果的に、この中国のやり方がそれまでの冷戦の文法（この文脈ではソ連の核の傘）を書き換え、核兵器保有を梃子として（つまり決して美しくはない方法を用いて）第三世界諸国の自主独立路線が実現されてしまったということ。この意義を理論的に押さえなければ、おそらく日本の反核平和運動はその発言力、波及力を持ち得ない状態を強いられることになる。

さて次に世界中の原発建設（原発輸出を含む）の問題に関する整理に移りたい。ここでも主役となるのは、やはり第三世界である。いわゆる先進諸国が第三次産業の比率を高めていく中、第三世界諸国は第二次産業に集中した国家政策において膨大な電力需要が見込まれる――この条件下において原発建設（原発輸入）が促進されようとしている。現在、脱原発運動の方向性が様々議論されている段階にある日本において、やはり弱点となっているのはこの観点である。この観点が重要であるのは、まさに日本の原発開発にかけられた「平和利用」の技術が、この原発輸出というモメントに依存することで延命を図ろうとしているからである。ただ今ある原発を廃絶に持っていこうとする運動側の論理に立ったとして、そこで「廃炉」のための技術管理、さらには廃棄物の高度集中管理自体は必要なことであろう。しかし第三世界に対する（あるいはスリーマイル原発事故以降に原発建設をストップさせたアメリカに対する）原発輸出は、いずれにせよ「第二の福島第一」を生み出す事態というもの、つまり原発事故の拡散をもたらすという意味で、運動側の議論において喫緊の対象にせねばならない問題である。さらに将来的に必ず発生するだろう、核廃棄物処理と管理にかかわる膨大かつ致命的なコストに関する議論が世界的に行われなければならないはずである。

ここで最も原理的な問題領域に入らざるを得ないのは、つまり第三世界諸国が第二次産業の発展を目指そうとする欲望は、いわば国家と資本が求める自動運動のようなものであり、さらに大きく言えば、世界資本主義における不均等発展の法則そのもののことである（デヴィッド・ハーヴェイ）。世界資本主義にとって、不均等発展は必要な配置でもある。第三世界諸国による原発建設（あるいは輸入）とはまさに、短期的なコスト計算と安定的な電力確保という命題から発した欲望と見做し得るが、この選択の危険性自体を知らせることは可能ではあろう。しかしその一方、原発という選択を強いる構造、あるいはそのような欲望そのものを断念させるところの、先進国第一世界からの「啓蒙」は倫理的に成立するかどうかという疑問も出てくる。

ここにおいて、歴史の前提として踏まえなければならない位相があるように思われる。中国もインドもその独立の過程において、国是として「自力更生」つまり「自立」が謳われていた時期があり、しかもこれは（現実はどうであれ）理念としては維持されてきたものであるということ。もう一方の日本にはそのような理念はかなり薄く、アメリカからの「自立」はほとんど追求されてこなかった。そのような日本の反核・反原発運動は第三世界に向けて一体何を主張できるのだろうか。広島や長崎が世界に発信してきた、やや抽象化された「被害のイメージ」を伝えるだけであるなら、あらかじめその効果はなかなか見込めないものとなろう。

今後おそらく世界の原発建設（そして反原発）の流れは、産業構造の転換からむしろ脱原発が「合理的」とされるだろう先進国ではなく、中国、インドなどの第三世界の国々がどちらを向くかによって決定的な転換を生じることになるはずである。兵器であろうと「平和利用」であろうと、「核」は先進国によって開発され、そして第三世界へと下ろされてきた特殊な産物である。核廃絶という世界史的使命は、それを発明した側ではなく、それを外側から持ち込まれた側――自らとり入れたとも言えるのだが――によって完遂されなければならなくなった、と言えるのではないか。

◆中国（その他）原子力関連年表

| | |
|---|---|
| 1949年 | 中華人民共和国建国（10月）。＊ソ連核実験成功（9月） |
| 50年 | 中ソ友好同盟相互援助条約締結（2月）。中国科学技術院内に「原子力研究室」を設置（12月） |
| 50～53年 | 朝鮮戦争。＊中国東北部への原爆投下が検討される。＊日本再独立（51年） |
| 53年 | アイゼンハワー国連で「原子力平和利用」演説（12月） |
| 54年 | 日本第五福竜丸の被曝。中曽根康弘「原子力予算」を通過させる |
| 55年 | 中ソ原子力協力協定締結（4月）。＊バンドン会議（4月） |
| 56年 | スターリン批判（2月）。毛沢東「十大関係論」（4月）。許広平原水禁大会出席（8月） |
| 57年 | 中ソ国防新技術協定 |
| 58年 | 新華社通信「中国初の研究用原子炉運転（ソ連から供与されたもの）」と報道 |
| 59年 | 中ソ対立により、ソ連から原子力協力協定が一方的に破棄される |
| 60年 | ソ連の専門家の引き揚げ、中ソ対立の公然化 |
| 62年 | 中印戦争（59年～）。＊キューバ危機（10月）。＊日本原水禁運動の分裂 |
| 64年 | 中国初の核実験を成功（10月）。＊トンキン湾事件（8月） |
| 65年 | アメリカによる北爆開始（2月）。海兵隊の南ベトナム上陸（3月） |
| 66年 | 中国プロレタリア文化大革命開始（～76年） |
| 67年 | 中国水爆実験を成功させる（6月） |
| 69年 | 中ソ国境（珍宝島）での衝突（3月） |
| 71年 | 中国初の核潜水艦運航が成功（9月）。＊林彪事件（9月） |
| 72年 | 上海にて核工程研究設計院を設置、原子力「平和利用」の開発が始まる。＊米中接近（ニクソン北京訪問2月）。＊日中国交正常化（9月） |
| 73年 | 発電用原子炉として泰山原子力発電所の設計が開始される。＊第一次石油ショック |
| 78年 | 中国「改革開放」へ |
| 79年 | イラン革命による第2次石油ショック |
| 82年 | 日本中曽根政権、アメリカとの間で新日米原子力協定を協議（88年発効） |
| 85年 | 中国初の原子力発電所として、自主設計の泰山原子力発電所の建設が着工（3月） |
| 87年 | 2番目の原子力発電所として、フランス製大亜湾原子力発電所の建設が着工（8月） |
| 93年 | 中国最初の輸出原子力発電所として、パキスタンの発電所の建設が着工（8月） |
| 96年 | 中国の自主開発を主とした泰山原子力発電所第2期工事1号機の建設が着工（6月） |
| 2000年 | 高温ガス冷却炉実験炉が完成、初臨界を達成（12月） |
| 03年 | 高温ガス実験炉が初めて送電網に接続（1月） |

# 第4章◇政治／経済のギャップとジレンマ

## はじめに

一九八九～九一年におけるソ連・東欧圏の「社会主義体制」の崩壊を受け、冷戦が終結したとのディスコースが世界を席巻、楽観的なムードが世界を覆った（それは一瞬にすぎなかったわけだが）。当時アメリカ国務省シンクタンクに所属していたフランシス・フクヤマによる「歴史の終焉」というコンセプトがその指標となった。だが、間髪を入れず、旧来の世界システムの変更という機会に介入することで、サダム・フセインによるクウェート侵攻からする湾岸戦争が勃発――皮肉にもそこから新たな歴史状況が到来することになる。論理的必然からしても、例の「歴史の終焉」というコンセプトは、アメリカ（的な自由／民主主義体制）の冷戦での勝利を前提としているのであれば、それはまた否応なく冷戦システムを引きずったものとならざるを得ないものであった。

つまり、冷戦に勝利したアメリカは、その当の勝利によって自身を脱冷戦化する必要性から隔てられたことになる。アメリカは、さらなる勝利を求めて、紆余曲折はありながらも第二次湾岸戦争まで強度の高い警察行動＝戦争政策を維持し続けていた。

ここから東アジアに目を転ずるならば、冷戦が終わったと言えないのは明白である。朝鮮半島の南北の分断、大陸中国と台湾との間にある「内戦体制」の終結が到来しないのであれば、東アジアにおいて冷戦が終結したというのは、全くもって時期尚早なのである。東アジアの冷戦の中身を吟味する上で、考えてみなくてはならないのはやはり大陸中国の動向である。端的に問えば、ソ連のようには中華人民共和国は崩壊していないことをどう考えるのか。まして大幅な憲法改正もなく、いわゆる共産党を中心にした執政体制はそのまま存続している。

さらに焦点を絞るならば、冒頭に挙げた一九八九〜九一年という期間における人民共和国内外のあり様である。紛れもなくそれは、一九八九年の六・四天安門事件から、湾岸戦争を受け、そして九二年初めの鄧小平による「南巡講話」に至るプロセスを指すことになる。このプロセスの重要性、またその内在的連関を指摘したのは、魯迅学者として出発した汪暉である。「南巡講話」以降の経済政策における最大のポイントは、沿岸部の土地や施設など公有資産として蓄積されてあったストックを「民間」に売却したことであり、そこから生じた新自由主義的成長の一大展開である。汪暉の秀逸なる論文「一九八九年の社会運動と中国の「新自由主義」の歴史的起源」（『思想空間としての現代中国』岩波書店、二〇〇六年所収）にはこう書かれている。この「南巡講話」以降の高度成長は、まさに中共の指導のもとに公有資産を掘り崩すことによってなし遂げられたわけだが、それへの人民的批判の回路が六・四事件によってあらかじめ封殺されていたことが重要なのであった、と。また同時に汪暉は、六・四事件の後の西側世界からの封鎖を突破し、その経済停滞から逃れるためにも、中共首脳部はいわば「南巡講話」に追い込まれたという。つまり「南巡講話」とは、新自由主義への部分的投降なのだと分析するのである。

このような一九九〇年前後の見取り図は、中国国内の知識層において、いわゆる自由主義派と呼ばれる陣営以外のところでは概ね了承されたアングルとなっている。ちなみに日本でも読めるところとなった、ノーベル平和賞受賞者の劉暁波は「世界の終焉」論をいまだに維持しており、またなおかつ彼を中心にして発表された「〇八憲章」内の経済政策のなかで、公有資産の私有化が大きく謳われている。すなわち、劉暁波も含め中国内部の自由主義派人士一般は、「南巡講話」そのものへの内在的批評から遠ざかることになったのである。今日、中国国内における自由主義派陣営のイデオロギー的劣勢は、単純に言論封殺だけに帰することができないものと言える。

加えて、一九九〇年代を通じて中国の人々が目撃したのは、まずもって「冷戦崩壊」後のエリツィン時代のロシア経済の「崩壊」であった。金融システム、ストック資産の開放も含め、それまでの所有関係を一挙に転換したことによる経済混乱と国力低下、さらにその国力低下によるルーブリの一挙的下落という負のスパイラル状況が引き起こされていた。このプロセスは、中国政府のみならず、中国人一般、さらに第三世界の人々に大きな教訓を残したことになる。

さて「南巡講話」以降、中央政府はどのような道を選択していったのか。一方では価値観として新自由主義的なるものを是認しつつも、（人事権を担保したところでの）金融システム、資源開発の一元的管理を実行するマクロ経済調整が不断になされ、明らかにこれまでの公有制を部分的に継承維持するものとして現在に至っている。ここから振り返って、一九七〇年代後半からの「改革開放」政策から一貫して、公有制を主とすることによってこそ、たとえば農民の土地の再分配が実行されたことなど想起されねばなるまい。また公有制を淵源として執政党幹部における腐敗（モラル・ハザード）が宿命的に現象するにもかかわらず、しかしそれがあればこそ、腐敗幹部を追及し処罰する権限も担保されているという、中国特有の調整プロセスが作動してきた。

イデオロギーのいかんによらず、現在の中国が「改革開放」以降、以上のようなシステムを維持して来たっていることは、価値判断ではなく、分析判断のための前提となるだろう。またその上でも今日の中国において待望されている政治制度改革がどのような道筋を描くかと考えた場合、絶対に必要となるのは「改革開放」以前と以後の連続性と切断性にかかわる考察であろう。

## 「価値法則」論争

二〇〇八年北京オリンピックの成功の前後から、あるディスコースが中国内外で話題に上るようになった。それは、いわゆる「中国モデル」にかかわる議論である。いずれにせよ、中国の世界経済に占める位置の大きさへの自信と自覚から惹起されたものにほかならないものだが、単純に上からの議論とは言い切れないのが興味深いところである。公的には「中国モデル」は上からの指示で喧伝されたわけではなく、主に学術界から出されたものとしてあり、現在これに対してネガティブな反応も含めて議論が継続されている段階である。「中国モデル」の最大公約数となるところは、つまり新自由主義時代における国際競争力の観点からしても、自国に有利な通商の自由を獲得する上での強い政権基盤を不可欠の条件とすることである。いずれにせよ結果として、特に何が「中国的」であるかは曖昧なままなのであるが。

もとよりいわゆる「モデル」論議とは、広いコンテクストに置くならば、いわゆる発展途上国とも、第三世界とも、あるいは今日では新興国とも呼ばれる地域における近代化が「モデル」模倣として成立してきたことの直接、間接の反映の結果でもあろう（ちなみに日本も一九八〇年代に「日本モデル」を抽出しかけていたと言える。ただしそれも、欧米経由の「ジャパン・アズ・ナンバーワン」に触発された経緯としてあったことを押さえておく必要がある）。

筆者のやや先取り的な結論を言ってしまうとすれば、中国の国情や政体の特殊性というものから、他国がこれを模倣することは不可能なことであり、さらに現代中国の近代化自身がかつてソ連、欧米や日本、また東南アジアなどを部分的に模倣してきたことからも、独自の「中国モデル」を取り出すこと自体、パラドックスに陥るということである。先ほど述べたように「中国モデル」論は、今日の中国の世界的台頭を追い風として出てきた言説であり、だから議論の湧出自体は極めて自然なこととも見做せる。現在中国における「中国モデル」議論とは、筆者の見る限り、もはや中国自体が外側に参照枠とするモデルを持てなくなった時点にあって、政治改革の可能性も含め、今後の中国そのものの「近代」の方途を真剣に議論しなければならない焦りを反映したものとも言える。

二〇〇九年に北京で「人民共和国の六〇年と中国モデル」と題されたシンポジウムが開かれ、そこでなされた中国知識界の発言は既に書籍化されており（シンポジウムの題名と同じ『人民共和国の六〇年と中国モデル』北京三聯書店、二〇一〇年）、先に挙げた汪暉の発言も取り入れられていることが確認できる。

そこで汪暉から提案された議論の骨子は、以下のようなものとなっている。汪暉は、毛沢東の『矛盾論』などを参照しつつ、中国革命の進展の中で有効なモデルが見つからないことがわかった時点で、そこから常に理論論争、政治闘争、社会実践が惹起され、近代化の方向が示されてきたと言う。つまり、この「人民共和国の六〇年と中国モデル」シンポジウム自体がそのような契機なのだ、と暗示している。さらにその場で汪暉が各論的に取り上げた歴史上の論点は、一九五〇年代後半とそして七〇年代の半ばに出現した「価値法則」論争（中国語では「価値規律」論争）であった。五七年の反右派闘争では「右派」に分類された経済学者、顧准や孫冶方などの名前もその場で挙げられている。ここで言う「価値法則」論争とは、共産主義社会においては「誰もが欲望に応じて働き、必要に応じて受け取る」のに対し、ブルジョア社会では「労働時間の多少によって収入の多少が決定される」という――この「ブルジョア価値法則」のことである。大まかに「価値法則」論争の骨子を表現するとすれば、社会主義政権下において「ブルジョア価値法則」はどれくらいの段階まで維持されるべきものか、あるいはその「価値法則」を基本としたところでの商品－貨幣システムはどのように計画経済の中に組み込まれるかという議論であった。汪暉が取り上げた経済学者、顧准は、後に大きな参照枠となる著書『社会主義制度における商品生産と価値法則』を一九五七年段階で著しており、そこで計画経済体制においても商品－貨幣システムや「価値法則」は完全には消滅できないものと結論づけている。

顧准は、結局のところ反右派闘争に引っ掛かり、失脚を余儀なくされるわけであるが、その主張はその後も形を変えて出現することになる。すなわち、彼らの問題提起を経た「大躍進」失敗後の劉少奇による「調整経済」の実施――いわゆる「三自一包」政策と呼ばれ、自留地、自由市場、自経企業を残し、農戸ごとの自主採算を認める方策――が図られ、一九六〇年代前半に経済回復が成功するプロセスである。

ここで注意されなければならないのは、反右派闘争前後の時空から、毛沢東自身が社会主義社会における商品生産や商品交換に肯定的な反応を見せたり、またその後修正や批判を加えたりといった理論／実践的動揺を見せていたことである。ここで理解できるのは、おそらくこの動揺は、後の文革期における毛沢東と劉少奇の対立の淵源にも繋がるものだということ。そしてまた、毛沢東のこの期間の動揺自体が、中共内外におけるこの問題についての広汎な議論の潜在を予感させるものだということである。

## 毛沢東の認識と実践

まず一九五八年段階でのこと。この時期、五〇年代初期において農戸に平等に分配されていた農村の土地が再び集団化へと指導され、さらに急速に人民公社所有が進められていた。一部人民公社において、商品交換の停止とともに農作物の全てを納めさせる指令が下達されたが、農民の散発的な反抗が見られていた。そこでは、自分たちが育てた牛を撲殺してしまうなど、不吉な事件も報告されるに至った。人民公社化により一挙的な商品交換社会の消滅が到来するとの観測を持った党内左派に対し、毛沢東は「社会主義商品生産問題」(一九五八年一一月『毛沢東文集 第七巻』北京人民出版社、二〇〇九年)という講話において、「多くの人が商品や商業の問題を避けようとしており、またそうでないにしても共産主義的でないと思っている」と、むしろ商品生産と商品交換について肯定的な見解を述べている。そしてさらに「商品生産と資本主義を混同してはならない、どうして商品生産を怖れる必要があろう? 資本主義を怖れていないのに。現在国家は人民公社と取引を行っており、既に資本主義は排除されているのだから、商品生産を怖れてどうするのだ」とも述べている。すなわち、毛はこの時点で、先の農民の散発的反抗を念頭に置きつつ、現段階の社会主義経済体制下においても商品交換と「(ブルジョア)価値法則」を通じてしか円滑な経済運営は果たされ得ない、と主張しているのだ。

しかしてこの後、毛沢東はソ連式経済システムからの逸脱と見られる「大躍進」政策を打ち出し、さらにその「大躍進」政策が失敗、激しい飢饉が一九五九～六〇年の中国全体を襲うことになる。「大躍進」の失敗は、インド出身の経済学者アマルティア・センの知見が示す通り、生産量そのものの問題ではなく、高い生産目標と実際の生産量との落差を糊塗するために生じた生産物の秘匿、また分配の不正などに起因するものとも考えられる（『貧困と飢饉』）。つまり、この時期の飢饉の一つの要因は、無理な目標を達成するために生じた略奪も含むところの交換や流通の機能不全だと考えられるのである。いずれにせよこの後、毛沢東は「大躍進」の失敗の責任をとって、経済政策全般にかかわる主導権を劉少奇、鄧小平などに引き渡さざるを得なくなり、後の文革時の権力闘争の対立点を形成する。

ここまでで確認しなければならないのは、日本ではほとんど紹介されていなかった、先の一九五八年段階での毛の講話「社会主義商品生産問題」に見られる改良主義的な経済観――ブルジョア「価値法則」を通じてしか経済発展はないという観点――が毛沢東に存在していたことである。ところが、毛沢東は「大躍進」政策を進めようとした時点で、先の講話「社会主義商品生産問題」の見解を修正することになる。「大躍進」政策への傾斜は、もとよりソ連式の中央政府計画システムからの離脱を意味し、さらに後の「大躍進」政策（の失敗）に対するソ連共産党からの批判がさらに毛沢東の経済思想の変化（硬化）を加速させることになった。

では「大躍進」が進行中での（まだその失敗が顕在化していなかった時期の）講話「現物支給制に対する意見」（一九五九年九月）を見てみよう。毛沢東はここでは既に「ブルジョア的権利の思想をなくせ。たとえば、地位を争い、クラスを争い、超過勤務手当をほしがり、精神労働の賃金は高く、肉体労働者の賃金は低く、などというのは、みなブルジョア思想の残りカスである」と述べ、また「各人がその値打ちに応じてとる、と法律で決めているが、これはブルジョア的なシロモノだ」とも極言する。先に述べたように「大躍進」の失敗の大半は、センが主張したように、交換と流通の不全によってもたらされたものであることからしても、毛は自分自身に敗れたと言っても過言ではないだろう。いずれにせよ、これらの文言からも理解できるように、ここで批判されている「価値法則」を中核として配されるブルジョア的権利、ブルジョア思想とは、いわゆる西側（ブルジョア）の経済理論のみならず、主流としてあったソ連式の経済理論のことでもあった。

いずれにせよ、毛沢東が「価値法則」の尊重から批判へと転換した文脈には、深く米ソ冷戦体制へのアクションとしての中ソ論争があったと言わねばならない。そこで毛沢東の経済理論のポイントとしてあるのは、統計的に担保された生産量のことではなく、それを超えた精神的概念――マン・パワーと地方経済への過度の信頼――にあったと言える。

そしてさらに、スターリン『政治経済学』に対する反論として一九六〇年後半に書かれたと考えられている『ソ連〈政治経済学〉読書ノート』の中でも、毛は「大躍進」の不調を念頭に置きつつ（その失敗を否認する身振りとして）、今度はじかの「価値法則」への批判と再度の位置づけを以下のように行っている。

価値法則を計画工作の道具とするのはいい。だが、価値法則を計画工作の重要な根拠とすることはできない。われわれが大躍進をやったのは価値法則の要求に基づくのではなく、社会主義の基本的経済法則、われわれの生産を拡大する必要に基づくものである。価値法則の観点だけからみて、大躍進がひきあわないと結論づけると、去年〔一九五九年〕の銑鉄・粗鋼づくりがムダであったとか、土法による粗鋼は質が悪いとか、国の補助支出が多すぎるとか、経済的効果がないとか、などになる。局部的・短期的にみると、銑鉄・粗鋼づくりは損のようだが、全体的・長期的にみると意義が大きい。というのは、銑鉄・粗鋼づくり運動はわが国の経済建設全体の局面を打開したのであるから。全国に多くの新しい鉄鋼基地、その他の工業基地を建設し、これがわれわれの発展速度を大いにはやめることを可能にしたのである。（『ソ連〈政治経済学〉読書ノート』四五節「価値法則と計画工作」『毛沢東万歳』三一書房、一九六九年所収、矢吹晋編訳『毛沢東 政治経済学を語る』現代評論社、一九七四年、八六～八七頁）

ここで明らかに読み取れるのは、「大躍進」の評価と自らの指導にかかわる責任問題が、経済政策への志向に強く干渉している事実である。現代中国は、少なくとも改革開放まで政治のオーダーがそのまま経済運営に反映する政経一体の体制であろうとした。が、だからこそ結果的に、政治における選択と経済運営の成否に大きなギャップが生じることになる。つまり、政治の領域と経済の領域とが特有の中国革命のコースを描いてきたからこそ過度にそれは連動し、またそこで政治的責任が露わになるのである。その意味でも、中国革命においては、正統派マルクス主義の公式で言うところの、資本主義社会の成熟の先の革命として、ブルジョア社会が形成した生産手段を「国有化」すれば同時に社会主義化が進むということにはならなかった。

ところで、政治領域と経済領域とのギャップは体制のいかんによらず、近代ブルジョア社会における恐慌の不可避性から言っても普遍的な現象でもある（二〇〇八年のリーマン・ショックのように）。だからこそたとえば、哲学においてマルクス主義の復権を目論むスラヴォイ・ジジェクは政治領域と経済領域の関係性について、以下のような観点を強調する。

マルクスの『資本論』のうちの資本と諸商品の世界の構造は、たんなる限定的な経験的領域の構造ではなく、一種の社会的‐超越論的アプリオリ、つまり社会的・政治的諸関係の全体性を生みだすマトリクスである。経済と政治の関係は、究極的には、「二つの顔もしくは花瓶」という周知の視覚的パラドクスの関係である。ひとは、二つの顔、もしくはひとつの花瓶を見るが、両者をともに見ることはない——ひとは、選択しなければならない。同じようにして、ひとが、政治的なものに焦点をあわせるなら、経済の領域は、経験的な「財の提供」に還元される。これに対し、ひとが経済に焦点をあわせるなら、政治は、発展した共産主義（もしくはテクノクラート）社会の到来とともに消滅するもろもろの仮象の劇場、一過的な現象に還元される。（スラヴォイ・ジジェク『パララックス・ヴュー』山本耕一訳、作品社、二〇一〇年、一〇五頁）

ジジェクが言うところを敷衍するならば、（革命的）マルクス主義とは、自然化されている政治・イデオロギー構造と経済下部構造との根源的な分割に対して、常態では不可能な視点の一致を実現させる革命——ジジェクの用語では「ショート」——を実行する、ということになる。ここでジジェクの知見を引用したのは、中国革命はまさにそのような陰影が書き込まれたプロセスとして見えてくるからであり、さらにそれはいまだ終了していないとも言える。

繰り返しになるが、そのような政治と経済のギャップを一致させようとして革命が発動されるものの、しかしその結果、そのギャップが埋められないことにも露わになる。だからこの後、毛沢東はたとえ「価値法則」を重視する劉少奇派を打倒し得たとしても、商品－貨幣の交換を停止することはできなかったし、また「価値法則」に沿った経済運営を廃絶することもできなかった。文革前期（一九七一年の林彪の失脚まで）において、幹部－労働者－兵士、あるいは幹部－技術者－労働者といった「三結合」政策によって、旧来の労働と生産、流通にかかわるシステム——都市と農村、知的労働と肉体労働の境界——を破ろうとはしたものの、実に「価値法則」が廃絶されることはなかった。皮肉にも、「価値法則」の視点からすれば、文革とは経済領域を変革することができなかった革命、文字通り文化領域に撤退した革命であったと言えるのかもしれない。

しかしながら、文革を進める最中、毛沢東がもはや経済領域に全くタッチし得なかった、と断定することもできない。一九六〇年代から七〇年代にかけて、中国では対ソ連、対アメリカにかかわって防衛強化が強く意識され、第1章で触れたところの「三線建設」という内陸重視政策が進められていた。この「三線建設」政策があるからこそ、「価値法則」によって都市部が農村を階層化していくはずの必然的な流れに歯止めがかけられていたのであり、さらに後の「改革開放」では地方の高度成長においてこの「三線建設」が有利な条件を整えた、とも推論されている。先の引用において毛沢東が述べた（地方に重点を置き）「全国に多くの新しい鉄鋼基地、その他の工業基地を建設し、これがわれわれの発展速度を大いにはやめることを可能にした」という見解は、皮肉にもむしろ「改革開放」の後でこそ評価されることとなった。

## 原初的蓄積期としての毛沢東時代と改革開放

現在の中国の基本的動向は、一九七八年に始まる「改革開放」の路線上にあることは周知の事実である。この画期は、基本的には中国共産党の政治経済政策の転換として認識されるわけであるが、むしろそのことによって前後の継起性がないがしろにされる傾向が強いようにも感得される。改革開放は中国内外において、革命政治の「清算」として受け止められるのは、中共自身が一九八一年の第一一期中央委員会第六回全体会議における「歴史決議」において「文革」を徹底的に否定する態度を示したことに存するわけだが、それによって見えなくなったのが、実にその連関である。

中国の農業経済学者、温鉄軍は、これ以上の経済発展を求めるには必要不可欠な世界資本主義分業体制への参入を改革開放の本義と見たわけであるが、するとそれまでに至る毛沢東時代とは、そのための「原初的蓄積」期に当たるという見解を示している。つまり改革開放とは、この「原蓄」の遺産を民間資本へと転換していくプロセスだったということになる。

国家独占資本の最も弱い農村から着手し、市場を育てること、そのようにして民間資本の再蓄積の基礎を築くことは、中国の改革がマルクス主義を発展させることを意味する。毛沢東が述べたように、中国は一九五〇年代初期からの社会主義建設において行っていたのは、実際には国家資本主義であった。最近一〇年の経済発展とは、国家資本に対する「社会化」による再分配であり、各種の非政府筋の独立経済主体が市場の条件下において再蓄積を始めたことである。

一九七八年に経済改革を始める前までに、中国は三〇年に満たない時間の中で、工業化に必要な「国家資本の原初的蓄積」を完成させた。この段階の基本的な特徴と条件は、まず一つに、戦争を通じて政権を獲得した「英雄政府」による有力なコントロール。二つ目に、国民動員の機制の中で比較的強い作用をもった急進的なイデオロギー。そして三つ目として、上層から下層まで緊密な構造をもつ組織体系を通じて「価格差」を貫徹させ、独占的な不等価交換によって得られた労働者の剰余価値である。このような特徴は、多くの社会主義国家においては似たり寄ったりのものであった。もし通俗的なイデオロギーの争いから離れて見たなら、東西の間の実質的な区別とは、資本の原初的蓄積の方式、あるいは方法の違いに求められる。(温鉄軍「国家資本の再分配と民間資本の差異蓄積」『中国にとって農業・農村問題とは何か?』筆者訳、作品社、二〇一〇年、六三頁)

温の議論が興味深いのは、経済言語として成立している「社会主義」「資本主義」といった区別を冷戦イデオロギーがもたらした理論的歪みとして捉え、近代の一般法則として「原蓄」の種別性を認めよ——このように西側経済学者に対するとともに、混乱する国内の経済学者にも挑戦しているのである。だが当然のこと、温の議論は、「ミネルヴァの梟は夕暮れに飛び立つ」と称されるように、改革開放が持つ民間資本の再蓄積のプロセスが顕現する「南巡講話」以降に展開されるものであった。そこで、「南巡講話」を挟んだところで、温の実践的立場も市場万能主義者から社会改良主義者へと変化することになった、と自身から吐露されている。

温の問題提起は、明らかに中華人民共和国は農民や労働者から搾取を行ってきたことを暴露するものであり、中共の理論的正統性を相対化するものである一方、二〇世紀を通じた現代中国の伝統ともなっている反自由主義の立場を選択していることも明らかとなる。この場合の反自由主義とは、世界資本主義の不均等発展（デヴィッド・ハーヴェイ）の流れに抵抗する主体の根拠を手放さないという意思表示である。つまりこれまでの議論から言えば、「価値法則」を管理する主体を必ず想定しなければならないし、そうしなければ自分たちは奴隷化されるばかりであるという信念である。いわば、現代中国における「価値法則」論とは、このような信念を前提とする議論であるということを忘れてはならない、ということになる。

## ポスト「価値法則」論

時計の針を文革後期に戻したい。一九七一年の林彪失脚後から中国はいわば文革後期に入っていくわけだが、このプロセスの中で数度の駆け引きの後、鄧小平の復活がなされることになる。その最中においてやはり、「価値法則」にかかわる論争が行われていた。

汪暉は、論文「中国における一九六〇年代の消失──脱政治化の政治をめぐって」（『世界史のなかの中国』）において、一九七五年前後に復活していた鄧小平の陣営と「四人組」（張春橋ら）の陣営が「価値法則」論を含む広汎な理論闘争を行っていた事実に着目している。汪暉は、この議論がなければ、その後の「改革開放」に向かう制度設計もあれほどスムーズには進展しなかっただろう、と結論づけている。つまりその「価値法則」議論とは、「改革開放」以降、生産力の解放－商品経済の発展－市場経済－所有権改革といった議論と実践の進展を見せていく端緒として闘われたものであった。

ここで振り返ってみたいのは、一九七〇年代において日本の中国学者たちが、どのように中国の経済政策を眼差していたかということである。たとえば、毛沢東中国の理論と実践に反スターリン的要素を見出し、文革中国と同伴していた中国学者、矢吹晋がいる。矢吹は、スターリン批判（一九五六年）以前からスターリンの経済理論（計画的生産＋国有化）への批判を展開し、資本主義経済の基本矛盾を「労働力の商品化」に見出す宇野弘蔵の理論的立場を支持していた。当時の矢吹は、毛沢東の経済理論は基本的に、宇野が理論的・原理的に行ったスターリン批判を社会主義実践を通じて行ったものと見倣していた。

ヒトをモノとしか扱わない階級社会――多少経済学的にいえば、本来商品たりえない労働力を商品化することによって成立する資本主義社会――それを止揚するものとしての社会主義社会は、なによりもまず商品化を拒否する人間、ヒトはヒトであってモノではない、と誇らかに宣言し、そのためにたたかうことを決意した人間集団を必要とする。商品化の拒否とは、いいかえれば、直接的生産者が、生産手段を自ら、わがものとすることだ。奪われた生産手段をもう一度自らの手で奪い返し、その行為を通じて、人間としての誇り・志を、回復させ、発展させる。この意味で、社会主義建設とは、すぐれて人間的な・主体的な行為である。この原点あるいは初志を見失い、社会主義の本質を生産力だけの発展に求め、その方法を行政的計画経済、行政的・権力的方式のウラ返しとしての商品経済に求め（というよりも歪曲・矮小化）てきたのが、既成の社会主義の冷冷清清《さむざむひえびえ》の歴史であった。（矢吹晋「解説　毛沢東の社会主義建設論」前掲『毛沢東　社会主義建設を語る』二七八～二七九頁）

現在から見て、本章で先に挙げた一九五八年時点での毛沢東の講話「社会主義商品生産問題」を見逃しているように、矢吹は毛沢東を「誤読」してしまっていると言える。このような「誤読」は、米ソが共有する生産力史観をベースにした冷戦論理を打ち破るものとしての文革中国を理想化する、当時の日本の学者の姿勢を端的に表している。だがこのような「誤読」は、必然的かつまた良心的なものであったとも思われる。ここで必要なことは、この「誤読」に含まれている批判的価値を再度抽出し直すことであろう。それはつまり、「価値法則」という概念にこだわり続ける現代中国の姿勢とは何であるのか、という問いである。

いわば社会主義の立場とは、この「価値法則」をブルジョア社会に内在する論理として、それを理論的にも実践的にも限定し、それをも含むより大きな価値体系を担保し続けることである。これは実に、日本においては極めて薄くなるか、ほとんど見えがたくなっている理論的実践の系譜である。いずれにせよ現代中国において、幾度か「価値法則」をめぐる理論的論争が繰り返されているのであり、こういった経験は一九七〇年代後半からの改革開放にも繋がり、またそれを超えて議論が維持されているものと見做せる。では今日において「価値法則」は中国国内においてどのように叙述されているのか——たとえば、現在の中国で最も権威のあるネット辞典『漢典』において、「価値法則」はこのように説明されている。

商品生産と商品交換にかかわる経済法則のことである。つまり、商品の価値とはそれにかかわる必要な社会的労働の時間により決められており、商品はその価値に相当するものとしてお互いに交換されるものである、ということ。私有制社会において、価値法則は、自ずと生産と、そして生産を刺激する技術の革新によって調整され、商品生産者の分化を加速することになる。社会主義社会において、社会主義経済は公有制を基礎とした計画的な商品経済にあるので、社会主義計画経済は必ず、自覚的に価値法則に依拠しまたそれを運用して、社会主義経済の発展を促進しなければならない。（http://www.zdi.net/）（筆者訳）

ある意味では、現在の人民共和国の経済理論の水位を最大公約数的に表現したものと感得でき、いわゆる「中国的特色のある社会主義」の定義そのものである。と同時に、この項目（価値法則）の定義は、近い将来あるいは遠い将来において書き換えられる可能性があるものとしても読める。いずれにせよ、過渡期としての印象が濃いものである。その意味では「中国モデル」が議論されながらも、その定義内容が一向に明確にならない現在の中国そのものを象徴しているとも言える。

しかしてさらに、この項目を今日の中国内部で起きている変化の筋目に沿って読み直すなら、以下のことが言えるのではないか。

まず確認しなければならないのは、「私有制社会」に特有のものとされている「価値法則は、自ずと生産と、そして生産を刺激する技術の革新によって調整され、商品生産者の分化を加速する」は、中国において一般的現象となっているということ。特に江沢民政権から胡錦濤政権にかけての変化として一つサンプルを挙げるとすれば、農民工の出現、またそれをめぐる法的地位の変動である。「南巡講話」以降、非合法に近い形で都市に流入していた農民工は、政権交代期に都市での居住権を合法化され今日に至っている。「価値法則」、つまり資本主義の自動運動として農民が都市労働者に変化していく過程において、「法の外」に置かれた人々をどのように再包摂するかが問われることになっている。と同時に、農村に農民のまま留まっている人々の存在をどのように再定義するのかも問われることになる。つまりこの項目（価値法則）において、「自覚的に価値法則に依拠しまたそれを運用して」が逆に試されるのである。

ただ一見したところ、「公有制を基礎とした計画的な商品経済」とあるように、言語としては極めて折衷的なものに留まり、また意味内容として何も言わないに等しい「社会主義経済の発展を促進しなければならない」ともある。そのためか、「価値法則」論は一般的には真剣に論じられている形勢ではない。ただ「価値法則」という言葉が、単独の項目として、それを説明しなければならない対象として登録され続けている事態は間違いなく存在しているのだ。

物事を裏返して見れば、いわゆる資本主義社会の法則が貫徹する社会に生きていると信じている「われわれ」にとっても、実に先に取り上げた政府の機能として「自覚的に価値法則に依拠しまたそれを運用」することが実際には求められている。すなわち「価値法則」という項目を掲げる「社会主義経済」は、ほとんど「資本主義経済」と入れ換え可能なものであり、「資本主義経済は必ず、自覚的に価値法則に依拠しまたそれを運用して、資本主義義経済の発展を促進しなければならない」となる潜在性の下にある。

このように考えてくると、筆者自身が近年中国の学者との議論で疑問に思っていたことの一部が解き明かされるような気がする。それは、中国の学者たちによれば、日本やアメリカと比べて中国の方が旧来のイデオロギーの別を基準とした冷戦思考から抜け出ている、という指摘である。イデオロギーの上で、自身のいる社会が以前の価値尺度からして、少なくとも資本主義とも社会主義とも定義しづらくなっている現状に向き合っているという意味では、中国の学者たちは意識の中で既に脱冷戦を完了させているのである。

## まとめに代えて

最後に若干のまとめを。巨視的に見るならば、改革開放とは否応なく、「国際自由貿易体制」という世界資本主義の「価値法則」の中に中国を挿入したことになる。それは、一九九二年の南巡講話から後戻りできないプロセスとして顕現しているが、さらに二〇〇一年のWTOへの中国の加入によって一応の完成を見たことになる。このWTOへの加入のプロセスで重要なことは、アメリカとの予備交渉が断続的に続けられ、中国国内経済の「開放」が一定程度進められたということである。小麦などの穀物の輸入を是認するなどの決断が中国政府によってなされたわけだが、不動産、通信インフラ、そして資源開発などに関しては多国籍企業がほとんど参入できないこと、また国際金融政策については半変動相場制が維持されるなど、中国側の主張がかなり維持される結果となった。すなわち、論理的に公有制は海外資本からは保守されることになっている。

ただ問題となることとして、WTO加入の評価に関して、いまだに思想的な文脈における整理がなされているとは言えない段階である。とはいえ人民共和国は、かつて人民共和国成立前後の毛沢東の指針であった（ブルジョア的所有の許容を示した）「新民主主義論」という理論装置を擁しており、さらに一九八〇年代に鄧小平などによってその理論装置を借りた「社会主義初級段階説」を提出するなど、理論的・実践的混乱を切り抜けてきたことは確かである。元を辿れば、かつて人民共和国の成立段階での中国は冷戦構造への突入を望んでおらず、また朝鮮戦争への参戦もいわば不測の事態であった。しかしその朝鮮戦争への参戦によって、強烈なソ連への依存が求められ、次いでそのソ連から離脱するために多大なるコストを払ってきたことになる。そしてそれらのコストは、確かに農民への搾取を通じた「原初的蓄積」として支払われていた。だからこそ改革開放への突入とは、国際資本主義ネットワークへの参入であると同時に、温鉄軍が指摘するように、農民からの搾取を主とした「原蓄期」が終わったことをも意味する。そこで、改革開放の初期段階、人民公社にまとめられていた土地を農戸に平等に分配するという「新民主主義段階」への回帰が生じた。ここで重要なことは、この農民への土地の返還という決断と実行が、紛れもなく（維持されている）公有制によってこそ可能となった、という厳然とした事実である。

現在、依然として農村戸籍と都市戸籍の区分が中国社会の現実を規定しているわけだが、それはまた温鉄軍が証明したように、都市における水や電気や住居、また労働環境のキャパシティからして、戸籍制度を開放した瞬間に中国都市部にスラムが生じるからである。しかしもう一方で、中国はWTOに加盟し、現物経済の強みを生かして輸出加工型経済を発展させてきたことからも、（農村部からの）大量の労働力を必要とするジレンマに直面している。そこでこのような過渡期の犠牲にされているのが、農村戸籍のまま都市で働くことになる農民工であり、また相対的には生産性の低い農村部にあって低い福祉の段階を甘受させられている農民の存在である。

後者（農村の農民）に関して政府は、農産物の買い上げ価格を引き上げ、また農業税を廃止することで対応し、また一九九〇年代を通じてほとんど放置されていた福利厚生をどのように再設定するかという課題を明言している。この課題は、やはり政府による「再分配」という古典的な課題として取り上げられている。その一方、現在散見されている一つの現象として、安全な作り方をしている農作物については公定価格よりもさらに上乗せして購買しようとするNPO活動なども報告されている。

ただし理論的な問題も含めてもっと大きな課題となるのは、先の議論の前者（都市の農民工）の存在である。都市に住み着いた農民工の第二世代に都市戸籍が与えられるようになっているとはいえ、基本的には何の資産や条件もなく、彼・彼女たちは最も過酷で安価な労働を強いられている。ここで思想的な課題になるのは、現物経済による成長と蓄積を目指している現在の中国にあって、農民が都市労働者と成りゆくプロセスは、実態として「価値法則」の下、剝き出しのままにされている事態である。

ここにおいて、まさに公有制という理念が問われる。第一次産業から第二次産業、そして第三次産業へと移りゆく人口とその全体の比率調整は、国際資本主義ネットワークに接続された大陸中国にとって必然的な契機となっている。興味深いことに、公有制を維持している中国はこの契機について、また先の定義にもあったように「自覚的に価値法則に依拠しまたそれを運用して」対応することが一つの義務となっているのである。

公有制の維持は、多様な民族を内部に抱え、また歴史的には耕作可能な土地に比して過剰な農民人口を抱える（さらに言えば海外植民地を持った歴史のない）中国にとってある意味では必然的な道行であり、また公有制があるからこそ、原理的に「価値法則」を相対化する視点が備わっていることになる。これはもちろん、一般的な人々の意識に上るものではない。また現在の中国の政治経済体制について、社会主義とも公有制のイメージとも反するような現象が見受けられ、そのたびに中国における「社会主義」は意味のない記号として嘲笑の対象にもされているのだが……。

だがこれまで論じてきたように、人民共和国成立以降、とにかく中共内外において、「価値法則」にかかわる理論闘争が幾度となく演じられてきた歴史が記録されている。もちろん、そういった議論が直接的な成果を生んだわけではなかった。だがそうした記録が語っているのは、やはり中国では「価値法則」を相対化せんとする共産主義の思想が、カントの言う統制的理念(到達目標ではなく接近目標)として働いてきたことである。これをさらに広い文脈に移して表現するならば、以下のようになるだろう。

世界経済全体が行う富の蓄積は現物生産を主要なものとする国や地域への依存を前提とする限りにおいて、先進諸国は中国のWTO加盟を拒絶することはできなかった、ということになる。ところがその中国は、ある程度のところまで公有制を維持した社会であり、理念のレベルでは「価値法則」を部分化して扱ってきた歴史を有する。中国の経済成長と国際的台頭によってもたらされた矛盾が表面化した一九九〇年代から二〇〇〇年代にかけて、中国国内において「新左派」という思想潮流が出てきたことはそのことを象徴する(もちろん、彼らの議論が質的に保証されたものではないとしても)。ただざらに、中国内部の議論の軸線は一〇年代を迎え、冒頭でも述べたように「中国モデル」論に移っており、この名称を冠したシンポジウムも開かれていた。既に述べたように、世界にとっては中国をモデルとするメリットはあまり存していないようには思われる。だが少なくとも、現代中国(モダン・チャイナ)が選択した「近代(モダニティ)」の歴史性を世界の人間が受け止め、考察の対象にせねばならない時代の到来を告げているということ――このことは確かであろう。

# Ⅲ 「革命」による近代

# 第5章◎文革とは何であったのか

## はじめに

一般的には、文化大革命（文革）期から改革開放への時代の移り変わりによって、人民共和国は「革命」を終えたということになっている。これは西側諸国の人間だけではなく、中国人にしてもそう考えている節がある。そうして、酷く無益な政治闘争が繰り返されていた「暗い谷間」を乗り越えて中国は改革開放に踏み出した――といったイメージが日本で特に描かれる。ここでわざわざ「暗い谷間」という言い方に言及したのは、紛れもなく日本の一九三〇年代からの戦時体制との類似が意識されるからである。しかしこの類似は、社会状態が似ていたということに極言されるものではない。むしろ、その歴史の処理のあり方によっているとも言えよう。たとえば、日本の場合には、極東軍事戦犯法廷によって日本軍国主義の戦争犯罪が問われたことになるわけだが、そこでの裁きの主体に日本人自身が参加することを阻まれたという意味において、その心理的不満は政治的な立場はどうであれ、潜在的に伏流することになる。その一方、現代中国において文革は、その主たる発動者とされる毛沢東の死後、次世代の指導者たる鄧小平を中心とした勢力によって、毛沢東時代の「清算」という形をとって改革開放が始動されることになった。そのためにも、前時代をいわば「暗い谷間」として表象せざるを得なかったわけだが、ここで肝要なことは、価値判断を前面に立てることによって、むしろ歴史的分析を放棄する、という思考習慣がもたらされたことである。

確かにここに、複雑かつ深刻な後の「評価」が宿らざるを得ない。一九八一年の中国共産党第一一期中央委員会第六回全体会議における決議「建国以来の若干の歴史的問題について」は、徹底的に文革を否定したが、これは文革によって生じた共産党内部の分裂状況を回復する政治決着なのであり、いわば文革を否定して共産党の団結を守ったことになる。いずれにせよ、政治と経済領域全般にかかわる共産党の主導権は維持されたことになる。すなわちこの決定は、立場はどうあれ、革命政党たる中国共産党が継続していた革命路線の修正ではあっても、その断絶ではないということ――このことも明らかである。

そこでこれまでの文革総括にかかわる最大公約数のアングルを示すならば、こういうことになろう。毛沢東と林彪、さらに林彪亡き後では「四人組」に代表される文革推進勢力によって抑圧の憂き目に遭っていた鄧小平に代表される老幹部派たちが最終的な勝利者となり、そして自ら文革を終焉させる宣言を完了した、ということ。いわば、一九八一年の決議は、老幹部派からする旧造反派への処罰も含んだ特殊な「和解宣言」であると読み取れるものである。この「和解」は極めて政治性の強いものであり、そのため文革という政治的事件への問いは、表面的な「徹底否定」により、むしろ潜在的な形態をとって現代中国を生きる人々の脳裏に「禁忌」として甦ってこざるを得ないものとなる。

そこで本章の文革にかかわる議論の導き手としたのが、現在でも存命の魯迅学者・銭理群である。文革中を青年毛沢東主義者として生きた銭は今、現在の中国において、それを思想の問題として扱ったところで、文革を理解する上でのキーマンとなりつつある。

さて彼は文革全体のプロセスについて、簡潔にこう総括している。従来の文革の叙述において等閑視されていたのは、やはり毛と大衆組織との関係であった。

しかし毛沢東は、同時に大きな危険を抱え込んだ。なぜなら大衆は、利益選択を行うからだ。各階級、各階層は自分の利益の要求に照らして文化大革命に対する自分の理解と説明を作り出し、自身のやり方で参加したのである。その参与のプロセスにおいて、個別の利益の共通点から徐々に組織化が始まり、異なった別々の利益集団が生ずる。これがまさに、文革における実に様々な大衆組織であった。このように、各利益集団の間、利益集団と政府との間、党組織の間、また軍隊の間、そして毛沢東の内部において、これまで見たこともないほど複雑で絡まり合った関係が形成され、見たこともないほど鋭く複雑な思想分岐と利益衝突が生じ、最後には地方から全国に至る大混乱が生じたのである。

（中略）

このようなコントロール不能とは、利益によって駆動された行動が逆流を起こすということ――毛沢東の設定した青写真に対して、予想もしない衝撃が加わったということである。つまりそのような衝突と衝撃により、利用、抵抗、曲解、また修正、異化を生じたのである。毛沢東は革命を発動し大衆を動員したが、革命と大衆はまた逆に毛沢東をも巻き込み、彼に影響を与えたと言えるだろう。以後の分析においてわかるのは、毛沢東が最初に設定した目標は、ある部分棚上げにされ、毛沢東自身も後景に退き、また最後にはだいたいにおいて、あらゆる努力は予定と逆になったということである。これは非常に複雑な歴史過程であった。

（銭理群『毛沢東と中国』下、青土社、二〇一二年、二〇～二一頁）

## 銭理群の問題提起から

銭理群は、文革中は下放先で中学の教師をしていたが、文革終了から間もなく北京大学に入学を果たし、一九八〇年代の民主化運動の中で魯迅精神の復興を追求していた人物である。その銭によって書かれた中華人民共和国の歴史を叙述した大著『毛沢東と中国』における文革期の叙述は、彼が当事者であったことも含め、様々なインスピレーションを私たちに与えてくれる。

銭は、もとより国民党の比較的裕福な家系として、上海そして南京で育った。父親は、一九四九年の人民共和国の成立とともに、台湾へと逃れている。その後、紆余曲折はありながらも順調な青年期を過ごしていた銭にとって一番初めに直面した政治的事件が、一九五七年の反右派闘争であった。その時点で彼は出身階級から「右派」に分類され、様々な迫害を受けるわけだが、その一〇年後の文革期においては一転して「造反派」と分類されるところに身を置き、青年毛沢東主義者としての自己の位置をキープしていたが、その後徐々に毛沢東の精神的プレッシャーから離れていくという歴程を経る。

その銭によって書かれた自叙伝とも呼べるこの著書を通読してわかることは、ここまでクリアーに自分の立ち位置を示した仕事はこれまでなかったということである。既存の反右派あるいは文革にかかわる叙述は、いわば政治闘争の被害者、あるいは加害者をある特定の勢力として固定する枠組みによって採用されてきた節がある。しかしこのような脱政治的な叙述では、おそらくプロセスとしての草の根政治を「評価」することもできないし、また革命過程を叙述したことにもならないだろう。銭による人民共和国成立以降の革命過程に対する叙述はいまだ生々しいものであり、そのため意図的にも出版元を台湾にしなければならなかったほどである。しかしまた本書は容易に想像されるであろう、反共圏内の読者に迎合した叙述の類にもなっていない。だから本書は、毛沢東の影響や文革の後遺症について、それはまだ終わったことではなく、問いは未来に開かれたものと宣言されることになる。形式論的な意味でも、革命政党である共産党が統治し続ける限り、いまだ中国革命は終わっていないとも言え、銭の仕事はその革命過程の内部にあることで真に係争的な価値を有することになるだろう。

さて、銭理群の文革叙述の紹介に入る前にワン・クッション置いてみたい。まずは、中華人民共和国という政治政体にかかわる基本構図を確認する必要がある。原因でも結果でもあるものとして、人民共和国は政権奪取そのものは一九四九年に終了していることから、統治集団たる共産党にとって焦眉の的は、冷戦構造を背景とした国防とともに、経済建設（社会主義建設と称される）が革命過程として追求されてきた経緯がある。いわば経済建設自体が革命過程であった。その意味でも、文革全体について個人の権力闘争だけをその枠組みとして叙述することは、冷戦イデオロギーのバイアスを前提にするものとしてそのままでは受け入れられないところがある。そこで文革において焦点化する分岐が、やはり一定の社会経済観を含んだところでの政治路線の違いとして顕現していたことになる。すなわち、大衆運動を基盤にした社会システムへの刷新を目指した毛沢東路線を一つの極とし、より高度な官僚／分業体制の強化を志向する劉少奇路線をもう一つの極とするところの対決――こういった構図がある。

しかし実際のところは、毛沢東といえども、生産活動そのものの破壊は企図していなかったのであり、それは文革初期の毛沢東の戦略にも顕れている。つまり体制変革を図るのに、農民や労働者ではなく、まず学生に火を着けるという選択を毛は行っている。老百姓（一般庶民）の生活とそれを支える生産システムを破壊することは、もとより毛沢東の意図するところではなかったのだ。

いずれにせよ、現代中国においては一貫して、政治がどのように経済領域をコントロールするのか、またその経済領域から何をどれだけ引き出すのかが問題となった。ここで考えてみたいのは、現代中国を通じて意識されざるを得ないところの、人民共和国の政治と経済にかかわる一般原理の検討である。人民共和国においては、政治領域と経済領域とが特有の革命コースを描いてきたからこそ、その連動のあり様に着目せねばならない。中国革命においては、いわゆる正統派マルクス主義の公式で言うところの、資本主義社会の成熟の先の革命として、ブルジョア社会が形成した生産手段を「国有化」すれば済むという公式コースにはならなかった。いわば、党官僚がブルジョアの役割を代替するのである。また一方で、ではいわゆる西側先進国において政治／経済はどのような連関を有することになるのか。一般的な意味で、いわゆる政権交代が見られる中でも、西側諸国において経済領域に対する大幅な改造や変更はこれまでほとんど見られなかったと言うべきであり、またそれは現実的にあり得ないことと観念されている。つまり本質的に、政治とは無関係に経済は自らの独自の法則を持って――それは多分に国際資本主義の不均等発展の原則を貫徹して――自身を増殖させようとするし、またその不可能性にも直面するのだと言える。

だが中国革命とは、まさに政治指導によって経済構造を実現する実践であった。つまりその革命の功罪が書き込まれたプロセスとして見えていた何かであり、さらに言えばそれはいまだ終了していないのである。その意味で、中国革命は、一般庶民の経済生活に寄与すること、そしてそれに責任を負うという建前を崩すことはできないという使命を帯びていた。ただこれだけでは、中国革命それ自体を十全に説明したことにはならない。中国の社会主義建設において、名目としてはその主人公でありながら、その主人公こそ最も厳しく搾取された人々――農民について語ることが必要となる。

銭理群の叙述において、中国共産党の指導者にとって最も関心を払ったのが農民の生存状態であったことが再三指摘されており、まさに中国革命の実践がどこから始まったのかがそこで知られる。銭理群は沿岸部都市で学齢期を通過した都市インテリの家系に属する。そして文革期には、内陸部の貴州で中学教師をするのであり、そこで沿岸部都市では得られない多くの経験を積み重ねることになる。はっきりしているのは、一つの前提として、文革が中国全土を巻き込んだプロセスを開始したからこそ、トータルな叙述が生まれる。その意味でも、中国革命の要諦としてまず、中国の人口及び地域の最も大きな広がりとしてある農村と農民の海があり、そして第二に都市住民なかんずく都市に住まう知識人が中国革命への参与にかかわって思想の「改造」が要求される特異な歴史現象が生じたことになる。いずれにせよ、特に文革期において通常では出会うことのない人間――都市インテリと農民――が出会うことになったのだ。

その意味でも中国革命は、単純な政治革命に限定されるものでもない。それは多分に精神革命的な側面を持たざるを得ないことを宿命とした。現に中国革命における内在的必然性として、都市インテリに思想改造を求めるプレッシャーが存在したことからも、「文化革命」はやはり原理的な意味で避けられないモメントであったかもしれない。そこで中国革命は、政治革命の要素も含みつつ、知識人のイデオロギー領域にかかわる思想変革を内に含んでいたという意味で、フランス大革命とそしてドイツの宗教改革が同一の時期に展開したものと言えるかもしれない。だからこそ、今度の銭の仕事の序章で述べられていたように、そのものの規模としても中国革命は遥かにフランス大革命を凌ぐものであったとする知見――またそれは決して量的な意味だけを表したものとは言い切れないのである。

先ほども述べたように、人口の大半が農民人口によって占められた条件において進行した革命において、「下放」（青年に対しては「上山下郷運動」）は――通常の国家ではほとんどあり得ない手段が食糧調節や革命実験となった――ある時期まで実にありふれた光景でもあった。遡れば、豊かな物量・技術的条件を都市部において占有していた国民党（政権）との闘争を敢行するのに、農村・周辺部を根拠地とし、そこでの土地改革を勢力拡大の原動力にしてきたのが中国共産党であった。その共産党にとって、言うまでもなく農村と農民は特別な存在として表象されてきたのである。だが実際のところ、銭も述べている通り、人民共和国成立以降の土地改革から農村の集団化を経、中国の近代化（工業化）のための「原初的蓄積」の元手として、農村農民が激しい収奪に晒されていたことも事実である。人民公社の成立からというもの、近年の研究でも示されているように、農村部における「隠された次元」として、農民への搾取と彼らからする反抗が繰り返されてきていた。あまりにも痛ましい出来事とも言える一九五八〜六〇年の大飢饉も、そのような決して形にならない反抗の蓄積を暗示させるものである。

中国革命の生命線は国家体制の近代化（工業化）であり、そのために農民を「原初的蓄積」のための犠牲者としたわけであるが、同時に中国革命は建前の上で、また何よりも農民にいかに食べさせるかというテーマに真剣に取り組んだ実践のプロセスでもあった。だからこそ、大飢饉（の報告）に直面した毛沢東がショックを受けたこともまた真実なのである。

ここにおいて感得されるのは、圧倒的な農民人口の多さと、しかしそれを原動力として政権についた革命指導者が有する歴史のいかがわしさである。ただここで根本的に考えるべきは、実に農民という存在の存在論的構成である。マルクスの『ルイ・ボナパルトのブリュメール十八日』を引くまでもなく、農民はそれ自身で政治的代表を押し出す能力を持たなかった。彼らは、かつては郷紳、地主、官僚などによって、あるいは中国革命の後では革命幹部か、あるいは知識人（経済学者）によって媒介されることでしか自身の政治的発言を反映させられない。しかし人民共和国成立以降、先にも述べたように、「隠された次元」において中央政権は実に農民からの搾取を敢行せねばならなかった。そのためにも、政治指導による経済領域へのかかわりにおいて、その生産システム、流通システムに不具合が生じた場合には、それは途轍もない巨大な反応となって顕現する。その顕現のあり方は、食糧生産する主体の餓死という、最も痛ましい存在論的な報復として指導者たちに衝撃を与えることになった。さらにまた餓死に至らずとも、まさに国情を不安定化させる最大の要因として潜在的な農民の反抗は、まさに中国の屋台骨を揺さぶるものであった。そのような意味で、農民は決して経済領域における必要条件なのではない。彼らの存在は、中国革命にとってやはり十分条件なのであり、だから存在論的なものだと言えるのだ。

繰り返すことになるが、現代中国において存在論的存在としての農民は、それが政治領域における不安や焦りといった心理的な反映に留まるもの以上のものである。農業経済学者・温鉄軍が指し示したように(『中国にとって、農業・農村問題とは何か?』筆者訳、作品社、二〇一〇年)、改革開放による中国経済のテイク・オフにかかわる最大の前提は、(文革期を通じて)農民の労役動員によって継続的に完成されてきたインフラ整備の成果であることは間違いない。畢竟多くの場合、農民が食べられないことと引き換えに敢行された、インフラ整備の完成なのであった。

そしてもう一つ、現在の中国の経済発展の最大の原動力となるものも、農民人口が徐々に都市人口に付け替えられていく経済の「発熱作用」にあって、いわば国内に無限の植民地的労働市場(農村)を有するがための中国の優位なのである。しかしこれらだけ述べても、まだその存在論的存在であることの意味は解き明かされたことにならない。農民が存在論であるのは、さらに農民と都市住民(特に知識人)との間に横たわる隔絶があるからであり、またその隔絶を実践的に乗り越えようとした革命過程における失敗が刻印されているからだ。つまり文革の失敗により、その隔絶がいわばさらに根源的な隔絶となって滞留している、ということになるかもしれない。

銭にしても、温にしても、その叙述の視野には、農民の存在（論）が色濃く反映されている。ただそれも結局のところ、むしろ彼らが現代中国に所属する知識人としての責任意識のなせる態度なのである。

## 文革期における毛沢東と知識人

現代中国にとって農民の対極の位置に置かれるのは、都市知識人である。文革期における中国のことを論じるにはまた、中国革命と知識人、あるいは毛沢東と知識人というテーマを定めないわけにはいかなくなる。実に人民共和国は、反右派以来、知識人を弾圧し続けていた事跡がある一方、実際にはその存在は国家建設のためにも必須のものであった。それは広義での教育者、技術者、管理部門などに活用される人材であり、またそれらの人材は国家建設にかかわる潜在的な官僚予備軍でもあった。

だからこそ、中国革命の描いたコースから来るパラドックスが潜在することになる。共産党によって遂行された革命はその大半の期間において農村部周辺部を中心にして展開されたことから、そこでの功労により革命幹部へと出世した者たちは元々の素質からしては、いわゆる都市知識階級に属しているものではなかった。その意味で、人民共和国の成立からして、革命幹部層と都市知識人の間には潜在的矛盾が横たわっていたと言え、またそのためにこそ都市知識人に対して思想改造が要求され展開されたとも言える。
　銭の仕事からもわかることは、まず反右派闘争の前触れとなる「百花斉放」や「百家争鳴」とは、都市知識人の力を借りて老幹部階層の固着を打破しようとし、しかし彼らの批判が共産党の正統性そのものを揺さぶるものと見做した毛沢東によって返り討ちに遭った、という構図となる。銭の説明によれば、だからそれら反右派闘争で敗れた都市知識人とは、もとより人民共和国の成立以前に遡れば、農村部で展開された革命に対して傍観していた者と見做されざるを得ないのである。銭は、そういった中国革命の進展のコースにおける都市知識人の位置を強く意識し、自分の境遇に照らして、以下のようなポジション整理を行っている。

　中華人民共和国が成立したが、革命から建設へ向かう過渡期となり、転換が必要となった。もしも革命が武器に頼ることを主とするなら、建設には知識と文化が頼られることになる。そこで知識と文化の分野では、引きずり降ろされた旧階級と知識分子の家庭の方が優位であった。これはとても興味深い現象である。つまり、それら引きずり降ろされた旧階級と知識分子の子女は、政治において差別を受けたが知識や文化においては事実上の優位を保っていた。しかして〔人民共和国成立からの〕一七年の教育制度はまた、ますます知育教育を強調していた。このような体制において励まされていたのは知識分子の子女であり、さらに引きずり降ろされていた階級の子女であり、私自身がその最も典型的な事例であった。私は中学生の頃、学習上の優位さもあって、どんどん成績が上がった。比較すると、それら高級幹部の子弟は政治上では優位だけれど、文化と知識の上では優位を保てず、教師にも重視されなかった。このような政治上の優位と文化上の劣等感によって、高級幹部の子弟と労働者農民の子弟の心理はアンバランスであった。プライドと劣等感と嫉妬は非高級幹部出身、特に知識分子出身や旧階級出身の子弟に対する、いわゆる「階級憎悪」に転化し、ここに造反への衝動が産み出されることになった。（銭前掲書、下、三二～三三頁）

文革に参加していった若者たちの出身問題というもの——初期紅衛兵の多くは老幹部の子弟であり、それに反抗した造反派には多く都市知識人の子弟が含まれていた——が、文革プロセスの変動に深く絡んでいたことがここから理解されるわけである。人民共和国成立以降、人々は中国革命の過程に参入する主体であらねばならない者として、どのような家系にあろうと人民共和国への同一化を受け入れ、また毛沢東に忠誠を誓う者となった。そして彼らに対する毛沢東からの呼びかけとして、まさに文革が発動されたことになる。そして文革のプロセスにおいて発生したことは、老幹部の子弟、都市知識人の子弟にかかわらず、毛沢東への忠誠を尽くさんとしたがために歴史の犠牲者となった、ということである。

では次に、中国革命の発展と完成への参与を志向するという意味合いにおいて、毛沢東という指導者の誤りに気づいた場合に、それら毛沢東に忠誠を誓った者たちは一体どのような態度を示したことになるのか――彼・彼女たちは最終審問の場に呼ばれることになるだろう――それが文革の最終的な問いとなった。銭が触れている一つのケースは、文革期に蘇州市の図書館館長を務めていた陸文秀という女性である。彼女は、毛沢東が発動した文革に疑問を覚え、それを公言したとして逮捕され、その後死刑の判決を受けることになる。彼女が死刑になる前の供述が残されており、そこでは幻想の中で毛沢東と出会い、会話を交わすのだが、そこで最終的に訪れた地点は、自らの命と引き換えに宣言された毛沢東との決別であった。

「権力があなたの手の中にあっても、私はただ歴史が己自身の発展の規則を持っていることを知っている」「一つの歴史が閉じて結論が下される」「中国共産党は歴史によって審査される。歴史そのものが鏡なのだから」「それは毛主席、共産党が書いた歴史なのであり、その歴史は取り消せない」「もしずっと毛主席とともに行くなら、全国民は決して解放されないだろう」。このような予言的な発言とともに彼女は決然と刑場に赴くのだが、ここに提示されているのは、ある意味では普遍的な近代的主体が顕現する磁場であろう。つまり、絶対王政を否定した「王殺し」の後で出てくるフランス革命後のフランス国民という範例との類似性である。

ところで、陸文秀のような言葉が発せられる背景を探ってみるならば、特に毛沢東は文革期において、個々の中国人民の行動や言葉に注意を傾け、積極的に応答していた事実がある。文革の始まりを告げる毛沢東からの反応「司令部を砲撃せよ！」（一九六六年八月五日）も、清華大学で書かれた壁新聞（大字報）への応答として発せられたものであった。その後も毛は、個々の壁新聞に対して応答し続けようとした形跡が散見される。それはたとえば、文革後期の広州市に張り出された壁新聞「社会主義民主と法治――毛主席と第四回人民代大会に捧げる」（一九七四年一一月一〇日）への毛沢東の反応である。署名は、「李一哲」（李正天、陳一陽、王希哲の合称）で、六五枚に上る大字報は全長一〇〇メートルもあり、広州市の数万の民衆が取り囲み、道を塞ぐほどであったと記されている。文革が泥沼化していた最中でもあり、また内容が文革に対する疑義と批判を全面展開していたことからも、この壁新聞は上層部を驚かせた。後に広東の政府筋から「李一哲」への批判が行われた時、特例とも言えるように彼らの反駁が許され、さらに「上部」から「李一哲が出てきたことは大変よいことだ。やっつけずに話をさせ、誰が彼らをやり込められるか見てやろう」との反応があった。人々は、その反応の主は毛沢東に違いないと推測していた。当時の上層で、誰も彼以外にこのような迫力は出せないものと感じていたからだ。「李一哲」の批判は、しかし毛沢東を直接批判するものではなく、当時の段階での文革が毛沢東の意志を十分に反映したものではなく、文革によって作られた新官僚が政治をほしいままにしていることを批判するものであった。その後、「李一哲」は重大な処分を受け、粛清されていくわけであるが、それがまた最終的な若い世代の知識人たちの毛沢東への決別を準備していくことになる。

文革期、毛は明らかにコミュニケーションのレベルで己の位置を人民の海に近づけようとしたわけであるが、だからこそ先の陸文秀のような形での決別者を生むことにもなったのであるし、「李一哲」の壁新聞が全国的な話題ともなり、後の共産党批判の資源ともなった。これはある意味では、日本の天皇制における天皇のあり方とは対照的である。明治維新以後、やはり日本の天皇は毛のようには彼の赤子たちに自身の身を近づけようとはしなかったし、今もそうである。

また後に毛沢東は革命の指導者であると同時に、皇帝のようなものであったと省察されるわけであるが、結果的に言えるのは、明らかに毛以降において皇帝型の指導者は成立し得なくなったことである。これは毛沢東が自分自身について一代の皇帝ではなく、百代の皇帝になろうとしたのではないかという銭の推察とも関係する。いわば、百代の皇帝とは最後の皇帝にほかならないものである。中国革命はだから、弁証法的な意味において皇帝を死滅させるプロセスを歩んだことになる、と言えるかもしれない。

だからこそとも言うべきか、またなぜか人民共和国は全体として、国の象徴としての毛沢東のイコンを手放そうともしない。天安門に掲げられているあのイコンは、その意味で中国革命のパラドックスそのものである。つまり中国革命は、最後の皇帝によって先導されたものであるという苦い記念の意味を持ち、またもう一方では、中国革命の以後のプロセスは毛沢東のような指導者を二度と必要としない、という戒めを裏書きするイコンとしてそれはあるようだ。だから人々は、あのイコンの前で頭を垂れたりはしないのである。むしろずっと眺めるだけである——遠ざかっていく存在として——しかし眺めることは必要なのである。指導者としての毛沢東は死んだわけだが、毛沢東がやろうとしたことは記憶しておかねばならない。その意味で「眺める」のであろう。そしてまた、まだ中国革命が完成していないという自覚のためにも。そのような意味で、ポスト毛沢東の時代において、必要なのはもちろん毛沢東ではない。必要なのは、毛沢東時代、ポスト毛沢東時代を通じ毛沢東と入れ替わりに必要になるところの中国革命を叙述する歴史叙述者のポジションである。

## 文革によって何が変わったのか

銭理群は、「文革によって社会は変わらなかった、しかし人は変わった」と述べている。このことの意味を少しく掘り下げてみたいわけだが、その前に、現在の公的な学者における文革と文革にかかわった毛沢東への評価に関して、その大枠を紹介してみたい。

政府筋の歴史家であり、また学術界での歴史叙述においてもバランスの取れた人物として定評のある胡鞍鋼、その著作『毛沢東と文革』（香港大風出版社、二〇〇八年）によれば、文革とは「毛沢東の晩年の政治的錯誤が集中して反映したものである。それは歴史における失敗の事例であるが、また歴史における教訓でもある」と総括されている。いかにも教科書風の総括ではあるが、これはある意味では共産党内部でも文革を「教訓」として扱おうとしているものと想定してよい。ただ胡の仕事そのものは、やはり全体としては、毛沢東によって発動された文革を改革開放へと切り替えた鄧小平の知見を超えるものではないことも十分に予想されよう。ただし、ここで一つだけ強調しておきたいのは、毛の死後、（華国鋒によって）文革の終了が宣言されるまで、つまり一九七六年時点を文革の終了と見做すならば、それ以前に既にアメリカとの和解や欧米日の資本を部分的にも受け入れていることから、実質的には改革開放の路線を模索しそれを次の世代に引き渡したのも、紛れもなく毛沢東であったということになる。鄧小平は確かに過渡的な人物であるが、その過渡期を用意していたのも実は毛沢東であったことは、やはり留意しておかねばならないことである。

では、胡鞍鋼に代表されるところの、鄧小平流の文革の振り返り方における基本アングルとはどういうものか。それは、政治的な指導としての失敗を毛沢東に帰すとして、ただその間も経済建設が着実に進みつつあったことを強調するものである。つまり、共産党主導による経済建設の有効性を証明し、またそれが改革開放に接続していることを証だてする内容になっている。ちなみに、国家統計局の資料『新中国十五年統計資料彙編』(二〇〇五年)によっても、たとえば一九六六〜七六年の一〇年間のGDPは六五%の伸びを示している。このことはやはり、政治的な暴風雨の最中においても、着実に経済建設そのものは進展していたことになるわけだが、さらにこの成果があって、胡は「中国は世界工業大国の一つとなっていた」と第二次産業の伸びを強調するのである。確かに農業部門、第三次産業部門がそれぞれ一〇年間で二五%、五四%である一方で、第二次産業の一〇年間での伸びは一〇八%にも達している。この期間において中国は、次の改革開放時代を迎えるためのインフラ基盤としての国家経済の産業化に成功していた――このような総括も総括としては誤りとは言えないのだ。

もう一つ触れておきたいのは、改革開放の農村部での展開である。先に紹介した農業経済学者・温鉄軍によれば、文革の終了とはまさに農村を人民公社から解放する契機となったということである。それまでの農村は、人民公社などの集団化により、農民の自主性を一貫して抑制してきたわけだが、国家のインフラ整備がある程度完了してしまうと、むしろ集団化しておく必要はなくなることになる。つまりそれまで農村は、国家の工業化に資するための資本蓄積の必要から強制的に収奪されていたわけであるが、その必要がなくなったことになる。また文革期におけるインフラ整備の完了によって生じたのは、「工業生産によって工業が発展する」サイクルなのである。そうなると農村は、国家による計画的収奪からはずれ、また工業労働人口へのシフトの必要にも迫られて、土地をむしろ農戸一戸ごとに再分配し、独立採算制が導入されることになる。この意味でも、文革というプロセスは、改革開放以降の経済システム再構築のための準備期間であったとも見做し得るのである。

一九八〇年代、改革開放の中国が始動していく際、第二次天安門事件（六・四事件）において引っかかった人々のことはさておいても、多くの知識人が改革開放の中国への期待感を込めて、共産党に入党していたことも事実である。その時、多くは国家テクノクラートとして、経済建設をリードする位置に参入していったことになる。その意味でも、経済的視点からすれば、また文革期とは、改革開放を進展させ、中国を「世界工業大国」にする目的に向かうための準備期間であったという説も概ねのところで間違ってはいないのである。

だが実際のところ、胡のような政府筋の文革総括においてはやはり、論じられない領域がある。また文革の意味を政治論的に論じることについては、やはり多くのバイアスがかかっている事態を指摘せねばならないだろう。

ここで銭の言う「文革によって社会は変わらなかった、しかし人は変わった」という言葉に戻ってみたい。そこには、文革に主体的に参加した者としての責任感が沁みわたっている。自分たちの力では思うようには社会を変えられなかった、ただ確かに英雄の時代の終焉とともに、その英雄と英雄を支持した人々との関係は変わったということ——これは確かなのだと言えよう。そ意味では、同じように見えても、決して後戻りできないものとして実は社会の方も変わっているはずなのだ。銭の言い方には、統治主体としての共産党の位置が変わっていないことへの問題提起があったとしても、しかし共産党も確かに変わっているはずなのだ。英雄時代の共産党とそして英雄のいない共産党という切断から敷衍されるのは、やはり文革期における大衆政治がもたらした共産党への打撃である。この衝撃がいかにもトラウマとなったことは、鄧小平時代においに、むしろ壁新聞が禁止されることとなったことにも顕れている。さらに言えば、あの第二次天安門事件の時の「動乱」に対して当時の共産党首脳部は、まるで文革のようだ、と語ったとも言われている。

文革によって共産党は、実際のところどう変化したのか。たとえば、もう一人の魯迅学者・汪暉はこのような診断を下している。

「文革」初期においては、パリ・コミューンを模範として、工場や学校、政府機関における自治の社会的実践（その中には後になって現れたいわゆる「三代会」、つまり「工代会」、「農代会」、「紅代会」といった大衆組織も含まれる）が、各地で短い期間であったが出現した。これは古い国家装置を改造しようとする試み、つまり、国家装置を超越するような文化的‐政治的実践であった。運動には派閥闘争、党‐国体制やその権力闘争がまつわりついてきたので、国家と政党の外で政治を活性化させようということのモデルは急速に変質を遂げていった。六〇年代のおわりに「三結合」（革命的大衆、人民解放軍、革命的幹部）の形をとって組織された革命委員会は、大衆運動と官僚化した国‐党体制とが妥協して生まれたものだ。この政治形態には、コミューン運動のいろいろな要素が含まれていた。たとえば、労働者、農民、兵士の代表たちが各レベルの政府や党の指導組織に選ばれて入っていき、各レベルの党や政府の指導者たちに対して、順番に、定期的に農村や工場の中に入り込んで社会的実践を行うように要求する、といったものだ。労働者、農民、学生、兵士たちの代表は、国‐党体制からのニーズに適応できず、結局は、終始権力構造の周縁に居続けたのだったが、国家の時代に国家に対してこのような革新を行ったことがまったく無意味だったとは言えない。多くのアナリストたちは、上述の政治実験があったからこそ、ソ連共産党支配下の官僚体制に比して、中国の「ポスト文革」期の政治制度はより柔軟性を具え、社会的ニーズに応える能力を有している

のだと信じている。(汪暉前掲『世界史のなかの中国――文革・琉球・チベット』五〇〜五一頁)

汪暉がここで言う海外のアナリストの中には、著名な国際経済学者ジョヴァンニ・アリギも入っている。汪暉の場合には、文革が共産党に与えた衝撃力を現在の党‐国体制の脱政治路線を批判する歴史的潜勢力として捉える一方、アリギの場合には、やや後の改革開放に資する側面としての文革の効用に言及するという態度となっている。アリギによれば、鄧小平の改革は、企業者の活力を新しい方向に向かわせる多くの機会を作り出したわけだが、「その過程のなかで、公的資産の流用、国家資金の横領、土地使用権の売買も含む、多様な略奪的蓄積が、巨大な基盤となった」とその著書『北京のアダム・スミス』(作品社、二〇一一年)の中で述べている。

ここからわかるのは、文革までの蓄積と、そして文革期に生じた党と大衆との間での「国家装置を超越するような文化的‐政治的実践」があってこそ、改革開放以降のダイナミックな経済発展が約束されたということである。このような整理は、社会主義を理念として掲げる建前とはかなり距離のある議論である一方、現在の中国のあり様を分析する上では、既に前提化した議論ともなりつつある。しかしまたそこでもはずせないのは、銭の「文革によって社会は変わらなかった、しかし人は変わった」にかかわる問いである。この問いは、改革開放政策の後に発話された言葉であるからには、実に改革開放そのものへの問いを含んでいるものと読むことができる。つまり、改革開放によって社会は変わったのか、あるいは人は変わったのか――この問いは、アリギその他の論者も意識しているように、改革開放は果たして資本家階級の形成を促したことになるのかどうか、といったマルクス主義の領域内での古典的な問いにも繋がるはずのものである。

いずれにせよ文革と文革後にかかわる問いは、中国社会は果たしてどのような性質を持った社会に変化しているのか、あるいは変化していくのかにかかわる問いとして、他にモデルのない中国社会のあり様への絶えざる再定義にかかわってくるだろう。これらの問いは確実に、胡錦濤時代を経て次の時代にも引き継がれるのである。

## 日本の側からの応答

戦後日本において、中国革命を鏡として、あるいは梃子として日本の近代を問う思想家が存在していた。代表的なところでは、竹内好、新島淳良、津村喬などである。竹内好は戦中、中国戦線に兵士として従軍させられていたことなど、また中国革命の要素を戦後思想の中に持ち込んだ第一人者となったことなどから既に古典に属するポジションを与えられていると言える。その反面、後者二人は、一九七〇年代に集中するその著作の数々が文革の影響をまともに受けてしまっていることから、文革後のいわゆる日本の知識人の側からの「反省モード」の反動によってほとんど顧みられなくなっている、というのが実情であろう。

いずれにせよ、この二人が日本社会を生産的に批判するために、同時代の出来事として文革をどう受け止め、そしてそれぞれの言動をどう展開していったのか——今むしろそのことを精査してみる時期にも来ているのではないだろうか。なぜなら、中国革命など何の糧にもならないと、一転してそれを軽蔑の対象にしたことの（日本のインテリたちの）後遺症の方が気にかかるからである。中国革命への軽蔑の底にはまず第一に、資本主義自体を否定しそれを乗り越える思想的可能性を否認するシニシズムが沁みわたっていると言える。そして第二に、日本はアジアから学ぶものは何もないという一〇〇年来の優等生意識が反復されることになる。この二つの課題は、常に日本の知識人に問われ続けていたことではないだろうか。もちろん、上に挙げた二人が記した言葉に間違いがなかったというわけではない。むしろそこには、言葉に生命を吹き込もうとする知識人としての痛恨の失敗も散見されよう。しかしそうであるからこそ、その失敗の中には豊富な可能性が含まれているのではないか、と私には思われる。

新島淳良の場合には、文革の「惨状」が明らかとなっていくプロセスの中で、大学の教師を辞し、文革そのものへは否定の態度を示し、別の世界への跳躍を志向することになった。文革を都市と農村との間の分裂を克服する試みと受け取った新島は、農生産の実験を志向していたコミューン集団、ヤマギシ会に入会、そして紆余曲折を経ながらもそこで半生をおくるという選択を示している。それは新島なりの問題意識に立ち、日本内部の土着的近代を探求し、そして近代を超克せんとする思想に殉じた痕跡である。ちなみに、このヤマギシ会への入会のプロセスでは、「研鑽会」という研修期間があり、そこでは無所有の意識が確認され、資本主義的欲望との絶縁が実行されることになる。いわばここに、中国革命の中で生じた「思想改造」との類似性を指摘することもできる。新島はこの「思想改造」を受け入れ、それまでの自身を棄てることになったが、同時に中国革命を一つの起点にして日本社会を批評する思想家という身分をも棄てることになった。

ただヤマギシ会本体は、実際のところどのような組織であったのか。ヤマギシ会の試みは結局のところ、自分たちで生産したモノを一般社会に販売するしかなく、またそこから原料と生活物資を調達するということでは、既存の生産／消費サイクルから抜け出すことはなかった。またヤマギシ会は、元々は保守的な農村部から始まった運動であったことからも、国家政治に対してはほとんど積極的な反応をする団体にもなり得ず、自足的なコミューンであり続けた。人生の最期までをヤマギシ会内部で過ごした新島から、結局のところ中国革命と自身の思想的・実践的半生を結びつける生産的な言葉は聞き取れなかったように観察される。

さてもう一人の津村喬の方であるが、彼は一九八〇年代になるとそれまでの批評活動のモードを変え、気功の教師となり、また主にエコロジーと健康食にかかわるエッセイを多く残すようになっていった。ある意味ではここにも、ポスト文革とも呼べる思想と活動の転換があったと見做すことができる。ただ津村の場合には、そうなる前の七〇年代の一連の批評活動の中で、いまだに検討されるべき問題を書き残しており、それへの再評価は必要であろうと思われる。一つに彼は、アジア人差別の装置となる「出入国管理体制」に対する闘争を思想的な水準に引き上げ、当時盛り上がっていた全共闘運動に脱一国主義的な問題提起を投げかける――このようなスタンスを打ち出していた。この批評のアングルは、日本の左翼運動の理論的枠組みが一国階級問題に収斂しがちな傾向を批判するという狭義の目的を超え、日本社会全体にかかわるアジアへの「差別」を明るみに出すことになったと言える。ただし、津村がなそうとした目的は、一つの方向としては「言葉狩り」の方向でPC化（ポリティカル・コレクトネスとしてコード化）されることで拡散していったかの観もある。

だが、七〇年代における津村の批評活動の成果について、今日の状況において考えてみるべき、振り返ってみるべき論点が存在することはやはり特筆せねばならない。それはまず根本的なところで、中国革命を、なかんずく文革を津村がどのように捉えていたかにかかわる。一般的に中国革命は、毛沢東によって路線が定められたところの農民革命として位置づけられる傾向が強かった。そこで、「農村が都市を包囲する」といった章句が、額面通りに受け取られていたことに符合する。また農民革命というイメージは、文革の中期から、都市で「暴れていた」青年たちを農村に移動させる決定が出されたことからも、従来の農民革命の印象を連続して投影させるものとして機能してしまったとも思われる。また文革の進行を中期までリードしていた林彪が、かつて農村辺境部で展開された人民戦争理論を主とする軍人であったことからも、その印象が深かったと言える。しかし津村の批評は、そういった印象を漫然と受け取るものではなかった。津村が果たしたのは、文革の意義を都市革命として、またコミュニケーションの革命として読み換えたことと言える。

いわゆる中国における「農村が都市を包囲する」とは、全面的な武力による内戦状態を前提にし、最終的には都市（政権）を奪取することを目指したイメージであり、また当時の重火器運搬の交通が発達していなかった中国において成立していた持久戦のスローガンであった。文革に応えた最も早い著書『魂にふれる革命』（ライン出版、一九七〇年）の中で、むしろ津村は、林彪が「農村こそ革命家が自由自在に活動できるひろびろとした天地である」と述べていた章句を、むしろ都市的コミュニケーションの変革の可能性へと転化させていた。津村は、日本における革命を、「政権をとることではなく、社会の交通関係の総体を変革すること」に求めたのだ。

人間の実際の日常生活は、権力の網を無限にはみだすものであるから——テレビその他によって情報やイメージまでをパタンとして組織することができたとしても、衝動や感覚や想像力を抑圧こそすれ組織できぬところに権力の本質はある——ある局面に限っていえば権力のコミュニケーションがまったくうちやぶられることは常にあるのである。三里塚や日大や一〇・二一の新宿などそれはいたるところに見られる。コミュニケイトの拒否——しかしまだ自分のコミュニケーションを敵権力に匹敵するほどには作り出していない時期の——としてのこれらの「交通」形態をわれわれはコミューンとよぶことにしよう。（「都市社会における人民戦争」『魂にふれる革命』一四九〜一五〇頁）

　このような言葉を辿っていると、かつて文革によって刺激されたイメージの現在への衝突を思い浮かべたくなる。すなわち、二〇一一年の三月一一日から日本社会で起こった出来事の連鎖が生み出した感覚である。放射能の未曽有の残存と壊れた原子力発電所そのものの処理の問題なども含め、巨大なツケが未来に回されたことは言うまでもない。だがそこから澎湃として起こりつつあるデモは、むしろ都市のコミュニケーションにかかわる激変を表示する。いずれにせよ、戦後国家が一貫して維持してきた「安心、安全、成長」といった権力的コミュニケーションが極めて疑わしいものたることが白日の下に晒されている。だから問題は、起きた被害を復旧、復興させればそれでよいという段階ではなくなった。また、具体性を欠いたところでの文明観を悠長に論ずることも不可能になった。いわば、戦後日本が構築して来たった国家と資本の結びつきを脱コード化する試みが喫緊に求められているのだ。そしてそれは、まさに津村がかつて企図していたことでもあった。

　津村はいち早く一九七〇年の段階で、文革のイメージを鮮やかに読み換え、「自由自在に活動できるひろびろとした天地」を都市の内部に、あるいは都市の論理が転倒して投影されているところの地方に描こうとした――このことを思い返してみたいのである。考えてみれば、文革、つまり文化大革命という言葉は、そのような意味合いを初めから持っていたとも言えるはずだ。

　そしてもう一つ付け加えたいのは、津村が日本社会の性格全体を批評するために強調した「入管体制」というコンセプト、そして「第三世界」という視座の行方である。それは今日、日本の、あるいは国際的な原子力体制への批判の中に見ることができるのではないだろうか。つまり、あの原発事故以来、日本の中では国家資本複合体として、一挙にそれを受け入れないにしても、脱原発はある程度の合理的計算からも一国内では進んでいく可能性もある。その一方、日本の国家資本複合体は、原発にかかわるプラントや技術の移転をベトナムやヨルダンその他で進めようとしている（それに先行する形で台湾の原発は日本によって作られたものである）。実は部分的には、中国においても日本製のプラントの一部は既に移転が進んでいる。ここで考えなければならないことは、つまりここでの原子力体制とは、国際的な規模に拡大し複合化したシステムのことであるということ、そしてまさにその国際体制は「第三世界」を呑み込もうとしている。しかしこの国際的原子力体制は、世界資本主義の不均等発展という構図の中で、むしろ日本一国の「安全」を推進するべく機能するかもしれないのである。それゆえ、原発事故に起因した日本の危機感は、国際原子力体制に呑み込まれた拡大された内部におけるコミュニケーションの変革へと転化されなければならないことになるはずだ。

## 結びに代えて

現在、中国では今後、百基以上の原子炉を建てる予定であるという。この方針は、現段階においては根本的に撤回される可能性はない。国際原子力体制の内部に既に中国は入っており、また中国には中国の独特の原子力体制があって、フランス、アメリカ、日本などの原発プラントが統一性を欠いてそれぞれ動いている段階である。国家として今後どのような方向を打ち出すにせよ、既に気づかれることであるが、現在の日本の姿は未来の中国の姿である。

文革を通過し改革開放体制に入った中国は、既に国際資本主義ネットワークの内部にあるわけで、いずれ中国においても、何らかのコミュニケーションの変革が求められることになろう。というのも、中国内外を貫く原子力体制もまた、その国家資本複合体が強いている権力的コミュニケーションがなければ存続し得ないものであるからだ。かつて無数の壁新聞を書き、無数のビラを書き、無数の会議体を発足させたように、中国においても国家資本複合体が強いている権力的コミュニケーションを打ち破るための「自由自在に活動できるひろびろとした天地」が再び求められることになるはずだ。

対談◎

# 「文革」から「民間」を問う

土屋昌明（専修大学教員）
丸川哲史（明治大学教員）

## 三・一一以後から

**丸川**　今日は、中国にとっての「民主」ということが話題として設定されています。そこで、日本内外の言説配置を観察しますと、中国政府に「独裁」の記号を割りふり、中国政府に反抗する側に一律に「民主」の記号をふる、というかなり浅薄な二分法がまかり通っています。中国社会内部でも政権に対する評価においても、様々なグラデーションがあり、またそのグラデーション自体が中国社会内部の構造を反映したものであるのに、そうするわけです。中国社会の構造自体を分析することを怠り、単純に中国政府に反抗した中でも有名性を帯びた人物を英雄視し持ち上げる、それがそのまま中国の「民主化」に結びつくという無邪気な願望を軸にして「運動」を展開する向きもあります。そこでもう一度、ベーシックに中国にとって「民主」とはどういうものであるかということを論じてみたいわけです。ただ、近年日本の側にもいろいろな状況の変化がありまして、いわゆる東日本大震災が起きたので、このことも今日の対談の一つの要素にならざるを得ないか、と思います。

さて、一つのエピソードから言いますと、私は一九八四年に大学に入学しまして、私が所属していた社会科学研究会では、反原発・エコロジーというものを一つの素材にして勉強会をしていました。その当時、左翼的なグループ、市民運動団体、そういったものが、七〇年代の「新しい社会運動」の方向でいろいろ変化を遂げている時期で、八〇年代にその成果がいろいろ出始めた時期だったと思うんですね（実際には、国際的にはレーガン、サッチャー、中曽根などの新自由主義的なるものの巻き返しが起こっていたわけですが）。ご存じのように八六年にチェルノブイリ原発事故が起き、一時期、市民運動の側でも盛り上がりをみせまして、私も何度かデモや署名運動にかかわりました。しかし、私が当時接していたエコロジーの運動的コンセプトはその後形骸化されて、政府・企業側によって簒奪されていく。最後には「原発はクリーンなエネルギー」といった捩《ねじ》れを来たし、倒錯したものにもなっていった。その延長線上に、今回の大地震・原発事故が起きたという史脈が出てくるかとも思います。そこで振り返りたいのは、欧米や日本などでの七〇年代の「新しい社会運動」の発想は、想像力のレベルにおいて中国の文革までの「自主更生」の思想から多くのものを得ていたはずです。しかし、この系譜がまるでないかのようになってしまっている。

さて今日、私と一緒に話をしてくださる土屋さんは、専修大学で中国古典文学をやってらっしゃるんですけど、どういうわけか、文革にかかわったお仕事をなさっていて、数年前に出された本とそれからDVDですね、『目撃！ 文化大革命 映画「夜明けの国」を読み解く』（太田出版）という本を編集なされまして、これが非常に面白い。文革とはどのようなものか、またどのように想起され直されるべきか、重要な問題提起が含まれています。結局のところ、文革終了後、文革に対する正当な批評というものの足りなさが、実は、現在の学界、マスメディアなども含めた中国認識のゆがみにかなり影響を与えているのではないか。そういうところで、今日の話の中心は、文革期をどう再認識するか、そして今日の中国をどう認識するか、ひいては中国の中にずっとあり続けている「民主」への胎動をどのように評価するかということになるものと思います。

**土屋**　まずは今回の地震と原発の問題ですね。被災された方々は、大変な思いをなさっているわけで、それに原発の問題が絡んでいるというのが、今回の災害が、大きな地震だっただけでなくて、もう一つの大きな問題を顕在化させているんですね。私も丸川さんと同じ世代、冷戦時代の核戦争の恐れが続いていて、そして二〇代半ばでチェルノブイリ事故が起こった。今回の原発災害で、まっ先に想起したのは安部公房の『死に急ぐ鯨たち』で、どんどん肥大化して、自分で自分を死に追い込んでいることに鈍感な社会のあり方が、実はそのまま続いていたことを再認識させられたのです。原発の問題はいつの間にか、それがエコロジーという新たな概念に取り込まれて、八〇年代までの問題意識は忘却されていったですね。東電の問題は、二〇〇二年に原発のトラブル隠しをしてたことが暴露されて非常に議論になったはずなのに、それも結局、エコロジーの観点で隠されてしまったし、私自身、全く問題化できなかったことに忸怩たる気持ちがしています。

**丸川**　そこで、文革に触れながらお話を進めていきたいのですが、まず文革の思想の中で、やはり、都市と農村の差別をなくすという考え方があったわけですね。たとえば、「三結合」と呼ばれていました。学生が農業もやる、また労働者もやるとか、人間の中の分業体制を打破するような思想があったということです。日本の当時の学生運動ですけれども、教育の問題に対する批評・批判としてかなり大きく取り上げられていた（しかし、七〇年代のポル・ポト政権によるそのあまりに過激で空想的な実践によって、このコンセプトからものを語ることがタブー化されたようです）。では、なぜ原発が建っているところが東京でなくて福島であり新潟なのかというようなことがあって、ちょうど、コンパスで東京を中心にして一周すると全部二三〇～二五〇キロ外ということになるんですね。一つの国の中での、つまり産業配置としてどこに住んでいるかによって人間の位置（＝価値）が決まってしまうという、差別構造がここではっきりした。今回、非常に悲痛だなあと思うのは、津波のこともありますけど、原発に近いエリアに老人ホームも含めた医療施設が置かれていたことですね。そこで考えてみたいのは、政治的行為の主役となる人間ではなく、政治的に決定される側の人間の、必ずしも政治的なものとは言えない生存にかかわる眼差しです。そこで土屋さんが扱われた映画『夜明けの国』というのは、日本人がたまたまそこに、岩波映画社が行ってみたら文革が起きちゃって文革を撮った、という歴史のめぐり合わせとしても面白い作品にはなっています。そこで、紅衛兵とかの暴力的な側面ではなくて、むしろ、淡々と生きている民衆の側の「顔」をずっと撮った、というのがこの作品の良いところであるように思うんですけど。

## 「文革」を問う眼差し

**土屋** じゃあ話の順序としてまず、どうしてこの映画を研究対象にしたかというところからいきますか。私自身は中国の古典を研究しているんですけど、中国研究というのは、七〇年代後半、文革への幻滅とマルクス主義の退潮があって、中国では相変わらずマルクス主義の観点から議論をしていたから、大陸の議論はみる必要がないというのが基調だったですね。その後、八〇年代の中国への関心は、文革への幻滅で忘れ去られたのかというと、そうじゃなくて、胡耀邦だとかの政治闘争の中で生きてる政治学・国際関係論の中では研究されてました。しかし、それ以外の文化関係の研究というのは全部退潮しちゃったんです。文革の時みたいな中国熱は退潮したんだけど、今度は古い歴史に対する関心へ戻っちゃったんです。特にＮＨＫの連続番組『シルクロード』、これがすごく大きく影響して、文革の時に腐敗政治とか管理社会とかに反対していた人が、みんな歴史の方に関心を移した。しかも近現代とかじゃなくて、古い古い歴史。ちょうど当時、日本が国際化の道へ進むというのがオーバーラップしていて、シルクロードはローマと日本を結びつけていた、というような言説で、なんだか日本も昔から国際化だった、みたいなことになった。そういうイメージで中国をみると、それまでの革命中国とか日本の戦争責任とか文革とかを軸とした中国研究や中国に対する関心は、もう退潮しちゃってオッケーなんですよね。だから、それについて反省しなくても、もう業界としてはやっていける状況になっちゃった。ただ、金のない学生には別の力学も働いていて、当時は古本屋で安く買える中国ものの本は文革中国がらみばかりでした。だから私も竹内好とかで中国の知識を得ていました。でもやはり大筋としては「シルクロード」みたいな脱政治化の方向だった。この脱政治化のプロセスで、それまでの「民衆」への関心と「歴史」が接続され、民衆の生活は歴史的だったかのように思い描かれたんです。中国の民衆は始皇帝の時代からこのように暮らしていた、老子が言うようにのんびり自然と一体の生活をしている、みたいな。しかし、六・四の天安門以降、現在までの中国政府と民衆の乖離は、全体的な曖昧なイメージで中国を考えていくのはまずいということをいよいよはっきりさせてきています。では、現在の中国をどう見ていったらいいのか。そのためには、私たちの脱政治化のプロセスがどうして起こったのかを考えるべきだし、そこで消去されたものを再考するところからやらないと駄目だろうと思ったんです。それで材料を探していたんですが、前田年昭さんに講演依頼したら、かつて自分が高校生の時に上映した『夜明けの国』を取り上げたいっていうことで、この映画の存在を知りました。その直後、たまたま別ルートでこの映画の16ミリフィルムが手に入ったんです。資料が向こうからやってきたというか、ぼくが日の目を見る時が来たよってフィルムがつぶやいているみたいな、何か運命的なものを感じちゃって、それで上映することにしたんです。

**丸川** そうですね。この『目撃！ 文化大革命』の序文を土屋さんが書いていらっしゃるわけですが、汪暉氏の『世界史のなかの中国』の第一論文「中国の一九六〇年代の消失」を引用されていますす。六〇年代の政治の経験を消去することによって、今の経済「自動運動」のようにしてあるような社会が前提となってしまったということ。日本でもヨーロッパでも、やっぱり六〇年代の政治の経験ですね、こういったものをないことのようにして語ることが、今のある種の深刻な社会問題の深刻さをさらに深刻にしている。

**土屋** 中国共産党がそれを消去してしまいたいという動機と、日本で消されている動機とは違うんですけど、不思議と歩みをともにしている。その脱政治化の中で、原発の問題なんかも消えてるんですよね。自分自身もそうですけど、健忘症にかかっているような。

**丸川** そこでちょっとお聞きしたいのは、二〇〇六年に北京で『夜明けの国』の上映会をなさったわけですね。そのことについてお願いします。

**土屋** 専修大学で『夜明けの国』を上映したら、当日、東京で地震があって、見たい人が来られなかったんです。その後、明治大学で前田年昭さんが竹内好研究会で上映したんですよね。この映画の最大の理解者は竹内好だったんですから。この時、中国社会科学院の現代思想研究者である賀照田さんがいて、この映画を観て感銘を受け、これは北京でやってほしいと。じゃあ北京に持っていこうということで、いろいろ準備をして、ある人の紹介で北京の映画プロデューサーの朱日坤氏に会いに行った。彼はのちに「黄牛田」というインディペンデント映画作家の一人として来日して、丸川さんのところでシンポがありましたね。とにかくそれで北京の劇場で公開しようと、劇場の担当者と一緒に内覧したんですが、劇場の方は駄目だ、上映できない、当局に問題になるって。そしたら朱日坤が顔真っ赤にして怒って、なんで駄目なんだ、この程度のものでも駄目なのかって。文革の暴力的側面が描かれていないわけですから。でも駄目だということで、それで、あるカフェでやることになったんです。一緒に行った友人から、土屋さん、そんなことして北京の留置場に迎えに行かされんのイヤですよ、とか言われましたよ（笑）。結局、カフェみたいな場所しかないわけね。そこのカフェは街角のジャズ喫茶っていう雰囲気なんだけど、スクリーンが仕込んであって、テーブルをどかすと試写室みたいになる。協力してくれた中国の友人がビデオカメラを回しているから、なにしてんのって聞いたら、当局が踏み込んできたら、その様子を撮って映画を作るって（笑）。大学の教師とか編集者とかたくさん来て、見終わったあといろんな議論が出ました。やっぱり一番厳しい意見は、「日本人は、革命は赤い血を流すもんなんだということがわかっとらん」ということを言われました。その後、桜井大造さんが台北でやりたいって、彼が準備して上映したんです。それもたくさん人が集まった。面白いのは北京と台北で違いがすごいはっきりと出るところ。北京の人は、ここにこんなのが映ってるぞ、これはすごいみたいなこと、すぐわかるんですけど、台北の人はまるっきりわからない。その点では、現在の日本人が見るのと同じような感じだったですね。

**丸川** 台北の「海筆子」という桜井大造さんと関係の深い劇団の地下練習場で上映した際、台湾の作家・陳映真が来ていましたね。彼は青年期に、台北郊外で大陸からの放送が入りやすい淡水という河のほとりで、ラジオで文革の模様を聴いていて胸を躍らせていたというような話をしました。それは、ある意味感動的でさえあるエピソードでした。

**土屋** 革命委員会ができると大陸の地図に赤いぽっちを入れたって言ってましたね。

**丸川** また陳映真さんの別の文章にもあるのですが、家でも聴きたくて、蒲団をかぶって、蒲団の中で音が漏れないようにして聴いていたとかね、そういうこともあったらしいです。

で、話というか人物の向きを少し変えますが、「造反派」として活動していた同世代の銭理群さんのことを話したいです。今北京に住んでいらっしゃいますが、今はもう七〇歳代の方です。銭さんが二〇〇九年ですが、台湾の交通大学で、「毛沢東の時代、ポスト毛沢東の時代」という連続講義を行いまして、それをまとめた本が『毛沢東と中国』（青土社）になりました。その中の別のエピソードを紹介します。その中で、鄭鴻生という文革期に台湾で高校生から大学生であった方の当時の文革認識が紹介されています。対岸のアモイからこちらに泳いで渡ってきた紅衛兵の青年（本名・王朝天）がいまして、要するに、国民党のネガティブ・キャンペーンの宣伝装置にされて、全国の中学校・高等学校を巡回したんですね。しかし彼の話はリアルにすぎ、刺激が強すぎた。あまりにも歯に衣《きぬ》を着せない語り口でいろんな文革の情報を台湾に伝えてしまうので、逆に危険視されて、監獄島である緑島に監禁してしまったという話です。こういうことも、台湾と大陸との間で文革が持った一つの興味深いエピソードではあるな、と思うんですね。そして、このエピソードを台湾の同世代はみんな知っているということです。文革は、東アジアも含めた世界的な広がりの中でそのインパクトを検証する必要があるように思います。そこでもう一度、大陸中国に戻りますが、土屋さんにお聞きしたいのは、例の『夜明けの国』ですね。今大陸中国人がそれを見ること、また今を生きる日本人がそれを見ることとは、どういうことなのか？

**土屋**　日本で文革というのは暴力一色でイメージされてるんです。もちろん暴力や殺人もあったんですけど、この映画は逆に日常生活を撮っているんで、この映画を観ることによって、今まで自分が持っていた文革のイメージは一面的である、一面的とまでは言わないにしても、その中でも日常生活というのがあったということに気づかされる。

**丸川**　暴力的なものだった文革を伝えていないという言い方でしたけど、それを逆に言うと日常が発見されるような作品になっている、ということになるんですよね。

**土屋**　だから、文革の暴力を強調したい人は、そう言うと思いますけどね。紅衛兵は文革の一〇年間ずっと暴れていたと思い込んでいる日本人は多いんじゃないですか。中国でも反文革のプロパガンダがいろいろ行われてきたから、文革当時も日常生活があったとか、丸川さんの『魯迅と毛沢東』（以文社）の中でも触れているけれども、文革中に地方分権的なインフラ整備があったとかは、全部消されてしまう。北京での感想で、さっきみたいな激烈なのもあったけど、自分の子供の時にこういう日常が存在したことを思い出させられた、という人もいました。

**丸川**　言われた通り、中国政府自体がある意味では一面的なやり方でそれを封印したことで、様々な形でその後遺症みたいなものがあるのではないか。まず思うのは、文革そのもの自身が、非常に複雑な要素が絡んでいるものであり、見方によって違うイメージが必ずできてしまうようなものである、ということですね。たとえば、本当の意味での文革は、もう一～二年ぐらいで終わっていた、という説もあるくらいです。でも、その一～二年でも前期と後期があるとか——いろんな言い方があって、いずれにせよ、文革がなんであったのかを考えるのは非常に難しいことです。まさに研究する側にとっても大きな試金石となるものですね。大きな前提として、文革自身が内部にいろんなパラドックスを孕んでいるわけですが、私の本の中でも強調したかったのは、内部の力の腑分けですね。最も簡単な素描として、たとえば、毛沢東のユートピア社会主義への理想と、劉少奇たちが持っていたような、国防を一つの柱とした高度な分業体制を志向した近代化コンセプトとの衝突があった、という見方です。さらにその前段階ですが、一九五九年の大躍進（空想社会主義）と、一九六四年の核実験の成功（高度分業制の成果）の間は、五年しかタイムラグがない。これが、文革の背景をなす思想的な対抗軸ですね。しかもそれは、単に権力闘争の構図だけでは説明できない、毛沢東の呼びかけに呼応したという形式であったとしても、政治的自覚を含んだ大衆的な（暴力も含む）闘争となった。しかしこのような政治的な対抗軸は、厳密には、一九六八年時点で終わっており、毛沢東が「造反派学生」を弾圧して以降は、上層部の権力闘争という「脱政治化した政治」の惰性がその後続いた、ということであるようです。

そしてさらに、先ほど申し上げましたが、銭理群さんの『毛沢東と中国』を再読して気づかされたのは、民衆の生活、そして顕在化し難いものですが、草の根的な大衆レベルでの政治的議論がずっとあったということですね。そしてその上に、中間幹部の世界、知識人たちの生活、為政者たちの権力活動がある……眩暈のするほど多種多様な要素というもの、縦、横、斜め、さらに内外、敵味方の分岐や入れ替わりが繰り広げられていたことがわかります。

## 「文革」と「反毛沢東」の形成

**土屋**　文革が一〇年間あったというけど、まず一〇年間というのも一つの問題だし、それを前期と後期に分けたら、その間にどういう流れがあったのか、仮に前期が文革の最高潮だとすれば、最高潮とはどういう意味なのか、というように、ある程度の分析をしないといけない。要は、一〇年間文革で同じことをやっていたわけじゃないんだけど、日本人はどうしても知的怠慢に陥る。以前は中国を鏡にして日本の政治や社会を批判しようとしていたけど、それが幻想だったとわかったら、幻滅したあとはどうでもよくなってしまったんです。だから「一〇年間、文革、はい、お終い」と、こういうふうになる。文革が現代にもいろいろな部分に投影していて、現代中国を考えるのに文革を考えないといけないというのは歴史学的にみれば当然なんだけど、分析しようとしない。中国でも、文革の研究をさせないような方向にいってるので、もちろん研究は非常に少ない。しかし、近年、文革の内部構造が研究されてきているので、日本人もそれを吟味していかないといけないと思うんですけど。

**丸川**　そこで『目撃！　文化大革命』に戻りますけども、中でも、印紅標さん（北京大学）が明晰な論文を書かれていますね。文革の中で文革自身を反省するという問題意識が既に孕まれていた、と。端的には文革の中でも、特に「造反派」に言えるわけですが、毛沢東に対する見方が変更されていくわけです。そういったものが文革のわりと初期から準備されていて、今に至るような問題設定、つまり毛沢東という政治的存在をどのように評価すべきかということが「問い」として出ていた。そしてそれと同時に出てきたのが、「中国はどこに行くべきか（それと連動した、世界はどこへ行くのか）」という根本問題でした。そしてその後の展開ですが、銭さんの本にも、印さんの論文にもありますが、文革後期における、民衆と知識人とが混じり合った「民間思想村落」という集まり方がポスト文革の思想の揺り籠となった。つまり、「上山下郷運動」によって地方に知識人や青年が行きますから、そこで読書会とか研究会とかが盛んに持たれ、その内部や横の交流の中で流通するパンフレット類が数多く発行されていた。そこから、（四人組反対運動としての）一九七六年の第一次天安門事件につながるような思想の流れが生まれることになる。もちろん、この流れを第二次天安門事件にまで延長させて考えることも可能でしょう。たしか土屋さんは、印紅標さんを東京にお呼びしたようですが……。

**土屋**　あれは日本大学国際関係学部が日本に招いていたんで、専修大学にも来ていただいただけです。私の見るところ、彼の狙いは、七六年の第一次天安門事件とその後の思想の発展を解明することにあると思います。それが文革後期の「民間」から繋がっているからです。そしておそらく、その先に現在の民主化運動へも接続させる思想史の契機を見ているんでしょうね。それはたぶん文革被害者やその後の政治的な被弾圧者を逆に照射することになるとともに、死者たちへの彼自身の道義を立てることにもなるんだろうと私には思われます。もちろん私は彼のセルフ・ヒストリーは知りませんが、そのためにはまず文革の再認識が必要なんです。日本では、文革は権力闘争だと考えるのが普通ですが、印さんは国分良成氏の『中国文化大革命再論』（慶應義塾大学出版会）に採録された論文で文革を構造的に捉えようとしました。今、その構造分析が正しいかどうかは別にして、構造分析が必要だということは重要な観点だと思うんです。

**丸川**　整理すると、主に三つの軸があった、と印さんも書いていらっしゃいますね。一つは、官僚特権を防止して労働者主権を再設定するために政治体制を変革しなければいけないという考え方です。これはわりと「左」だとは思うんですけども。前提として、政経一体の国家形態に対する自覚がある。この政経一体の国家システムは功の方で言うと、自国の近代化を急速に上から実現し調整する能力があった、ということ。一方、罪の部分というものは、だからこそ、政治・経済が一体化しているがために腐敗も起きやすいということですね。根本的な政治改革を進めることで、この病気を抑えないといけない、と。ある意味で、「造反派」が考えていたことの深化ですね。こういう主張が一つ目にある。二つ目は、民主と法治のための「啓蒙」の導入という考え方ですね。つまり、合理的な民主的な政府の設定には、その前提となる民衆それ自体の政治的自立を含めた啓蒙運動が中国の中でなされねばならないという考え方でした。そして三番目のものが、鄧小平たちによって受け継がれていくもの。生産力を合理的に発展させなければならないという経済建設を軸とした議論で、このコンセプトは、実践的には、農村の体制変革から始めなければならないというものでした。これも文革後期の知識青年、特に高級幹部の子弟たちによって既に形成されていたものです。この三つ目を、鄧小平、それから胡耀邦ですね、彼らが取り入れて八〇年代の（前期）「改革開放」の成功を導いたことになる。

しかし前の二つの課題は残った、と言える。今日の格差社会の問題は、肥大化する官僚機構をどういうふうにして防止するかという課題と共に顕在化しているということですね。その意味でも、官僚特権を防ぐための政治改革の必要性ということで、一つ目の主張が生きている。そしてもう一つ、合理的な民主的体制、法治的秩序の設定のためには、その根本となる民衆一人一人の政治主体としての自覚がなければならないということで、二つ目の主張も中国社会の中で普遍的に存在しているわけです。そしていずれもが、文革後期に生成した思想であったということになりますね。

**土屋**　官僚の問題とは、ソ連型社会主義の場合、官僚が一つの新たな階級になっていくという点でした。紅衛兵の思想の中で、また下放した青年たちの農村サロンの中で頭をもたげてくる問題です。彼らは、これが文革の問題、つまり官僚が新たな階級になっていって社会主義を阻害するのをどう防止するか、という問題だと思っていたわけですが、文革が終わったのに、気がついてみたら、この階級問題がものの見事に実現してしまっていた。八九年以降、今に至るまで、この問題は増幅されている。それを考え直す時には、その元の文革での思考に一回戻って考え直さないといけない。

**丸川**　どちらから見るかによるんですけども、なぜ中国がソ連のように倒れなかったかという議論で言いますと、文革の時に、官僚機構を打倒する奪権闘争がもたらした特殊な政治習慣が形成され、ソ連よりも融通のきくような大衆と幹部階級との相互関係性が生まれていた、という説もありますね。

ていますね。

**土屋**　汪暉はそれを「柔軟性」という言葉で言っていますね。

**丸川**　それがどこまで正しいかはなかなかわかりにくいところなんですけれども。ただ、文革期において「造反派」が提出した課題として最も重要なのは、パリ・コミューンを範例として、官僚を大衆選挙によって選出し、またそのリコール権を大きく民衆側に持たせるという考え方ですね。

**土屋**　議論だけではなくて実際に行われたんです。実験的ではあったですけど、一部のところだけでなく、連動的に行われた。短期間に失敗、挫折するわけですけど、六七年の初めからもう起こっている。だけど、考えなきゃいけないのは、その試みというのは、内発的なものとして、いろいろなあがきの中から出てきた一種の試みだったということです。パリ・コミューンにならってはいたが、全国的に行おうとしたのは中国史で初めてのことなんです。この価値を考えないといけないはずなんだが、現在ではそれはもう消去されてるから駄目ですね、当時の史料も何もないですから。現在の「民間」の人たちの中には、そのことを考えようとしている人たちもいますが。

**丸川**　そうですね。私が思うに、つまり、パリ・コミューン的なるものというのは、おそらく、私たちが考える「現代政治」の原初的な志向性だと思うんですね。自分たちの統治を自分たちで構想するためにお互いに意見を言い合う、議論する、そして物事を自分たちで自己決定をしていくという仕組みですよね。こういう問題提起自身は、実に世界史的なものだと思うんです。また単に、パリ・コミューンからのお下がりという意味ではなくて、またソ連における初期「ソヴィエト」からのお下がりでもなかった。中国で起こったことであって、だから中国の伝統に根差したものでありつつも、同時に伝統に対する非常に強いアタックと言いますか、衝撃を与えるものとして発生したということです。しかし一般的なある語り方として、当時はみんな毛沢東に個人崇拝を強要され、ロボットのようになっていて自主性の全くない閉ざされた社会だったというような言い方が、さらっと出てくる。劉暁波氏の文革理解もそういうパターンに陥っているところがある。しかし、そのようなステレオタイプ化した文革観を前提にして中国の民主化を論じるとすれば、それはステレオタイプがステレオタイプを呼ぶ、という悪循環を生みかねないのではないか。

それで私は銭理群さんの語りに可能性を見ているわけです。彼は当事者でもあるし、しかも一九四八年に〔台湾に向かった〕お父さんと生き別れになっている。お父さんが国民党の将軍、台湾に行ってしまうという経緯を持っている方です。銭さんを代表として、中国の知識人たちは、もう一度、人民共和国が何であったのかということに、おそらく向き合わなきゃいけなくなっているし、向き合おうとしている。

**土屋**　今のパリ・コミューン式の民主なんかも、結局、毛沢東が三結合〔幹部、兵士、大衆〕を言って、その中から出てきたものですね。毛沢東本人は、そこまでやるな、みたいなことを言うわけですよ。たぶん劉暁波が言っているのは、暴力や階級というのを設定した上で出てくる民主的な段取りなんて本物じゃないと。彼からすると、それも毛沢東のロボットで出てきたものにすぎない、一見すると民主の段取りのようだが、そうじゃないんだ、と。そうかもしれないけど、そういうふうに見ると、中国史には現代社会に応用可能な思想資源はないのだろうかという気がしてきてしまう。

**丸川**　私は、ここで思うのは、一つ、毛沢東という存在に対する否定の仕方ですね。毛沢東を否定すること自体はそんなに難しくないというか、中国でもそう言う人いっぱいいます。じゃあ、本当の意味で毛沢東を否定したことになるのかというと、それはまた別なのかもしれない。

一つ紹介すると、銭さんの本の中で、やはり、一度は心の底から毛沢東に心酔していた女性が、文革期に入って、毛沢東に失望して気が狂ってしまったエピソードがあるんですね。その方は、蘇州で図書館の館長をやっていた陸文秀さんという方です。彼女は反革命の罪で法廷に出てきて自分で弁論するわけなんですけども、共産主義という思想から毛沢東を断罪するわけです。つまり、共産主義というのは、人民に自由を与える、また人民が自分で自由を勝ち取る思想なんだと弁論を展開し、そこで、毛沢東個人には恨みはないけども、しかし、毛沢東と自分はどういうふうに決別するかということをとうとうと述べ、そして死刑にされる。このエピソードを紹介した銭さんは、最後に、毛沢東時代に対して総括する部分において、現在との関連で、毛沢東の亡霊性という言い方を持ち出しているところが気になります。私が思い出したのは、（映画監督）ジャジャンクーの『一瞬の夢』で、地方の田舎のバス運転手の運転台に飾られた毛沢東の写真付きの「お守り」がクローズアップされるシーンがありますね。格差ドライブがかかった社会において、毛沢東（のイメージ）が呼び戻されるという暗示なのかもしれないわけです。

**土屋**　農村のお祭りの時に、山車《だし》の上に毛沢東の肖像写真が神様の代わりにあるのを見たことがあります。

**丸川**　九〇年代後半になって、毛沢東や文革期のいろんなポスターとかが売られたりと、もう一サイクル、消費の中に組み込まれちゃったなという感じがしないでもないんですけどもね。

**土屋**　文革での思想と行動の中で、現代にも繋がっていく流れの一つとして、私たち凡人からすれば頭おかしいんじゃないかと思えるほどの強烈な理想主義・独立思考の個人の存在があります。非常に強いイデオロギーや洗脳のような状態の中で、自分の独立した思考を持っていた人。銭理群さんが取り上げた図書館長とか、それは、文革時代の一つの遺産だと思うんです。劉暁波氏もそういう人を何人か取り上げていますが、その中で、林昭という女性がいて、反右派運動の時に党のやり方に強烈な疑問を持ち、獄中でも一貫して意見を変えず、自らの血で意見書を綴った末、文革中に死刑にされたと。劉暁波が彼女の名前を挙げても、日本人で彼女のことを聞いたことある人はまずいない。でも、劉暁波が名前を挙げているということは、中国の知識人には知られている。彼女を追念する本や論文が少なからずあって、銭理群氏も書いているし（『拒絶遺忘』牛津大学出版社）、インディペンデント映画監督の胡傑が『尋找林昭的霊魂』というドキュメンタリーまで作っています。こういう思想と行動を一致させることに徹底的にこだわる人物がいて、そういう流れが古典世界の士大夫の存在以来、中国史にはずっとあり、文革ではそれがさらに鍛えられたとも言える。しかも人々はそういう人に深い敬意を持つから、逆に体制側からは忌み嫌われる。そうした個別の事例からも私たちは文革を認識すべきだと思います。

**丸川**　中国の知識人というか、かつての文人階級と言いますか、そういう人たちは、繰り返し政治と自分の存在についてずっと考えてきた。その伝統の中に、おそらく劉暁波氏も入るものと思います。中国においては、ずっと連綿と知識人がそういう政治の限界にぶち当たって砕け散り、また立ち上がるというようなことが繰り返されてきた。ただその中でも、いろんな「党派性」や「軸」がある、ということですね。銭さんの本では、反右派闘争の時期に決定的な何かが確立された、と見ています（銭さんは五七体制と呼んでいます）。たとえばその時、農村問題に対する問題提起がありました。要するに農民が搾取されているのではないかという問題提起です。当時は、そういうふうに問題提起をした人間は右派にされたわけですけども、価値軸を変えると「左派」に違いないわけです。中国における「党派性」や「軸」を考えるということも、その意味でも簡単なことではないように思います。

**土屋**　銭理群氏が提示している図書館長など、毛沢東と結婚したという妄想までしているのに、それが逆に毛沢東を批判するようになる。当時の意識では、理想を毛沢東と共有しているわけですね。だからこそ、毛沢東に対して批判するわけです。その話をうかがって、「最後の儒者」と言われる梁漱溟を想起しました。梁漱溟は五〇年代に、壇上の毛沢東をみんなの前で批判した。公衆の面前で毛沢東と口論したのは彼だけだと言われますが、なぜそんなことするかと言うと、やっぱり毛沢東を真から尊敬しているんです。だからこそ意見を言うんです。そうでなければ命かけて言わないですよ。理想を共有しているという点では、程度の差こそあれ、みんなそうだったんですね。ところが、一部の知識人的な意識を持ちうる人以外は、文革を経過して理想がなくなった。だから、六〇年代が消失されると同時に理想も消失される。『夜明けの国』を北京でやった時、みんな感銘を受けるんですね。ああ、当時はこういう理想があった、自分は今はないと。特に若い人はそうです。自分は当時の人々と比べると全く混乱している、どうしていいかわからない自分が恥ずかしい、ということを言う。これは現代における文革の反作用ですね。この点は社会科学院の文革研究者である徐友漁も言ってます（『形形色色的造反』香港中文大学出版社）。丸川さんは比較的社会の全体を考えるような方向かもしれないけど、私はこういう個人のあり方に目が行ってしまうんです。

## ナショナリズムへの省察

**丸川**　もう一つ、今日の論点で言うと、今の中国におけるナショナリズムをどう位置づけるか、というテーマが出てくるだろうと思います。たとえば、北京オリンピックの年に四川大地震がありましたよね。あの時に非常にナショナリズムが大きくなっていた。つまり、たとえばチベットの問題と絡んだところで、中国で開催しようとするオリンピックを世界が封じ込めようとしているもの、と若者は反発しました。それと四川大地震が重なって、若者がたくさん四川省に向かうボランティア運動が起きるわけですね。この時、中国で起きるナショナリズムの法則と言いますか、そういうものがどういう利点と欠点を持つのか、またそれがどういうふうに展開していくのかということに対して、誰もきちんとした見取り図が描けなかったように思います。また最近、領土や歴史問題と結びついた尖閣のデモなんかでも、実は、言いたいことは自分たちの生活問題や格差問題だったりするということがあるようです。たとえば、住む家をくれといったスローガンがデモの中に出てきたりとか。実際にそういう生存権にかかわる問題というものが、中国の場合には「民主」と結びつくわけですけども、これも、おそらく中華人民共和国が持ったこれまでの歴史を反復する側面でもある。主権問題と、「民主」の問題というのは、日本では一般的にはゼロサム・ゲームのところもありますけども、中国の場合にはそれが一緒につながる側面もあるというか、そういう法則性があるのかな、と思うんですね。

**土屋**　日本の中国研究において不足している部分の一つが教育史じゃないですか。中国政府は自身の正統性の根拠を歴史に帰し、党と国家を一緒にする。党＝国家の状況だから、中国史を書くことは党をまとめることになり、ナショナリズムを育むことになる。それを学校で子供に教育する。今こういうシステムを支えてる連中は、文革で紅衛兵をやった世代と重なるんです。今五〇代から上は、みんな文革経験があるわけですね。その人たちは、民主の問題とか、造反とか、上に対する独立意識だとか、農村の下放経験を持っていて、社会の最底辺と結びつく一種の強さを持ってるんです。この点はもっと強調されてしかるべきで、フランスのミッシェル・ボナン（Michel Bonnin）さんが「失われた世代」として、こういう特質を社会史的に研究しているのは見るに値する。その半面、彼らは文革当時にはやった、中国が世界の革命を率いて行くんだ、という中国中心主義も持っているわけです。それはどこから来るかというと、五〇年代以来「共産党がなければ新中国はない」という教育です。それが今ナショナリストをやってる連中の親なんです。親も子供も同じなんだ、その点では。これはかなり問題ですね。これをどういうふうに考えるか。丸川さんは、今の民主化運動でナショナリズムが突破口の一つとして可能性があるというお考えですか。劉暁波はこれ絶対やめた方がいいと言ってますけど。

**丸川**　もちろんナショナリズムには腑分けが必要ですし、その内部にある特有の構造に目を向けるべきですね。どうしても、他国のナショナリズムを見る場合には、「視差」が生まれます。いわゆる愛国教育といいますか、歴史教育の中で言われていることのロジックを精査してみますと、たとえば一般的には、南京で虐殺が起こったのは自分たちの国が弱かったからだ、という言い方をするんですね。ここには二つの意味があって、一つは国民党政権だったからだ、ということが含まれた歴史解釈の部分。でも、もう一つ、やはり自分たちが強ければ侮られないで済んだんだという発想で、そこでは必ずしも日本批判が目的化されているわけではない。その意味で、私は、ナショナリズムが良いか悪いかというような議論はしたくないんです。ナショナリズムはどういった歴史経験から吸い上げられてきて、教育でそこでもう一回どう加工されたかという問題だと思います。その意味でも、ナショナリズムは、言われている通り歴史的な構造物です。ただ中国の場合のそれは、長期的に中国が徐々に形成されてきた伝統も深く、また中国という器の大きさとも関連して、世界史的現代と出会い、そこで伝統が変形されてナショナリズムが出てくる、ということになる。しかしそのナショナリズムはまた、めぐりめぐって帝国の「再生」をも意味してしまう。

**土屋**　中国人が歴史的な自己認識をするという点は同感です。劉暁波を読んでると、たとえば秦の始皇帝の焚書坑儒、それから乾隆帝の頃の文字獄とかを取り上げて、文筆で牢獄に囚われる自分をその歴史的な系譜の上に位置づけるわけですよ。これは、現在の政府のやり方がアナクロニズムで、政府自身が嫌う封建時代と同じだという意味でもありますが、こういう発言を、自分の裁判やってるところでとうとうと語れるっていうのは、驚きというか鼻白むというか、私たち東の島国の人間からすると、なんでこんな大きな構想で自分を位置づけられるのか、というような感覚がありますよね。だけど、彼らはたしかに、そういう発想を持っているし、過去の偉大な歴史との連続性という点にリアリティを持てるような立場にあるんです。たとえば、日本でよく言う「東アジア」という言葉ですが、彼らには東アジアという概念が理解しにくい。なぜかというと自分たちが東アジアだから。日本みたいに、東アジアの周辺にいると、西アジアとか中央アジアとか知らなくても東アジアが重要な概念になる。しかし中国はいつも四大文明の中の一つであり、唯一今でも生きている文明であり、東と言ったら中国、毛沢東も「東風が西風を圧倒する」と言った。「東風」に日本や韓国は関係ないし、同じく社会主義の北朝鮮だって関係ない。そういう人たちなんだから、ある意味ナショナリストになるのは当然かもしれない。もう一つは、歴史を反復するような思考習慣がある。言葉からきているとも言えるんですけど、中国語は何かを言う時にある一つの諺とかパターンで話をしますね。つまり、ある物事がどういうものかを細かく説明せずに、何か古い諺とか四字句とかが出てきて、それでぱっとはまっちゃう。司馬遷の『史記』の列伝みたいに、人間をパターンではめて考えるような、そのパターン以外に人間が存在しないような感じ。『易経』の八卦のように六四通りなら、それ以外に存在のあり方はないというような、そういう観点がすごく強い。だから、自分のやっていることが歴史上のどこなのか、どれに当たるのかということはみんなわかっちゃうんですね。

ナショナリズムの問題を考える時に、なぜそれが非常に強く教育されてきたのかというと、そこには反復がある。五〇年代は国民党がすぐ前にあったから、共産党の方でそれをはねのけなければならず、歴史の組み替えをしたんですね。九〇年代は民主化運動がすぐ前にあったから、それをはねのけるために共産党の歴史を反復したわけです。でも九〇年代以降の場合は、外から持ってきたイデオロギーが全然効力なくなっちゃったので、五〇年代の反復をしつつ歴史的な倫理を強調して、劉少奇が『論語』を使って語った「修養」に戻った。中国の世界進出にともなって孔子学院というのも行われるようになりましたね。

**丸川** 第一次天安門事件（一九七六年）の時に貼り出されたスローガンの中で、こういうものがあったんですね。一つは、「中国人民が中国の歴史の主人公である」という言い方。そしてもう一つ、「秦の始皇帝の封建社会はもう戻らないものだ」とも。これ実に面白い。つまり何かを否定する、伝統と切れるためにも歴史的なものを持ち出さなければならないということ、それで秦の始皇帝が持ち出されるわけです。またもう一つ気になるのは「封建社会」という言い方ですよね。これは、マルクス主義がもたらした発展段階説であって、マルクス主義の中の「封建」という概念です。ですから、実際の歴史からは間違っている。皇帝の時代の統治形態は、郡県制ですね。封建とは小国が林立している状態ですから。だけどもこういう「特殊な言い方」があるということ自体が、非常に、歴史過渡期的なものと言いますか、中国自身が（モダン思想の一種としてのマルクス・レーニン・スターリン主義を受け入れ）世界史に参入することによって、自分を変化させなければいけなかったということとの証拠だとは思うんです。そして今日、実際にマルクス・レーニン・スターリン主義は、現実の中国社会に適合できない部分が増え、それが引き受けていた理想＝イデオロギーが空洞化し、別のものでそこを塞がなくてはならなくなった。

そこで国学（儒学）なわけですけど、実はもうそれだけでは塞ぎ切れないのです。その意味でも、劉暁波氏がノーベル平和賞をもらったからと言って、孔子平和賞を設けるといった行動はやはり奇妙な行動と見えざるを得ない。

## 「地方」と「民間」

**土屋**　「封建」で思い出したんですけど、さっきの文革の話で出てきたような地方分権みたいに、中国は地方性が強くあるんですね。大躍進の時も地方地方で生産力の競争だったし、革命委員会も地方ごとに競争で、文革の紅衛兵だって地方ごとに独自色がある。でも地方が独立的にいってしまうと困るんですよ。中国共産党が恐れるのは、辛亥革命の時に地方が独立するプロセスで革命が起こってしまったことです。だから今、中国が肥大化して、腐敗が進み、経済格差が起こっていて、この状況からすると、必ず次に何か混乱が起こるんじゃないか、あるいは民主化運動が起こるんじゃないか、と言う論者がけっこう日本では多いんだけれども、そのためには、地方が独立していくような方向性が出てこないと、それは起こりにくいんじゃないか。いきなり民主化運動が起こるというふうにはならないんですよ。それがわかっているわけね、政府の方も。だから、地方がそれぞれ独立するような動きは困る。そのためにはどうしても全体を作るような「中華」という概念を与えてまとめてやる。しかもここで注意しなければならないのは、いわゆる中華というのは漢族の中華ではないんですよ。漢族というものを、いろんな民族が混じったクレオールだというふうにする。それを、考古学や人類学や文学や思想史の専門家がちゃんと跡づける。たしかに、歴史的に見るとそういう面は言えるというか、本当は逆で、純正漢族なんてあり得ないんですけど。それを、ずっと紀元前四〇〇〇年とか、新石器時代まで遡らせてやっていくわけね。

**丸川**　漢民族にしても、中華民族という言葉にしても、両者とも近代において発明されたものですよね。中華の方も、近代的契機の中で作為の面があるわけですが、しかし実際的な歴史蓄積の結果でもあるように思います。つまりEUが実現された今のヨーロッパの歴史プロセスを延々とやってきたわけですね。その歴史が持った重みと言いますか、その強さをどの程度見積もるかというのは私はわからないんですけども、ただし、私が見る限り、この力の発現の度合いもどう見るかによってナショナリズムの評価も違うものとなるでしょう。私が言いたいのは何かと言うと、尺度と言いますか、ナショナリズムを測る時の尺度が中国の場合どうしても違うものになるのかもしれないということです。興味深かったのは、私は二〇〇八年に北京にいたので、あの時のナショナリズムが、表面的にはかなり反西洋だったことです。翻って言えば、西洋(ヨーロッパ)との鏡としてもナショナリズムが駆動するわけですから、西洋がなくならない限り、中華もなくならないとも言える。

しかしやはり、反西洋の文脈だけでは浅すぎる。その背景にある歴史的蓄積(中華的交通)を無視することは絶対できない。

そこで細かく見なければならないのは、中華世界の地理的な西への拡張のことです。そこには、反作用もあった。汪暉氏の『世界史のなかの中国』のチベット論のところでも述べていたように、チベット人自身として逆に東進しつつネットワークを作っていって、それが四川省にまで伸びている(だからこそ、四川でもデモが起きるし、問題が発生するとも言える)。だから四川省にチベット人が居ることは、そのような中華的な「交通」の結果です。その意味で、チベット自治区にもまた漢民族もいて、また別の民族もたくさんいてチベット自治区なのです。チベット人だけが居るわけではない。歴史の積み重ねでできた地理的・交通的蓄積の筋目を統治形態に取り込もうとしてきた結果として現在の自治区があり、それはやはり少数民族を時に大量に移住させたりしたソ連型とは異なっているわけです。

**土屋**　汪暉氏ももちろん基づいている、アメリカのスキナーなんかは「地域性」を視点に持ってくる。なになに省とか自治区とかの行政や常識的ななになに地方ではなく、経済活動で結びついたエリアで地域性を捉える。中国史を考える時に、中国はどこにあるのか、何が中国なのかわからなくなってくるんですよね。それは、結局、中国というものが巨大で、どんどん他のものを取り込んでしまうから。現在もそれは進行形で、かつて五〇年前に認定されていた民族がもう存在しなくなったりしているわけですよ。朝鮮族なんかは、もう朝鮮族としてのアイデンティティというか持ち場がなくなってどんどん液状化している。大陸の全体への溶け込みが進行してしまってディアスポラにもならないような状況です。ですから、自治区などから少数民族のことを前提していると間違えやすい。自治区が歴史を反映していても、それはある動態を凍りつけているものだと考えた方がよい。一方で、チベットとかモンゴルとかウイグルのように、中国から離れて自分たちで立ち上げたいという欲望もあるわけです。いわゆる民主化運動は、そういう少数民族の問題とどういうふうにかかわってくるのか。独裁政権の被害者として漢族も少数民族も同じです、というわけにはいかないだろう。中国が大きな存在になったからむしろ、中国全体を全体として見ようとするより、地域を見ていくことがもっと必要なんだと思うし、民主化運動の問題と地域の問題とを関連させて見ていった方がよいと思うんですね。

**丸川**　汪暉氏が考えているのは、中華的なるものとナショナルなものの枠組みや説明原理をおそらく同時に作ろうということですね。さらに彼の言い方で言うと、中国が世界史の中に参入してしまったといいますか、世界史の中で中国の問題を議論せざるを得なくなった時に、また世界史的な視座を取り入れないと中国社会を分析できない、ということだと思うんですね。この視座がなければ、また中国の内部で起こっている民主化の動向も把握できない。この意味はだから、西洋で形成された「民主主義」のモジュールを押しつければ済むことではない、ということです。中国の内と外の対話が一緒に進行するようなものとして、中国の「民主」が議題化されなければならない――そういう時期に来ていると思うんです。中国が生まれ変わり民主化するプロセスが、外との交渉関係によっても決まっていく時に、そのことに対して適正なアプローチを生み出すことができるか、ということだと思います。

さて、まとめに入っていきたいと思うんですけども、話の続きで、劉暁波氏の本の中でも「民間」という言葉がよく使われるし、この領域を取り出し声援を送るというやり方を取っている。国家との対比という意味だと思うんですけども。銭理群さんもそうなのですが、しかし、使い方がちょっと違う。銭さんの場合には、もう文革から、あるいは既に反右派闘争の時期から「民間」という領域のことをずっと考えていたことになる。さらに六八年以降に、知識青年たちが地方に行って、そこで得てきたいろんな経験が集約されて「思想村落運動」ができるぐらいです。つまり、西洋型の市民社会よりは、中国の、特に地方ですよね、そういうものも含めた想像力が下地になっているように思われます。「市民」と言うと都市だけになっちゃいますが、銭さん的な意味での「民間」、つまり（都市も含んだ）地方文化の領域が今どうなっているのか――そこをどう考えるかということ自身が、現在を生きる中国知識人の一つの大きなテーマにもなっているように思います。この部分について土屋さんから……。

**土屋**　今言われた「民間」の問題、今の五〇代以降の人たちというのは、仮に都市に住んでいたとしても農村経験がある。一九九七年段階で一つの城市人口の一五パーセントはそういう人だという統計もあります。その農村経験は、自分たちだけでやったわけじゃなくて、農村にもともといるネイティブ・チャイナみたいな人たちと一緒にやったわけですね。それで、非常に苦労して、中には、そのまま残っちゃった人もいる。張芸謀監督の映画『初恋のきた道』なんかそうでしたね。残った人たちと都市に帰った人たちというのは、全然別の人生歩きますけど、今は年をとって相互に冷静に見られるようになって、それぞれの人生を否定しても仕方なくなった。むしろ経験としては同じ経験をしていて、今でも連携ができるわけですよ。彼らは、知識人でもあるし、かつ社会の下層部分ともつながる力がある。たとえば、文革の時に底辺層の部分でサロンをやっていた流れが、七六年の時も民主化運動の基層になり、今でも続いていて都市でやっている。だから、『夜明けの国』もそういうサロンみたいなカフェでなら議論できる。こういう日本で言うアンダーグラウンドから、遵法闘争するような研究会活動まである「民間」というのは、文革時期の農村における活動から流れてきている。独裁政権下で制度的に担保は受けてないから力は弱いんだけれども、だからといって駄目だというわけじゃなくて、私たちからすると、そこに面白さがあるんですね。それに、もう一つ注意しなければならないのは、下放経験者の中には金持ちになった人たちもいっぱいいるんですよ。彼らにとってお金というのはゲームなんです。文革中に紅衛兵として闘って、いちおう理念や理想があったとしても、今となっては、闘ったのはほとんどゲームみたいなものだったんです。今はそれをお金でやっているんです。ところが彼らは、私の勝手な思い込みかもしれないけれども、一定程度の理想というのは、民間のサロンの人たちと共有できるんです。だから、民間活動にお金出すんです。たとえば、サロンの場所を提供したり、資金出したり、必要な資料を集める、コレクションですね、そういうことができる。実は、私が『夜明けの国』をやったカフェも、さる有名な文芸活動でお金を稼いだ人がやっていた。そういう動きが、地方で独立性のある政治・行政の動向や官僚と結びついたりした場合に、どうなっていくのだろうか。政府がやっている、ナショナリズムを鼓吹するような、孔子をノーベルとかゲーテの代わりに持ち出しているのは、国内的には効力が少しはあるかもしれないが、世界からは馬鹿にされているって少なからぬ人はわかっていると思います。彼らの中では、世界に認められたいという気持ちが強くある。そういう人たちがどう「民間」と結びつくかです。

**丸川** 先ほど言ったカフェの文化――中国の伝統と結びついた「カフェ文化」みたいなものがどのように横にまた縦に、さらに斜めに繫がっているか、またどのようなコミュニケーションの機能を果たしているか、ということですよね。その時に思うのは、地方から都市に来る農民工の人たちのことですね。彼らは今後どのような存在として、都市に定着するのか、ということです。かつての下放と、逆パターンで出てくるわけです。彼らがどういう考え方を持つようになるかは、今からの問題になってきます。単純に考えれば、完全に資本主義の法則にのっとれば、劣位の人間として、つまり、賃金奴隷として、都市の下層民として生きることになる。そうじゃないような彼らの人生や生活を考えるような思想や仕組みが、中国内部から生まれるのかどうか。当然のこと、中央政府も考えていることでしょうが、おそらく「民間」というものが価値を持つとしたら、そういう問題と切り結ぶことになるはずです。中国において「民主」を考えるとは、端的に、おそらくそのような問題と向き合うことであり、そこで「民間」という概念が効果を持つかどうかが試されるような気がします。

**土屋** 「民間」の「民」ということなんですけど、日本でいう「民衆」という概念に近いようなものが、中国では「民」という言葉で言われますね。それは、乾隆の後期にできた概念だと思うんですよ。それ以前、明末までは、人口が一億には行ってなかったのが、乾隆ぐらいになってから、新大陸から銀が大量に流入するようになって、経済が発展して、非常に人口が増え、何倍にもなったですね、四億とか五億とか。その結果、そういう流動してしまうような、ほっとくとどうなるかわからないような、洪水みたいな人の動きというのができてしまったんですね。乾隆当時、民を治めるのは水を治めるのと同じだ、という言葉があって、要するに民は水なんです。つまり、水のように、制御できれば天下太平だが、制御がはずれると洪水になってしまう。そういう概念がおそらく乾隆後期ぐらいからできた。たぶん、その後三〇〇年のスパンでそう言えると思うんです。丸川さんが言われたような農村から上がってくる人たちというのは、そういう意味の「民」ですよね。下放経験のある知識人が、その人たちに対してどういうふうに対応できるか。たとえば、乾隆の頃には、士大夫たちがそういう人たちに教えたり学んだりした。明末以来の、そういう郷村の知識人という立場にあった人たちと現代の下放経験者をアナロジーで見ることができるんじゃないか。彼らは、日本の大学教師みたいなのと違って最底辺をちゃんと知っている。その彼らがそういう人たちに結びつく時に慈善事業をやるんですね。農民工で来た人たちを助けたり、それからエイズ村を助けたりするようなことをやる。文芸やっている知識人もそれを取り上げる。そのためにお金が必要なんですが、そのお金は、彼らの中で金儲けした人たちが出すんです。そういう活動に一種の筋道ができている。それが、民主化運動と同じ方向になるんじゃないか。たとえば、数年前に、河南省のエイズ村を撮影した映画『好死不如頼活着』というドキュメンタリー、日本語にすると「死ぬよりたかれ」というような感じのインディペンデント映画なんですが、行政の買血活動が原因でエイズにかかった人が、それを口実にして地元の役人から金をせびり取るのを撮ったドキュメンタリーがありました。これは映像の力を借りてエイズ問題の原因に関して官側がいかにひどいかを描くだけでなく、民衆のしたたかさも描いていますね。救済のための活動として、たとえば万延海という人は、農村のエイズ患者を助けるための研究所を立ち上げたりしました。ところが、そういう活動が政府のプレッシャーを受ける。万延海も結局は行き詰まってアメリカに亡命したらしい。万氏の場合はほかにもいろいろな活動がありますが、エイズ村の問題を考えようとする「民間」の動きそのものが煙たいと当局は感じている。逆に言うと、そういう現象を我々はもっと注目すべきなんですね。

場合によっては、そういう慈善事業が宗教と結びつきます。言うまでもなく、過去の歴史的な暴動は「民間」宗教が動力になっている場合が多い。道教や仏教のように官側から認知されたものと性質が違うのです。民国期にもたくさんありました。民国期はそれが宗教と結びつき、さらに軍隊と結びついたわけですね。それが、孫文なんかの動きにもなるし、さっき言ったような地方の独立の方へ行くわけですよ。だからこそ、中国共産党はそれを恐れる。宗教は文革期に迷信として打倒されたわけですが、実はそれは表面的であったし、文革そのものが宗教的メンタリティーに根差していた。それが、九〇年代から経済力と結びついて、どんどんどんどん復興して、仏教や道教やキリスト教といった既成宗教はもちろん、地域的な民間宗教もどんどん出てきて、新宗教として育っている。そんな宗教団体が母体になって慈善事業をやる。その動きがそれぞれの地方にあって、地方はそれらの動きと並行して、中央政府がやっていることを真似してやる、つまり自分たちの地域の歴史を書き換える。中央が中国の歴史というのに根拠をつけるのと同じ理屈で、地方が自分たちの根拠を地方の歴史に結びつけるんですね。たとえば地誌の編纂とか、地域宗教史とかといった形です。しかも競争です。そういうふうにすれば、自ずと地方がそれぞれの独立性を持っていくというふうになるんですね。だから、中央のやっていることを、そのまま地方が同じことをやっているのに、逆に中央にとっては不便なことが生じていくという、こういう力学があるんじゃないかと思うんです。その辺を私たちは、日本から見ている時に注目した方がいいんじゃないかと思います。中国という全体的な曖昧な形で考えるんじゃなくて、もっと個別に見ていく。

**丸川**　「民間」という概念が、今後どのような効果を持つかということですね。それが（都市の機能も含めたところでの）地方や民の「自立」に資した概念となっていくか、ということだと思います。ある意味では、それは見えない領域で今進行していることですね（もちろん様々な破壊も同時に進行しつつ）。そういうことで、あらかじめ意味づけが済んだ上で処理された記事やインタビュー、メディアが撮ってくる映像を見ただけで「民主化」を議論してはならない、ということだと思います。

本日は長い時間、ありがとうございました。

# 第6章◎文化統合と政治言語

## はじめに

かつて文革期の中国国内において人口に膾炙した「三大差別」という政治言語がある。都市と農村の間の差別，労働者と農民の間の差別，そして精神労働と肉体労働との間に存在する差別を表現するものであった。これは文革期、革命の実践の中で克服されるものとして想定された構図であり、文革にかかわる具体的な進め方のスローガンとして提唱された戦略概念「三結合」にも結びつく考え方であった。「三結合」とは、一九六七年の一月に上海から始まった既存の組織への「奪権」闘争から生じたものであり、三つの勢力——大衆、軍、革命的幹部——の「結合」により、各都市・各地方の既成組織を革命委員会に取り替えんとする戦略的概念であった。ただし後から知られることになるその実態は、学生によるアナーキーな学園闘争を鎮圧し、軍（林彪派）

のヘゲモニー下で既存の労働者組織の中で生まれた文革派、またその文革派からのし上がってきた文革幹部が各都市・各地方、あるいは工場や農場を掌握していく方便であったとも言われている。ただ興味深いことに、この「三結合」は、各現場の実情に合わせて様々なパターンとして変奏されることにもなっていた。たとえばそれは、「労、農、兵」「老年、中年、青年」「労働者、解放軍、学生と教師」「労働者、技術者、幹部」などであったのだが、それぞれ先の三大差別（都市／農村、労働者／農民、精神労働／肉体労働）を意識し、それを克服する戦略的配置として案出されたことになる。もちろん、この「三結合」の実践が当時の文革の基準からしてもどれくらいの効果があったものか、現在でも複数の意見の分岐がある。

ここでさらに注意を促しておきたいのは、実態としては文革期において発生した暴虐の中には、民族的な差異を通じて発露されたケースが多々あったということ――このことは後の研究において指摘されていることである。ただ、どのような社会衝突が発生していたにせよ、文革期において顕在的な政治言語は「階級的なるもの」に集中していたのであり、だからこそ文革期における社会の混乱にもかかわらず、当時においては今日に見られるような民族政策の問題として社会衝突が意識され、その解決に図られるべき方途が指し示されていたわけではなかった。

さて文革の終わりは、以上述べたような「三結合」を中心概念とした政治／経済システムの解体を指し示すことになる。いずれにせよ「三結合」は階級的観点から出発した戦略的概念であったことからも、文革の終わりとともに出てきたのは、労働者も農民も兵士も学生も元の持ち場に戻らねばならないとする命令であった。そしてまた、階級概念を通じた議論をもはやすべきではないということ――こういった鄧小平的な脱階級型の政治／経済の方向づけが改革開放とともに始まるのである。

近年、かつて使われていた三大差別は国家的なレベルでの政治言語とはなっていないが、やはり中国的な近代のあり方を表象するように、またかつての文革期との連続性を担保するように新たな概念として時に変奏して使われることになる。たとえばその変奏形態は、経済生活の根幹にかかわる住宅状況などにおいて使用される。二〇〇〇年代、中央政府の建設部などから、現在中国における住宅状況は、都市部と農村部の間で、また中東部と西部の間で、また市町区の高所得者と低所得者の間で広がっている、との指摘がなされた。かつての文革期までラディカルな階級的概念として機能していた認識の構図が、開発や資本や所得などの経済言語に転位しながら使用されている事態を見ることができる。であるならばここに、一つの徴候的観察として、中国社会内部の差別構造は実に改革開放を経た現在においても連続しているものと見做せるかもしれない。ただここでも気づかされるのは、こういった経済言語に転位した差別の問題に関しても、それを民族の差異、あるいはそれに付随する宗教の差異に関連づけられてはいないということである。

## 建国後の民族観

中国内部にどのような差異が意識され、またそこにどのような差別が発生しているかを知るには、やはり人民共和国の建国までのプロセスとそれ以降の社会主義建設にどのような施策があり、思考があったのかを探る必要がある。今日の中国の内部から出てくる情報に関しては、特に新疆ウイグル自治区、あるいはチベット自治区に関して、民族的なモメントがその核心部分にあることが否定できない事件としての社会衝突が伝えられている。もちろんここにおいて、チベット自治区特有の問題、新疆ウイグル自治区特有の歴史的蓄積があるのであれば、それを押さえなければならないわけである。ただここで、特にこの二つの地区を扱うためには、インドに逃れたダライ・ラマ一四世（亡命政権）の問題や、あるいはアメリカやヨーロッパに逃れた人々による反中国の運動団体たる世界ウイグル会議など、対外的な要素も大きく取り上げなければならなくなる。実際のところ、中国の民族問題を扱うのに関して、それを純粋な内部的な問題だけに絞っては考えられない側面があることは確かである。この点で言えば、おそらく日本の場合におけるマイノリティ問題——沖縄やアイヌの問題とは全く別の関数を取り入れなければならないことになる。

ここで一つ指摘しておきたいのは、今日問題が多発しているチベット自治区、新疆ウイグル自治区にしても、問題の核心部にあるのは経済問題であるということ——このことはまず指摘しておかねばなるまい。両自治区とも、実は省内の経済開発にかかわる中央からの持ち出しの予算は、他の漢民族が主流となっている中西部と比べて、実は図抜けて高くなっている。さらに言えば、二つの自治区とも、教育機関の中での民族文化、民族語は制度的には保証されている。そこでこの二つの地域で引き起こされている社会衝突の根幹には明らかに、かつての社会主義建設の延長線上にあるとも言うべき急激な経済開発がもたらした諸矛盾がある。新疆ウイグル自治区の場合では、漢民族が主流を占める国営企業連合体「兵団」の経済独占の問題が指摘できるし、またチベット自治区においても、鉱山開発やインフラ整備などにかかわって流入した漢民族が治安バランスに悪影響を及ぼしている事態が指摘されている。それらは西側の報道で言われている制度的な民族「差別」の意味合いよりも、むしろ実態としては、資本の力を通じた地域の社会統合の亀裂が問題なのである（もちろん、マイノリティの側の運動の戦略としては、西側世界にアピールするために民族アイデンティティや宗教文化の保持を強調することが企図されるわけであるが）。

こういったことからも、いわゆる中国内部の民族問題に関しても、実は経済建設の問題として（かつての言語で言えば、社会主義建設の問題として）論じる角度が必要であるように思われる。以下引用するのは、一九五六年段階で毛沢東から出された重要報告「十大関係論」の民族問題の部分である。

われわれは大漢民族主義反対に重点をおく。地方民族主義は確かにあるが、それは重点ではない。重点は大漢民族主義反対である。人口では漢民族が大多数であり、漢民族が大漢民族主義をやり、少数民族を排斥するならば、きわめてよくない。そこで、漢民族のあいだで、プロレタリア民族政策の教育を広くおこなう。漢民族と少数民族との関係を点検せよ。二年前に一度点検したが、これからもう一度やるべきだ。その関係が不正常なら、正すべきであって、口先だけのおしゃべりではダメだ。いま多くの人が、大漢民族主義はいけないと語っているが、口先だけはりっぱだが、実際にはなにもやっていない。

少数民族地区で、経済管理体制・財政制度は、けっきょくどうやったらよいか、研究してみる必要がある。

少数民族地区は、地大きく・物博しであり、漢民族は、人口が多い。少数民族地区は地下資源が多く、これは社会主義建設に必要なものだ。漢民族は少数民族を積極的に援助し、社会主義の経済建設・文化建設をおこなわなければならない。民族関係を改善し、社会主義建設に有利なすべての要素を、人の要素も物の要素も含めて、すべて動員せよ。（前掲「十大関係論」一九頁）

この「十大関係論」は、中国共産党がスターリン批判の衝撃を屈折した形で受け取り、ソ連離れの徴候を見せ始めた時期の報告である。この時期、毛沢東は戦争に備えたところでの国内産業の急速な重工業化を目指していたわけだが、まさに少数民族区域での経済開発も大きな鍵であったことが推察される。そこで問題となっているのは、やはり経済の管理制度、また財政制度であった。ここで毛沢東から提出された大漢民族主義に反対する態度とは、やはり経済的配分にかかわる「調整」であったことは十分に推察できる。また付け加えるならば、「漢民族のあいだで、プロレタリア民族政策の教育を広くおこなう」とあるように、もっぱら漢民族の側に「調整」を迫る、という方向で危機感が表明されている——ここのところが肝要である。当時の国家建設・社会主義建設の観点からも、民族の平等、さらに少数民族に対する優遇政策が企図されねばならなかったのである。そこでまた、少数民族に対する有効な政策を実施するためにも、この報告の前段階から、まずは少数民族の種類とその範囲を画定せねばならなかった。それは「民族識別工作」として知られているものである。この「民族識別工作」は、政治的には、少数民族の発言権を人民代表の定員の比率で保証する意味合いが含まれていた。

一九四九年の建国以来、人民共和国は朝鮮戦争という緊急事態を乗り越えた五三年から人口調査を行い、その結果を受け、少数民族の種類と範囲を画定するところの「民族識別工作」を進行させることになった。この作業は、スターリンのソ連邦の統合を前提とした「民族の四つの定義」（共通の居住地域、経済生活、言語、民族意識）を採用したものであったが、適用は実態に沿う形で柔軟に行われ、また対象者の自己申告を尊重する方向で処理されることになった。そしてその後、幾度かの再調査と審議の後で、現在の五五の少数民族が決定されることとなった。また人民共和国において独特の少数民族政策を地域自治のあり様として定着させた「民族区域自治」（そして多民族統一国家としての人民共和国の定義）が、一九五四年時点の人民共和国憲法に書き込まれることになる。

このような「民族識別工作」を経た後での少数民族政策の設定とは、なるほど近代国家建設の途中において少数民族を発見し、また彼らの地域の力を経済建設に最大限動員するための極めて戦略性の高い措置であったと言える。これはおそらく、改革開放を経た現在にも貫徹している発想であったとも見做せる。であるならば、次の問いは、果たしてこのような政策的発想はまた、どのような背景から生じたかである。

## 遡った歴史的背景

一九五〇年代中ごろから始まった「民族識別工作」、その実行に当たっての基本的なテーゼには、前にも述べた通りスターリンの民族概念が採用されていたわけであるが、もう一つ重要な文献として扱われたのが、人民共和国成立以前に毛沢東によって書かれた「中国革命と中国共産党」（三九年）である。この教科書風の論文は、将来の共和国の成立に向けて同時期に書かれた綱領的文書「新民主主義論」と軌を一にしたものであり、実際に人民共和国成立以降、民族政策における基本的思考を示したものとして規定力を持ち続けることになった。三九年の時点、共産党は既に紅軍の部隊の根拠地を「長征」を通じて陝西省の延安に移しており、また三七年からの日中戦争の全面化の中で国民党との第二次合作を通じて抗日戦争に傾注していた。そこで書かれた報告書「中国革命と中国共産党」は、「中国社会」の規定、なかんずく「中華民族」の規定から始められている。冒頭はこのようである。

わが中国は世界で最も大きな国の一つであり、その領土はヨーロッパ全体の面積にほぼ等しい。この広大な領土には、われわれに衣食のみなもとをあたえてくれるひろい肥沃な土地がある。そしてわれわれのために広大な森林をそだて豊富な鉱物資源をたくわえてくれている、全国を縦横にはしる大小の山脈がある。またわれわれに水運と灌漑の利をあたえてくれる多くの河川や湖沼があるし、われわれに海外の各民族との交通の便をあたえてくれる長い海岸線がある。はるか古代から、わが中華民族の祖先は、この広大な土地のうえで労働し、生活し、子孫をふやしてきた。

現在、中国の国境は、東北、西北および西部の一部では、ソビエト社会主義共和国連邦と接している。真北では、モンゴル人民共和国と接している。南部では、ビルマおよびベトナムと接している。東部では、朝鮮と接し、日本やフィリピンにも近い。この地理的な国際環境は、中国民族の革命に、外部からの有利な条件と困難な条件をつくりだしている。有利な条件は、ソ連と境を接し、欧米の主要な帝国主義からは遠くはなれており、まわりの国ぐにの多くが植民地、半植民地国だということである。困難な条件は、日本帝国主義が、中国に近いという関係を利用して、たえず中国諸民族の生存をおびやかし、中国人民の革命をおびやかしていることである。

わが中国は、いま、四億五千万の人口を持ち、全世界人口のほぼ四分の一を占めているこの四億五千万の人口のうち、九割以上が漢族である。このほかにも、蒙古族、回族、チベット族、ウイグル族、苗族、彝《イ》族、壮族、布依族、朝鮮族などあわせて数十の少数民族がいて、文化の発展の程度こそちがっているが、みな長い歴史を持っている。中国は、多数の民族が結合してできた、多くの人口を持つ国である。（『毛沢東選集　第二巻』北京外文出版社、一九六八年、四〇九～四一〇頁、筆者訳）

このような中国社会の叙述は、おそらく多くの論者が述べているように、毛沢東一人によるものではなく、彼の周りにいた複数の幹部の共通の経験を溶かし込んだものとして提出された――このことは間違いないであろう。であるならば、必然的にここから類推されるのは、各地での根拠地建設、そして「長征」の経験から得られた要素がこの中に書き込まれていることである。「長征」は一九三四年から三六年までの期間をかけた長旅であったが、江西省・福建省の根拠地脱出から始まり、湖南、湖北、広東、雲南、貴州、四川、甘粛、内モンゴルなど、壮大な面積を通過し、少なくない地域での少数民族との「出会い」をその経験の中に含んでいる。また「長征」は、複数の研究でも指摘されている通り、塩や火薬、その他の第一次産品が採れる土地を目指した移動となっていた。つまりそこで経験したことは、現地の物流や人の往来のルートの確認、及び各地の人間関係の中でも特に、少数民族の上層に属する人々との交流であったことが予想できる。その意味で「長征」は、少数民族の発見と中国という大地内部の交通の発見が同時に与えられた契機と考えられるわけであり、その結論として「中国は、多数の民族が結合してできた、多くの人口をもつ国である」が出てくることになる。もう一つ付け加えれば、この「長征」はその行動のルートにおいて、確かに後の共産党政権の成立に必須であった共産党の「細胞」＝「種」を播く結果をもたらすことになった。それは特に国共の内戦において、農村部辺境区における共産党の優勢、国民党側の劣勢として顕著になっていくプロセスのことである。

ここで踏まえなければならないことは、このような結論が引き出される「長征」そのものは、国民党によって包囲され壊滅の瀬戸際に立たされた共産党にとっての、偶然に近い施策であったということである。まさにアルチュセールの言うところの「偶然が規則となり、規則が規則となる」モメントが生じたことになる。そしてまた矢継ぎ早に次の歴史モメントが被さってくる。日本による全面的な侵略戦争（一九三七年〜）である。この侵略は、共産党の「長征」終了後に国共両党が第二次合作へと転換したことからくる日本の危機意識として発動されたものであるが、また結果的には対ファシズム戦争として第二次世界大戦の内部にこの戦争が挿入されるという契機が生じる。毛沢東が日中国交回復の際に田中角栄に語ったとされるところの、今日あるように人民共和国があるのは日本の侵略がもたらした衝撃の結果である——この発言はあながち間違いとも言えないのだ。

そしてもう一つ忘れてはならないのが、先に引用した文中にもあるように当時のソ連の存在である。当時国民党（中華民国）側の立場であれば、モンゴル人民共和国の成立は中国の領土内部の「民族独立」として是認できるものではなかった。そのため後の一九九〇年代まで、国民党政権（台湾）は正式には、外モンゴル（モンゴル人民共和国）も含めたところで架空の中国の領土を保持していたのである。翻って、当時の中国共産党にとってはどうであったのか。当時のソ連は、政治選択全般にわたる指導国であり保護者であったため、そのソ連の肝入りで独立を果たしたモンゴル人民共和国（外モンゴル）に関して、共産党は潜在的主権を主張することができなくなっていた。それは形式的には、レーニンによる「民族自決」テーゼに沿ってなされたものとされるが、中国共産党側（特に毛沢東が指導権を握った後）には強い不快感が潜在していたものと予想される。

当時、中国共産党はまだ弱い立場にあり、ソ連の支持がなければ、自身の地盤を保全することができなかった。しかし、国共合作を経て、抗日戦争を闘い、さらに後には国民党との内戦を勝ち抜くプロセスの中で、中共は自身の地盤を強化していくことになる。そうするとその後、外モンゴルを失ったような事態は固く避けることが意識されるようになる。いずれにしても、半世紀にかけて他の国外勢力によって半植民地状態を強いられていた中国にとっては（国共両党とも）、周辺部地域を失うことは致命的な亡国を意味することになる。

以上のように二重三重の桎梏が交差するところで出されたのが「中国革命と中国共産党」という報告であり、またその中から「多数の民族が結合してできた、多くの人口を持つ国」というテーゼが提出されたことになる。まさに現代中国の民族観は、防衛戦争と内戦、そして国際戦争など複数のモメント――毛沢東の言葉によれば、複数の矛盾――が輻輳する場所で生成したということになる。

翻って、中国内部すら想像され画定された範囲（領土）の「外」に関して、この時点で共産党は既に、朝鮮（朝鮮半島）、ベトナム、外モンゴル（モンゴル人民共和国）を独立した存在として見做しているが、この地図は現在にまで一貫していることになる。一九一〇年代後半からのレーニン・テーゼ「民族自決」の気運から、先に述べたようにモンゴル人民共和国の独立は認めたわけで、さらに朝鮮もベトナムも独自の王朝を持っていたことから、その将来的独立を念頭に置いていたことが確認できる（そして第二次大戦以降、カイロ会談、ポツダム宣言を通じて独立した周辺部国家の地図ができ上がっていく）。一方、チベット、モンゴル（内モンゴル）、ウイグルに関しては、共産党はそれらを中国の内側として認識することになるが、これは共産党としても、清朝の勢力図を引き継ぐという意志の表れと見做し得る。中でも内モンゴルと新疆地域に関しては、その居住地域の中での清朝独自の開発と交易ネットワークが既に拡張しており、また多くの漢民族の入植も進みつつあったということが大きい。そこで興味深いのは、例の「長征」紅軍の一支流が新疆地域にまで行軍していた事実で、共産党内部でも既にそこを中国内部として認識していたことが知られる。当時の新疆地域は軍閥によって治められていたが、経済連関としては中華民国政府本体から遠く、むしろソ連との経済的一体性が強い地域となっていた。そのため「長征」を続けていた紅軍の一支流は、ソ連との連絡を企図して、新疆にまで隊列を進めようとしたとも考えられる。

さて、今日視点からも大きな問題となるのは、チベット地域である。チベット王朝は、清朝との関係では同じラマ教を信仰していたことからの王朝の友誼関係（清朝からすると親子関係に近いものとして）が成立していた。またそのかかわりにおいて、英領インド軍の侵入時には、清朝軍がそれを撃退したことから、チベット地域を保護の対象とする意識が根づいていた。ただし民国期に入ると、信仰を介した友誼関係の継続性が途絶え、また中国側が国際環境の中でかなり劣勢であったことから、中華民国政府本体との関係が薄くなっていたことは事実であり、また反対側の英領インド政府もそのような認識から働きかけを強めていた。だが当時のチベットを独立王国並みに扱っていた主体が英領インド（つまり帝国主義側）であったことは、この地域の国境問題に関して、中国側からは「反帝」意識が強く顕現する要素となっていることは押さえておかねばならないだろう。

以上のような複雑な経緯を背景にして、現在の中華人民共和国の地図が成り立っているわけであるが、いずれにせよ人民共和国の成立前までに共産党が既に将来の中国の地図を予測し、また内部の少数民族との関係において中国を「多数の民族が結合してできた、多くの人口を持つ国」と定義し、その実を得るために邁進して来たことは無視できない事実である。

## 自国認識と政治言語

次に振り返っておかねばならないのは、先の「長征」とともに共産党の民族観に大きな影響を与えた経験の束としての抗日戦争である。抗日戦争も否応なく共産党と毛沢東に、自身の国情を分析する視点を与えることになった。先んじて結論を述べてしまえば、それは侵略戦争を推し進めている日本の国情を分析する最中に気づかれた自国認識であったという点が重要である。「敵を知るには、まず己を知る」という孫子の兵法はまた、連綿とした伝統となっていた。

まず抗日戦争は、歴史のクロニクルからして一九三七年七月七日の蘆溝橋での軍事衝突から始まったプロセスとして叙述されるものであるが、その前年の西安事件からの起点を取る方が中国側の歴史的説明としては深い意味がある。一九三六年一二月、共産党軍との対峙関係を命じられていた開明軍閥・張学良と楊虎城が西安郊外において総統蔣介石を監禁し、共産党との合作を迫る西安事件が発生する。この事件を契機にして、さらに国際情勢としてソ連（コミンテルン）が統一戦線政策へと転換したことも受け、この後第二次国共合作が成立。これはまた当時の国際環境として、反ファシズム戦争と規定される第二次世界大戦の構図に中国が一挙的に組み入れられる方途を開く。そこで共産党にとっての軍事環境すなわち、陝西省の延安に第一の根拠地を置いていたことからも、主に隣の山西省に侵入して来た日本軍との対峙関係において、いわゆる持久戦を展開する時期を迎えていた。

また国民党政権との合作下、共産党は臨時首都となった重慶にも周恩来などの主要人物を派遣しており、国家全体の配置としても日本と対峙していたことになる。つまりここからも、目下の戦争にかかわる分析と宣伝活動を強化することが可能となり、また必要となったわけである。そこで先の報告「中国革命と中国共産党」よりも前の時点で、既に日本との持久戦を論じたメッセージが発せられることになる。これが有名な毛沢東による「持久戦を論ず」（一九三八年）である。この論文の最大の特徴は、戦争の最中において日本と中国との「比較」を提示することであるが、その「比較」には特に文体と構想の上での興味深い工夫の痕跡が散見される。「比較」の結論部分は以下のように展開されている。

日本の戦争は、強い軍事力、経済力、政治組織力を基礎として行われているとはいえ、同時にまた先天的に不足しているという基礎の上で行われている。日本の軍事力、経済力、政治組織力は強いが、量の面では不足している。日本は国土が比較的小さく、人力、軍事力、財力、物力にいずれも欠乏を感じており、長期の戦争には耐えられない。日本の支配者は戦争を通じてこれらの困難な問題を解決しようとしているが、それはやはり同じように、彼らの期待とは反対のものをもたらすであろう。つまり日本の支配者はこの困難な問題を解決するために戦争をおこしたが、その結果は戦争によって困難が増大し、もとから持っていたものまで消耗してしまうであろう。

（中略）

中国はまた大きな国で、土地が広く、物産は豊かで、人口が多く、兵力も多いので、長期の戦争を支えることができ、この点もまた日本と対照的である。最後に、第四に、中国の戦争の進歩性、正義性ということから、国際的に広範な援助が得られるのも、道にそむくものには援助が少ないという日本とは全く逆である。要するに、中国の短所は戦力の弱さにあるが、長所はその戦争の本質の進歩性と正義性にあり、大国ということにあり、国際関係において援助が多いということである。これらが中国の特徴である。

このように見てくると、日本は軍事力、経済力、政治組織力は強いが、その戦争は退歩的で野蛮であり、人力、物力も不十分で、国際関係でも不利な立場に置かれている。反対に、中国は軍事力、経済力、政治組織力は比較的弱いが、まさに進歩の時代にあり、その戦争は進歩的で正義のものであり、そのうえ、持久戦を十分に支え得る大国という条件を持っており、世界の多数の国々も中国を援助するであろう。（前掲『毛沢東選集 第二巻』一五五〜一五七頁、筆者訳）

日本と中国の「比較」が、ある意味では過剰なほどのコントラストによって提示されているわけだが、そのあり様の特色として、中国の側の戦争性格に「進歩」や「正義」を、日本の側の戦争性格に「退歩」や「野蛮」を割り振るという構図がある。これは一見して、素朴な進歩史観に彩られたスターリン以来のマルクス主義言語であるようにも解釈されると同時に、十分に中国伝統の陰陽の発想であるようにも読める。日本と中国の「比較」に関してこのような陰陽的発想からの叙述は、一般的な中国人にとって、特に輸入学問に触れたことのない人々にとっては、水が砂に沁み込んでいくように理解されたことであろう。当時の国際戦争と防衛戦争と合作内部の緊張が同時に存在していた中国において、目下の戦争状況を叙述することはそれだけで至難の業であったが、しかしそれは、必ず実行しなければならないことでもあった。そこで呼び出されたのが、中国伝統の叙述法であったのだ。

毛沢東の書く政治的言語が、いわゆる進歩的な知識人のそれではなく、むしろ古典的な素養によって構成されている事態は、いずれも言葉の端々に充満している。たとえば先の引用にある「道にそむくものには援助が少ない」は、原文ではたった四文字の「失道助寡」と簡潔に表現されている。この表現なども、マルクス・レーニン主義という指導原理とは裏腹に、明らかに儒学的な素養を背景にしたものであることは疑えない。

ここでまた振り返ってみたいのは、当時の共産党内部の言語流通の仕組みである。中国各地から延安に集まっていた青年、兵士、農村出身の幹部など、彼らの話し言葉は時にはお互いに通じないほどの差異とばらつきが存在していたことは、たとえば一九八〇年代までの共産党大会の報告演説では、「通訳」のためのレシーバーを幹部たちが装着していた事実からも窺えることである。すると当時、延安などで行われていた毛沢東の報告なども、あらかじめ文書化されたものが配られた上で進行していたことが多かった。われわれは憶測から、党員たちが毛沢東の話し言葉に聞き入って、この新たな共産党の指導者の構想と方針に感化されたと思い込んでいるだろう。しかし当時、話し言葉としての標準語が完全には普及していなかった中国において、況《いわん》や全国各地から「同志」が集っていた延安においては、なおさらのこと、書面語による思想の流通と説得が主要なパターンであったと言える。

ただし全国津々浦々で進行した革命過程にあっては、もちろん各支部や細胞においては、地元の話し言葉が重要なコミュニケーション・ツールとなっていたことは疑えない。しかしそれにしても、全国区的な集まりの場においては、むしろ書面化された言葉の重要性が大きいのである。そこでもやはり効果を発揮するのは、実に輸入学問によって武装された都市型インテリの書面語ではなく、むしろ毛沢東のように地方の書房（寺子屋）などでの教育を受けた半伝統的知識人によって編み出された言葉であった。しかも毛沢東の文体の特質は、いわゆる大儒者が記す威圧するような装飾は姿を見せず、また理屈——その理屈とは多分に道徳的価値にかかわるもの——そのものも、農村出身者によってもはっきり理解できるほどの簡潔さが追求されたものであった。

こういった毛沢東の文にかかわる素質や好みは、やはり文学方面であれば、彼が近代小説などはほとんど読まず、もっぱら古典的な形式の詩や詞を好んでいたことによっても裏付けられることである。さらに後の文革期においてその闘争の発火点となった文化領域も、実に近代小説ではなく、歴史に取材した映画や戯劇のストーリーであり、その解釈にかかわるものであったことも一つの徴候である。いわゆる近代小説を楽しむ読者層ではなく、より幅広い観客に訴えかける文化ジャンルに注意が傾けられていたということ、またその中でも特に歴史人物への道徳的判断にかかわる議論が文化闘争の中心に据えられていたことが肝要である。このことを補っているのは、当時の映画ではほとんど、字幕が付されるなど、やはり文字が重要な媒介となっていたのであり、文字の「政治」こそが問題となっていたことが指摘できる。また戯劇のストーリーが政治的な対立を巻き起こす動因となったのも、まさにその脚本が政治的に「研究」されたからである。

## 文化の統合力と多元一体性

今日一三億人もの人口を内部に抱えている中国は、少数民族の言語、あるいは方言の保護を制度化している一方、書面語として漢字を使用する標準中国語の完全普及という教育の目標を取り下げているわけではない。また一時期、漢字学習の煩雑さが農民大衆の識字率の低迷の原因であるとしてラテン文字化の試みが議論されたことはあったものの、人民共和国の成立以降においては、やはり現在に近いところでの簡体字化された標準中国語の使用を一律に普及する努力が貫徹されるに至っている。

これは後ほど詳しく述べることになるが、中国の文化統合を考えるには、国土も人口も大きく、内部に巨大な多様性を抱えるインドなどとの比較が有効であるように思われる。そこで中国の特色を挙げるならば、それはつまり言語（漢字）の統合力の強さである。このことはまた、近代の世界構造において、中国がヨーロッパ近代の拡張運動からの影響を比較的遅くまた少なく受けた事実とも連関するものである。振り返るならば、ウェスタン・インパクトを受けるまでに、歴代の王朝、特に北方に出自を持つ征服王朝としても、漢字によって記された記録文書とまたそれを保管する官僚制度を温存し、むしろそれに乗る形で統治階級を形成することで、結果的に多くの人員が漢化されたのであった――この歴史的事実とそのパターンの蓄積が決定的であったと思われる。さらに詳しく言えば、各歴代の王朝に取り入れられようとした思想家たち、あるいは王朝の内部から歴史を叙述しようとした官僚たちが残した膨大な文字の塊が征服や破壊による断絶を経ず、そのままの形で読めるようになっているという事実――それはおそらく中国だけである――これが決定的にインドその他のように完全に植民地化され、文化のアドレスを変更させられた旧植民地との違いである。

であるならば、漢字による中華の統合力とは、漢字そのものの情報論的な機能ではなく、そのようなものとして読み続けられるに至ったメタ・ヒストリーの力なのであろう。では、その漢字＝言語の統合力がどのような形で中華のアイデンティティに作用してきたったのかをもう少し敷衍して見てみたい。

現在の中華人民共和国において、特に改革開放以降の学術界において中華の統合力としての漢字に着目し、中華民族の性格を「多元一体構造」として叙述した学者、費孝通を無視することはできない。彼はもともと、中華民国期から農村調査などに業績を残していた学者であるが、一九五三年からの「民族識別工作」の際には、スターリンの民族定義に疑問を持つに至った。方言ごとに言語が違っているとしても、漢字による書面語では容易に通じてしまうこと、また共通の居住地域といっても、中国の場合にはかなりの雑居が進んでおり、また多くの少数民族は経済生活において漢民族との関係性が既に強くなっているということ――こういったスターリン理論に対する疑問点を整理する中で、費孝通は中華民族を「多元一体構造」として把握する議論を提示していくことになる。

ここで一つ考えておかねばならないのは、費は一時期には共産党との間で自身の主張が合わない時期があったとしても、改革開放以降、彼は政府筋に近いところでの発言権を有するに至った経緯である。文革期を経て、中国内部の民族観、その中でも中華民族全体にかかわる概念の整理のためにも「多元一体構造」を唱えたわけであるが、そこで最も必要なことは漢民族の位置をいかに再定義するかであった。費の古代に遡った研究によれば、「漢」とは、中原地方に現れたところの、農耕を主とし独特の書き文字を有した民族共同体のことであるが、ここで要となるのは、この「漢」が周辺民族による他称であったという見解である。他称が自称に転化する中で、「漢」と呼ばれていた民族共同体が雪だるま式に膨らんでいくのだが、そこで肝要なことは周辺民族も農耕とそして文字に同化しさえすれば容易に「漢」になってしまうということで、それ以前に持っていた民族的特徴が緩やかに溶けていった事態である。そのためにも「漢」は、皮肉にもいわゆる民族的特徴が極めて薄い抽象性がその特徴となる。そして「漢」は、文字（漢字）の中にあって文字（漢字）を生産し続ける民族という意味合いからも、歴史という概念と深い因縁を有する。すなわち、非「漢」が「漢」となりいく動態を組み込んで、その文字の歴史に同化し承認する流動的概念として中華民族が立てられることになったと言える。

そしてもう一つ、費孝通が残した枠組みとして重要なのは、北中国と南中国との関係である。費の整理によればこうなる。まず遊牧を主とする北方民族は狩猟と採集の周期の不調から中原に進出することがあり、そこで彼らは農耕に転じ、生計を立てようとするパターンが成立した――これがいわゆる北中国の起源に当たる。翻って、中原地方にいた農耕民（狭義の漢）は、遊牧民の侵入によりやはり大きな軋轢が生ずることから、自分たちを保護してくれるものとして、武力を有し集団を動員し配置する官僚組織が必要になった――これが南中国の起源に当たる。中華とは実に、このような北中国と南中国の間の矛盾と統合が繰り返される歴史に相当することになる。

以上、このような費孝通の整理がどこまで厳密な歴史叙述であるかは、完全な保証はあり得ないように思われる。結果として、祖国防衛戦争と内戦と革命を経て形作られた現在の人民共和国のあり様を、いわば学術的な手続きを通じて祖述している側面も指摘できる。特に現段階では、周辺少数民族に対する漢字文化による統合を図る主流のイデオロギーに乗った議論であるだろう、と。ただその反面、中華民族という概念が既に実定性を帯びて十全に機能しているという判断からも、かなりの程度、費の説明原理が説得的に受け取られていることも確かである。

またもう一つの学術界からの成果として、日本の戦後言語学の草分けである橋本萬太郎の仕事も、費孝通の説を言語類型論の角度から補っているところがある。橋本の主著たる『言語類型地理論』（弘文堂、一九七八年）で議論されている中国内部の言語状況は、北方民族の流入によって漢民族集団の語彙、音韻、統辞法が変形させられ、それ以前の古い言語の残存が南方に下がれば下がるほど顕著になると総括されている。たとえば、現在一般的な標準中国語では、「私は中国に行く」という内容は「我到中国去（SOV）」と「我去中国（SVO）」という二つのパターンで示されるが、南では後者（SVO）が主流であり、前者のパターンは見られなくなる。一方、前者の統辞法（SOV）はアルタイ系に特有のそれであって、北方民族が中華の内部に入り込んできた形跡を印しているのではないか、と橋本は予測している。

橋本は、人民共和国政府とは何の利害関係もない学者であって、中華民族をイデオロギー的に祖述する意図は端《はな》から持たないところに位置する人物である。そのような橋本の説にしても、やはり先の費孝通の説明を補っているのである。いずれにせよ両者に共通するのは、漢字（それとセットになった官僚組織）が持っている文化的な統合力への注視であり、またこの統合力は特に、北方遊牧民族が中原地方に侵入する契機を反復しながら、柔軟に変化してきたという意味でも独特の歴史性を有することになる。

以上のように学問的に位置づけられたところの中華民族の文化統合の原理であるが、結局のところ、中国革命史の位置づけにかかわるところでは、ある修正動議を誘発するものであるところが興味深い。それはすなわち、中国革命の一つの節目である辛亥革命観の変更である。辛亥革命に至るイデオロギー的動力は、漢民族の歴史的正統性を謳い、清朝の外来性を強調することであった。このアングルは、フランス革命などヨーロッパの国民国家の生成に範例を持つものであり、それと連動するところでの公的言語の転換――ラテン語から各地域俗語への翻訳とその普及――を潜在させるものであった。ヨーロッパの国民国家生成に先立つ言語革命は、やはり音声的なものの規範が優先する推移を経て、各国民国家語の制定へと結びつくものであった。しかし、中国の場合には、原因でも結果でもあるのだが、表意文字たる漢字とそれを扱う官僚群がセットになり、またその官僚群の下位人員がそれを各地の方言で非識字層にその意味を伝達して来たことから も、漢字による文化的一体性はコミュニケーションの基礎構造としてずっと保証されて来たことになる。

結果的に費孝通が言う「多元一体構造」のパースペクティブからしても、辛亥革命時の漢民族ナショナリズムの昂揚は一過的なものとなり、むしろそれ以前からの王朝交代の歴史と人民共和国の民族政策との連続性が回復することになる。ここで符丁の一致を見出せるのは、先述したように、一九五六年時点において毛沢東が大漢民族主義を是正しなければならないと述べていた文脈である。明らかに毛沢東あるいは共産党は、社会主義建設動員の意味もあって、むしろ中華民族というコンセプトに信用を持たせねばならないと考えていたと思われる。ただし当時は、漢民族に対して「プロレタリア民族政策の教育」を施すという形での「調整」を行おうとしたわけであるが、今日のあり様に関して言えば、「教育」によって是正される範囲を超えたところにあると言わざるを得ないように思われる。それは先に述べたように、改革開放以降の資本による統合作用がもたらす、それとは裏腹の分裂状況である。しかし興味深いことに、毛沢東が一九五六年時点で考えていたことも、社会主義建設という経済動力のロジックにいかに少数民族を巻き込んでいくかという課題であった。その意味では、人民共和国にとっての民族政策は、一九六〇年代からの文革期における混乱期を間に挟んで、ロジックの上では一貫性を有しているものとも見做せるのである。

## 結びに代えて――インドとの比較から

これまで論じてきたことからもわかるように、中国革命とは、時に経済的モメントを無視して精神的モメントを強調することがあったとしても、もとより、経済発展そのものを軽視する傾向はなかった――このように考えるのが妥当であろう。ただ中華民族の生成は、帝国主義列強に対して民族の団結を作り出すという意図においては極めて政治性の高い概念ではあった。この中華民族の生成というドラマは、またかつての社会主義建設、あるいは今日の改革開放政策においても中国革命の延長として生きているということ――この点が忘れ去られているように思われる。さらに言えば、中国革命には主権防衛の実践も入ってくるわけであるが、同時に社会革命というもの、人民主権を作る実践が同時に進行してきたっている、ということになる。そこから派生して、中国の場合はずっと多民族的にできていたということ、そして第二に帝国主義列強に踏み込まれる時点において清朝の大きな版図を有していたということが重要である。そこから出発した中華民族の生成は、当然のこと戦争と革命と、そして経済活動への動員が伴って民族政策が「調整」されてきたということになる。

そこで説明されなければならないのは、「民族識別工作」を通じて憲法に書き込まれることになった「民族区域自治」なる概念である。ただこの概念は、やはり欧米のロジックからはかなりわかりづらいものである。たとえば多くの「自治区」は、ある民族の名称が冠されているにもかかわらず、実際には漢民族も別の少数民族もたくさん住んでいて「民族区域自治」が実行されているということ。つまり、西洋起源の人種的ロジックとしてそれがあるわけではなく、また言語ナショナリズムのロジックでもない。最も重要なことは、「民族区域自治」という考え方は、中華民族の生成を背景にしたところで、各民族の交通・交易・移動というモメントが歴史的・地理的な筋目に沿って形成されてきたという事実――多分に理想的な成分が含まれているといえど――その事実を尊重するシステムとして「民族区域自治」が制定されたということになる。そこで今日問題になっている資本を通じた統合とは、むしろ上述したところの、各民族が共同して形作ってきた歴史的・地理的な筋目を破壊するプロセスとして進行しているのではないか――このような予想が成り立つのである。

毛沢東の言葉「中国は、多数の民族が結合してできた、多くの人口をもつ国である」に戻ってみると、そこから導き出されるもう一つの視点とは他国との比較である。「多数の民族が結合してできた、多くの人口をもつ国」としては、たとえばインドがあろう。一見すると、両国は対極の位置にあるように眺められる。インドは植民地時代に根づいた議会制民主主義を有するものの、中国のようには徹底した土地改革が進行せず、カースト制、宗教などの差別によって触発される社会的摩擦が絶えまない。一方中国は、土地改革を経た社会主義建設により国の基本構造が設定されたわけだが、いわゆる西側諸国を範例とする「民主主義」制度は取り入れていない。この両国の知識人が出会うと、すぐさま以上のような根本的な制度上の差異についての議論が始まるわけだが、また同時に改めて両者の国情の近さに気づくことになる。

それはまず、人口の大きさと民族の多様性の前提となる帝国的素地である。それはウェスタン・インパクトを受けるそのモメントにおいては、それぞれ清帝国期とそしてムガル帝国期ということになる。清朝のことはともかくとして、ムガル帝国は中央アジアに由来を持つイスラム帝国であり、その統治のあり様は実に典型的な意味での帝国形式であった。つまり、各民族、宗教グループの自律性を尊重し、それらへの緩やかな保護そして統治の正統性に対する同意の調達を旨としていた。つまりイギリスによるインド植民地統治はこの帝国形式を破壊し、そして各民族、宗教グループを分割して行われたわけであるが、これが後に選挙活動の際の投票行動が民族や宗教グループ、あるいはそれらに付随するカースト制によって拘束される要因となる。この事態は、まさに後のインドにおける社会衝突の主要因を形成することになるわけだが、最もそれが激しく露呈したのは、一九四七年時点でのパキスタンの離脱（分離独立）である。

ただそのパキスタンの離脱の位相を別角度から見るならば、国民国家の文化的アイデンティティをどのように設定しようとしていたかが重要である。既にインドでは英語によってコミュニケーションを取る高級官僚層が形成されていたが、脱植民地化の文化的方向性として、やはりマジョリティたるヒンドゥの信仰が、たとえばガンディーの演説の中などの政治言語（ヒンディ語）の中に取り入れられることになった。こういったあり様こそ、パキスタン離脱の原因とも結果ともなったモメントであると言える。ここには脱植民地化の持つ潜在的困難さが露わになっている。その一方、内戦を経た後の中国の指導者たち（共産党）の指導理念には、社会を主に階級的関心から分析し、実践の方途を探るマルクス・レーニン主義が核心部分に位置することになった。今日、理念と実践の束としてのマルクス・レーニン主義をどう評価するかという問題は脇に置いておくとして、民族的差異を中心化しない指導原理において旧帝国が引き継がれたことは、かなり重要なモメントである。しかも、そのマルクス・レーニン主義を指導原理とした中国国家はまた、ずっと破壊されずに維持されてきた官僚の政治言語（漢語）を手放さないまま国民国家形成を成し遂げてしまったのである。

現在の中国は、いわゆる西側諸国の「民主主義」制度の枠組みで言えば、その司法制度、議会（人民代表大会）、行政組織（国務院）に超越する形で共産党が政治的指導権を保持している。その中で人口に膾炙する政治改革の標語とは、「人治から法治」である。人治とは、指導者の資質が統治の善し悪しを決定するという儒教原理のことを指すことになる。そこで現在の内外の一般認識としては、「人治から法治」とは共産党の指導をさらに上位の成文法によって規制する法体制の構築ということにはなっている。

一つの問いとして、それはどの程度まで受け入れられるかということである。一つの参照枠として、インドの「民主主義」制度はイギリス植民地時代にその淵源があって、それ以前の広域統治の原理はイスラム帝国のそれであったが、今日まで主流の文化アイデンティティとして残っていない。こういった比較からするならば、中国の政治言語の一貫性とその蓄積性は実にインドの比ではない。社会主義建設期がすぎ、また文革期をすぎた改革開放の今、いわゆるイデオロギー形態としては全く別の方向を選択しているように見えるものの、根源的なところでの参照枠としての政治言語の保存度は格段に高いと言わざるを得ない。おそらく、いわゆる西側が想定する「法治」なるものは名目的にも取り入れられることになろうかと思われる。しかし中国がこれまで蓄積してきた歴史と不可分にある政治言語というものが一挙に何か別のものに取り替えられる可能性——これは極めて薄いと言わざるを得ない。現代中国における「法治」とは、むしろ伝統的に法家思想の言うところの、公的領域において身分縁者の利益保護を禁じ、一律に社会活動のスタートラインを設定する政治的努力を意味することになろう。このように、中国を内外から観察する主体のなし得ることは、むしろ中国の政治言語を歴史的な背景から読み解くリテラシーであろう。結論として言えば、このリテラシーがないところで単純に中国を西側政治制度の「欠如態」とだけしか見ない議論を展開するのであれば、それは単に中国をネタとして消費するだけであり、中国そのものと全くかかわっていないことになるのである。

# 付論◎中華圏映画比較論

## はじめに

この題名に記された中華圏とは、主に大陸中国、台湾、香港を指すのだが、この組み合わせは否応なくある歴史的時間を表示せずにはおかない。それはつまりこの三地域が、植民地支配と冷戦構造に根差した矛盾と対立を経てきた歴史的文脈である。ここでは仮に、そのような中華圏内部の矛盾と対立を表現する用語として「政治中国」という概念を割り振っておきたい。というのは、これと対になる概念として「文化中国」があり、「政治中国」と「文化中国」とのズレを起点として中華圏内部の多元性を論ずることが可能となるからだ。三地域が広義の「文化中国」に属している事実は否定しようもない事実でありながら、それぞれの地域において育まれた現代文化はいかにも別々の枠組みで論じられてきた。しかし香港の返還、そして大陸中国と台湾の和解の機運が醸成される中、つまり脱植民地化と脱冷戦化が静かに進行している中、「政治中国」によって不可視化されてきた「文化中国」の次元が浮上してきているようにも観察される。それぞれの地域の住人のそれぞれの地域への自由な移動が可能になってきているからである。

さてテーマに記した「中華圏」とは実にこの「文化中国」のことであるが、これを開く試みがまさに本稿での「比較」の意味となる。さらに細かく定義すると、ここで言う「文化」とは「政治」と全く別次元のことではなく、いわば「政治」を駆動させる歴史的基盤のことを指すこととなろう。そこで特に映画という文化メディアは、これまで資本主義的な意味でも社会主義的な意味でも大きな人民動員の力量を示してきたことからも、これまで「政治中国」を駆動しまたその隠喩となってきたことも間違いない。が、今日その「政治中国」も、狭義の為政者による政治の位相を超えたところで、中華圏全体の「文化政治」として読み替えられる必然性が出てきているのではないか、ということである。

以上、本稿が企図するところは、従来の個々の映画作品にかかわるレビューの水準を超えたところにある何か――個々の風景や人物関係や事件の潜在的連関を突き止めることにある。そこで比喩的に申せば、香港の観客の視点から大陸中国のフィルムを観ること、大陸中国の観客の視点から台湾のフィルムを観ること、あるいは大陸中国の観客の視点から……。あるいは最後には、その外側の人間として「中華圏」の「文化政治」を眼差《まなざ》すことになるだろう。

ところで、かつてイギリスの植民地であった香港が一九九七年に中国（人民共和国）に返還され

「特別行政区」となっていること、また台湾が五一年間の日本統治から解放された後に台湾に逃げ込んだ国民党政権によって統治され続けていることは、本稿が踏まえる歴史的前提である。ただこのような事実が事実として実定性を持つのは、いずれにせよ四九年、大陸中国において内戦の結果として中華人民共和国が成立した大事実を前提とすることになる。その意味でも、本稿で使われる「比較」は、一九四九年という固有の日付を出発点とするステージを避けられないことも始めに申し述べておきたい。またこれが、先に述べた「中華圏」の「文化政治」が始まる起点でもある。本稿は、この「文化政治」の意味を開示するための初歩的なアプローチであり、特に映画作品は文学作品に増してこの意味を鮮明にさせる予感から筆者によって選ばれたということ——この点も付け加えておきたい。

## 土地改革と『白毛女』

中華人民共和国の成立以降、この新しい国家によって作られ最も多くの人々に観られたフィルムが王浜《ワンビン》と水華《シュイホア》両監督による『白毛女《はくもうじょ》』（一九五〇年）である。『白毛女』は、元々「白毛仙姑《はくもうせんこ》」という民間説話を下敷きにしているが、抗日戦争期の共産党の根拠地延安でプロパガンダ演劇へと精錬され、またそれが解放後に映画化されることとなった。そしてこの『白毛女』は、映画作品として成立した直後から始まる全国的な「土地改革」を推進する政治宣伝のモーターの役割を果たすことになった。ここで言う「土地改革」とは、地主制度を解体し、土地と農民人口に応じて農民に土地を分配することであるが、非欧米諸地域における近代化のプロセスにおいて、これが革命として進行した地域とそれがほとんど実行されなかった地域とでは、当然のこと達成された近代化に質的な差異が生じることになる。地主制度が温存された国では、いわゆる小作人の政治経済的自由が剝奪されたままの都市化が進行するため、都市内部にスラムを形成することが多い。

さて、『白毛女』のあらすじは以下。日中戦争期のある村での出来事からフィルムは始まる。農村の貧しい娘喜児《シーアール》は、結婚を間近にひかえていたが、悪徳地主に手籠めにされ妊娠させられてしまう。彼女は山の洞窟に逃げ込み、そこで流産を経、苦難の果てに白髪の山姥さながらの姿となって山に住み着き恐れられる。一方、喜児の恋人であった大春《ダーチュン》は村を離れ、土地改革と抗日戦争を推し進める八路軍（共産党軍）に合流する。そして大春は八路軍とともに再び村を訪れ、喜児を救い出そうとする。終に大春は村人とともに悪徳地主を広場に引き出し糾弾し、そこに証言者としての喜児も加わって「人民裁判」が行われ、村の解放＝土地改革が勝利することになる……。

ここで注目されるべきは、やはり土地改革の推進に欠かせない要素となったラストの白日下の「示衆《シージョン》（衆に示す）」のシーンであろう。「示衆」は「見せしめ」と訳されることも多く、前時代における負の遺産と目されるものであるが、共産党は「土地改革」を遂行する際の「人民裁判」の正統性を根拠づけるプロセスとしてこれを必要視した。以後、「人民の敵」を白日の下に裁く「示衆(衆に示す)」は、中華人民共和国の映画作品にとって欠かせない特権的シーンとなる。周知の通り、人民共和国における「人民裁判」は、日本も含む西側諸国においては、共産党が推し進める革命暴力の最たるものとしてマイナスの符牒を押しつけられてきたものである。

文革期まで実際の社会現象としてあった「人民裁判」は、法的手続きとしては文革の終了と同時に消えていくが、公開での処刑のプロセスとしての「示衆(衆に示す)」は文革以降も二〇〇〇年代まで地方都市などでは依然として残り続け、さらに映画作品でも繰り返し立ち現れてもいた。たとえば、姜文《チアンウェン》の『鬼が来た!(鬼子来了)』(二〇〇〇年)のラストでも、先の『白毛女』の「人民裁判」にひねりを加えたような形で「示衆(衆に示す)」のシーンが出てくる。ただしそこでは、処刑の命令者は国民党の軍人であり、処刑される者は中国農民、そして処刑の執行者は日本軍人という取り合わせであった。まさに「示衆(衆に示す)」はアクターを変えて繰り返されることになる。

話を元に戻す。いずれにせよ『白毛女』というプロパガンダ・フィルムは、一九五〇年代前半を席巻する人民共和国内部の土地改革に資するにパーフェクトな作品であった。ラストの「示衆(衆に示す)」において喜児が吐き出す台詞——「太陽の下、恨みを晴らす」は、まさに人民を太陽の光に擬えるものとして、誕生したばかりの人民共和国の「文化政治」に十全に応えたものとなった。ただこの歴史の意味をさらに鮮明にするには、もう一つ補助線を引く必要がある。つまり人民共和国誕生までの文脈である。それはやはり、その前の中華民国時代において「政治的死」がどのように印象づけられていたかにかかわっている。日中戦争全面化の直前に現代中国文学の父魯迅が亡くなっているが、彼が最晩期に遺したある知見によってそれは知られる。彼が晩期を生きた上海では、国民党政府の特務警察によって、多くの青年たちが秘密裏に逮捕、秘密裏に処刑されていた。魯迅はかつて幼少のころ村で見た「死刑囚」への「示衆（衆に示す）」による処刑を野蛮なものと見做していたが、その見解を修正したいとして以下のような言葉を記した。

死刑囚に、処刑前、観衆に向かって発言を許したのは、「成功した皇帝や王公」の恩恵であって、まだ力を持っているという自信の証拠でもあった。それ故、大胆にも死刑囚を放任してしゃべらせ、死に臨む前に、自己誇示の陶酔を得させ、人々にも彼の最期をよくわからせるのである。わたしは、昔は「残酷」とばかり思っていたが、適切な判断ではなかった。そのなかには、わずかながら恩恵を含んでいた。わたしは、友人や、学生の死を思うたびに、もし日時を知らず、場所を知らず、死に方を知らないと、知っているときよりもさらに悲しく、不安になった。それから、あそこを推測した。暗い部屋の中で、幾人かの屠殺者の手にかかって生命を失うのは、衆人の面前で死ぬよりもきっと寂しいであろう。（「深夜に記す」一九三六年五月、上海『夜鶯』月刊第一巻第三期、引用は『魯迅全集第八巻』学研、一九八四年、五六三頁より）

振り返ってみれば、「阿Q正伝」のラストの処刑シーンでも想起されるように、魯迅ほど「示衆（衆に示す）」のポリティクスに敏感だった作家はいなかった。すなわち、こうなるだろう。彼の死後十数年の後に誕生した新国家は、逆説的にも「示衆（衆に示す）」をむしろ社会改革の掛け金として、土地改革を継起として政治的正統性を一挙に調達したということ。先に示した『白毛女』の台詞「太陽の下、恨みを晴らす」にもあるように、太陽＝人民の眼差しの下における裁きは、まさに土地改革という政治プロジェクトに似つかわしい舞台となった。と同時にまた、以後の人民共和国において生産される革命映画は、西側諸国において発達した商業映画とは別系統のプロジェクトとして、文字通り「示衆（衆に示す）」ものとして無料で（多くの場合に村の広場や工場で）人民に供されていくのである。

興味深いことに人民共和国における映画産業は、「改革開放」期に入った一九八〇年代においても国家所有の生産過程を保持しつつ、そして「改革開放」の「文化政治」に相応しいフィルムを作り出していた——陳凱歌《チェンカイコー》の『黄色い大地（黄土地）』（一九八四年）、謝晋《シェチン》の『芙蓉鎮《ふようちん》』（一九八六年）、張芸謀《チャンイーモウ》の『紅い高粱《コーリャン》（紅高粱）』（一九八七年）などである。中でも『芙蓉鎮』の「人民裁判」のシーンであるが、やはりというべきか「改革開放」に相応しく批判的に描かれることとなった。「改革開放」はたとえば「壁新聞」が禁止されるような意味合いでは、むしろ「脱政治の政治」を上から浸透させるプロセスを含んでいた——まるでこのことの証であるかのように「人民裁判」が『芙蓉鎮』では否定されているのである。いずれにせよ、それら三つのフィルムは押し並べて、従来の革命政治を相対化する企図によって描かれた「改革開放」のための政策映画であったと見做し得る。

その意味でも、国家所有の映画生産システムの外側から出てきたインディペンデント志向を持つ第六世代——中でも賈樟柯《ジャジャンクー》の登場は第五世代との差異を観察する上でも一つの分水嶺となる。それが分水嶺となるのは、まさに彼の出世作『一瞬の夢（小武《シャオウー》）』（一九九六年）で、あの「示衆（衆に示す）」がひねりを加えられ生々しく復活しているからである。警察に捕まったスリの小武が街中で「示衆（衆に示す）」によって晒されるシーンがラストに置かれているが、この時に小武を覗き込む衆たちは撮影のためのエキストラではなく、まさにその場の街の通行人であった。すなわち、ここに一つの皮肉なサイクルを示すことができるかもしれない。つまり『白毛女』において「示衆（衆に示す）」されていたのが悪徳地主であったのに対して、体制の外側で作られた『一瞬の夢』において晒されるのは、九〇年代中国における格差社会の犠牲の象徴たるスリ（落後者）であったということ。

だからこそと言うべきか、この賈樟柯《ジャジャンクー》が人民共和国によって作られてきた映画の伝統から全く切り離されているとは、実は言い難いのである。彼の中で映画への欲望が芽生えたのは、まさに映画が人民に開かれた「示衆（衆に示す）」の産物であったからにほかならない。それは多く広場で上映され人民に供されていただけでなく、戸外での撮影ロケーションにおいても人民に開かれたものであった。彼は、父親が中学生の同級生とともに遭遇した映画工作隊（撮影班）の話を聞いて育ったという。

始めのころ同級生たちは、場所を間違えたのかと思った。これは地質調査隊が測量しているだけではないか、と。しかしすぐに、山を開き溝を掘っている人々が一人の指揮に従い、ずっと同じ動作を繰り返しているのだ、と気づいた。父はそれが監督であること、そして疑いなく映画を撮っていることが分かった。それで、その少年たちは小躍りして、その後は静かに、山谷にじっと立ったまま、映画撮影の様子を眺めたのである。夕日が西へと傾き、撮影隊は機材をかたづけ、撤収をし始めた。そして父たちも、それに合わせて立ち去るしかなかった。しかしかれは、撮影の秘訣を悟ったようだ。父の顔には炉辺の光が揺らめいていた。「撮影には光が必要なのだ」と言った。わたしの故郷の山西省汾陽には独特の光がある。

（賈樟柯『「映画」「時代」「中国」を語る』以文社、二〇〇九年、一五四～一五五頁）

ここで言うところの「光」とは、賈樟柯《ジャジャンクー》の父親が人民共和国の成立とともに見た太陽の「光」にも通じるものであろう。つまり『白毛女』の「太陽の下、恨みを晴らす」の太陽の光である。彼の父親は現に土地改革を経験しただろうし、また『白毛女』をみなといっしょに観たであろう。そしてまた、撮影隊に同行した行動もそれらのバリエーションとしてあったはずだ。飛び抜けた文化資本を家庭内でもたなかった賈樟柯《ジャジャンクー》であるが、まさにそのような人民共和国の人民の記憶を潜在させつつ映画の世界に入ってきたと言えよう。

## 台湾版「山村工作隊」と『悲情城市』

人民共和国の国づくりがまさに、「土地改革」の遂行に負っていたということ、つまり地主階級を消滅させたプロセスは（映画内部も含め）中国の社会風景を一変させた――このことは、歴史においてもはや後戻り不可能な出来事を意味するのであるし、だからこそそれを想起することは他の地域の住人にとっては極めて困難なことと想像される。だが奇妙にも、「地主のいる風景」の消滅は、東アジアにおいて同時期に起こっていた。紛れもなく戦後日本の土地改革は、戦後復活した日本共産党が志向した政治綱領と競合するように、さらに大きく言えば人民共和国の土地改革（共産化）の波を列島で止めるべく、ＧＨＱと日本政府との合作下、「赤色防止」の措置として実現した。そのため日本共産党は、既に農村部においては「敵」に先手を打たれた形になり、土地改革が進んでいなかった山村に拠点を作ろうとしたが（「山村工作隊」として伝説化されてもいる）、ほとんど成果を残すことなく弾圧されることとなった。

結果として、戦後日本の土地改革は赤色防止の措置であるからには、全体として大陸中国における「太陽の下、恨みを晴らす」といった事態は極力抑えられるものとなった。たとえば、地主は多く郵便局長や電電公社の重役などに転身する「余地」を提供されるなど、密かな見返りが用意されていた。総じて日本映画において、戦後の土地改革にかかわる階級矛盾は、たとえば山田洋次の『馬鹿が戦車《タンク》でやって来る』（一九六四年）などにおいて、かろうじてその文脈が暗示される程度となっている。

さてここからが本題である。大陸中国における土地改革という物理的なものにかかわる変動は、実のところひねりを加えられた形で台湾（映画）において現前していた――このことはよく知られていない事実であり、ここにおいて「比較」の作業が課せられることになろう。さて、台湾映画（台湾ニューシネマ）の卓越さが日本も含めて世界において認知されたのは、やはり一九八九年に公開された侯孝賢《ホウシャオシェン》の『悲情城市《ひじょうじょうし》』による。このフィルムが設定した時代は、まさに一九四五年からの数年間の出来事であった。『悲情城市』の後半では特に、当時左傾化していた青年たちの群像模様が描かれ、国民党政権の手による処刑や弾圧のシーンが織り込まれていた。

この作品は日本でも上映されたが、当時出ていた評論として、台湾の若者たちが獄中で唱和していた歌が日帝下で流行していた「幌馬車の歌」であったことなど、この作品が植民地ノスタルジーを表したものであるのかどうかといった部分に議論が集中していた。このような議論は今からでは容易に想像できるような、日本人側からする植民地ノスタルジーの裏返しである。もう一方の台湾側での評論としては、フィルムがどこまで史実に根差したものであるのかにかかわる議論が提出されていた。特に歴史の実証において焦点となったのは、先に述べた箇所――青年たちが台湾版「山村工作隊」を組織して山に入り、そして弾圧されるくだりである。作品の中ではまさに、山村に潜む青年たちを急襲する荒々しい国民党の憲兵が画面いっぱいに映し出されていた。当時の国民党側からすれば、まさに台湾に潜む小毛沢東《もうたくとう》、小朱徳《しゅとく》をやっつけたことになる。それらはやはり実際にあったことで、現に『悲情城市』という題名は、山に籠った若者たちを心配して城市（都市）で待つ人々の「悲情」が描かれているとの解釈も成り立つ。『悲情城市』が世に出たのは、一九八九年のことで、国民党政権が戒厳令の解除の宣言（一九八七年）をしたわずか二年後のことであれば、この時期の侯孝賢の仕事にはやはり並々ならぬ歴史への緊張感が漂っていた。そのためにも、史実をその通りに再現する余裕はなかったものと想像される。実証上での問題となったのは、フィルム内部の時間においては、台湾版「山村工作隊」の活動が国民党政権の全面撤退がなされる一九四九年十二月までで終わっているかのように描かれている。しかし、実際にそれは、一九四九年の夏から始まった活動であり、一九四九年の十二月を挟んでその後にも展開された活動であったということである。一九四九年の夏までの期間に関して言えば、学生や教員などを中心とした中共党員やそのシンパたちがむしろ都市部において活動する文化高揚期が存していた――これが史実である（拙著『台湾における脱植民地化と祖国化――二・二八事件前後の文学運動から』明石書店、二〇〇七年、参照）。

その意味で、『悲情城市』の続編とも言える『好男好女《こうなんこうじょ》』（一九九五年）は、『悲情城市』での実証上の欠点を補おうとした努力が見出される。劇中劇の手法であるが、そこで描かれているのは、大陸の内戦とそれにともなう土地改革を台湾で紹介するべく、地下新聞『光明報』を発行していた青年グループの活動である。そこで紹介されようとしたのは、大きく言えば、大陸中国において展開された「革命」が台湾において試みられようとした事実、さらにもう一つ、台湾海峡を越えて中共軍が台湾を「解放」しにやってくる希望を台湾青年たちが抱いていた事実である。だからこの作品中において、青年グループを逮捕するために訪れた特務警察の男は、冗談まじりに「我らは人民解放軍、解放しに参りましたよ」と嘯《うそぶ》くのである。もちろん、歴史的にはこの「台湾解放」の可能性は、一九五〇年六月朝鮮戦争の勃発以降、アメリカ太平洋第七艦隊が台湾海峡に入り、そこで巡視活動を行うようになったことで阻止されることになる。

もう一度、戦後台湾の風景に戻ろう。これまで使用してきた言葉で言えば「地主のいる風景」を台湾から一掃したのは、日本のケースと同様にしてアメリカの支援を受けた戦後国民党政権による「土地改革」であった。大陸中国時代においては実施ができないでいた「耕者有其田（土地を耕す者が土地を持つ）」政策が台湾においてことのほかスムーズに進行したのは、皮肉にも国民党政権が台湾に全く土地を持たない集団だったからである。以後「地主のいなくなった」台湾では、地域全体の産業化に資する効率的な人口の流動化が実現されることになる。そのため、「土地改革」が行われなかった隣のフィリピンなどでは深刻化することになるスラム問題なども発生せず、台湾（国民党政権）は七〇年代以降の高度成長を達成することにも成功した。

日本人が好む台湾映画（台湾ニューシネマ）においては、常に青々とした田園風景がフィルムにせり出すなど、よく知られた台湾的風情を露出させてきたわけであるが、五〇年代前半に行われた「土地改革」にかかわる政治的痕跡はフィルム上では窺い知れないものとなった。それと裏腹にフィルムに現れるのは、果たして、都市へと吸引され時に故郷を懐かしむ若者たちという、いささか凡庸な人間ドラマである。だからこそ、台湾ニューシネマの作品群において実際に異彩を放っていたのは、侯孝賢《ホウシャオシエン》や楊徳昌《エドワードヤン》、王童《ワントン》など、大陸出身（外省人）の映画監督たちが必然的に向き合うことになる故郷喪失、及び台湾を新たな故郷とせざるを得ない苦難のプロセスの方となった。さらに逆説的にも、彼ら外省人監督たちは、台湾の風景の外側に立っていたことによってこそ、よりよく台湾の風景と人間関係を映像化＝商業化し得たという評価が下されるかもしれない。だが振り返ってみれば、彼ら（とその家族）こそ、大陸中国における内戦と「革命」（「土地改革」を含む）を逃れて台湾にやって来た者たちであった。まさに彼らにおいて、台湾という土地は純粋化した形象として、実に映画の眼を通じて「発見」されていくことになるのである。

ここで指摘しておきたいことは、主に外省人映画監督によって牽引された台湾ニューシネマの作品に関して、一部の左派系を除いて、一九八〇年代からの民主化勢力は一貫して淡白な対応をしてきた事実である。そこで探り出さねばならないのは、八〇年代からの民主化運動内部の主体が五〇年代の土地改革とどのような関係にあったかである。国民党政権に対抗して組織された野党勢力には多く旧地主層が存在しており、彼らは五〇年代の土地改革にルサンチマンを持ち、また国民党政権よりもさらに反共イデオロギー色を有していると考えられる。このことも、台湾における七〇年代からの民主化運動の方向性と成果を評価する際の重要なメルクマールとなる。彼らにとっては、国共内戦という現代中国の枠組みこそが外部化されねばならず、それに代わって共産中国vs.民主台湾の対立という構図が望まれることになった。

ただ台湾映画の風景を読み解く試みをさらに深化させるには、もう一つの視点が必要であるように思われる。つまりそれは、漢民族が上陸する以前の台湾先住民たちの視点である（もはや台湾における人口比率では一パーセント強ほど）。彼らの視点に立てば、あの青々とした台湾の田園風景は、外からやって来た開拓者たちによって無理やり新たな生産関係が打ち立てられてきた証拠物件となるものである。先住民の視点に立てば、台湾の土地は「やつら」によって奪われたことになる。

ここでもう一度『悲情城市』で山村に籠った若者たちの事跡に立ち戻ってみたい。実際の台湾版「山村工作隊」の若者たちが向かった先は、先住民居住区にも一部重なる山地であった。現に九〇年代前半まで、山地先住民地区への立ち入りには地方政府の許可証が必要となっていた。その理由の大きな部分は、やはり山地区に共産主義分子を浸透させないためであった。台湾へと撤退してきた国民党政権はかつて大陸中国において共産党に「根拠地」活動を展開されることによって自らの地位を喪失するに至った経験を有している。そのため台湾において「根拠地」革命が成功する見込みは、その意味でも皆無であった。にもかかわらず、台湾の山の中において、まるで中国革命のネガとも呼べるような事態が生じていたことは、やはり特筆されるべき史実であろう。

## 香港ノワールの筆頭、『男たちの挽歌』

人民共和国成立以降、大陸中国から出てくる移民の行き先（あるいは通過点）として最も多かった地域は、やはり香港である。イギリス統治下の香港は大陸の窓口たる貿易拠点として繁栄していたわけだが、人民共和国の成立と西側諸国からする冷戦政治のために、大陸との間の交通や物量が細くされ、むしろ別分野における産業化の必要が迫られていた。そこに加わってくるのが大陸からの移民で、買い手市場となる彼らの安価な労働力を利用したところの輸出加工型の都市形成が行われた。そのため、香港内部では、お互いがお互いの出自を問わない習慣が広がる殺伐とした空気が一般化する中、南部中国の村落宗族に根を持つヤクザ社会とそして労働運動が香港下層住民を束ねる大きな社会的チャンネルとなっていた。そして一九六〇年代、香港では大陸における文革の発動（一九六六年～）にも刺激され、労働争議やそれから発展した暴動が頻発するようになっていた。特に一九六七年に起きたいわゆる香港暴動では、工場ストライキや反英デモへの参加者の多くが「毛主席語録」を振りかざすスタイルを採ったことなど、明らかに大陸の文革派の介入と目される現象も垣間見られた。結果として香港暴動は、その最中に多数の負傷者や逮捕者を出す大きな惨事を引き起こし、香港政庁及び既に中産階級化していた香港市民を震え上がらせることになった。

筆者は、八〇年代からの香港映画の興隆、特にバイオレンス色の強い香港ノワールと称されるジャンルの生成には、六〇年代の都市暴動の記憶が関係するものと考えている（一般的に言われているのは、日本のヤクザ映画からの模倣の要素であるが、ここでは触れない）。ただこのことを論ずるためにも、まずは香港ノワールの典型となるフィルムを送り出した映画人のプロフィールから紐解いてみたい。香港ノワールの筆頭とも言うべき『男たちの挽歌（英雄本色）』（一九八六年）、その監督ジョン・ウー（呉宇森）の経歴はこうである。ウーは、一九四六年に広東省の広州市に生まれ、一九五一年に両親とともに香港に移り住んでいる。否応なくここでも気づくのは、この年は大陸中国において土地改革の「嵐」が吹き荒れていた時期であることだ。さらに香港に移り住んだ後、しかしウーの父親は病気がちであり、家計の大半を母親の労働に頼ったため、彼の幼少期は極めて貧しい環境に置かれた。彼は、中学卒業時に台湾へ渡って建築か美術を専攻する夢を持っていたが、家計を助けるためにそれを断念している。まとめると、ジョン・ウーは、五歳の時に土地改革の「嵐」に遭遇し、家族とともに香港へと脱出し、そのまま香港下層社会に住み着き、さらに二〇歳前後の時点で頻発する都市暴動を経験していたことになる。

『男たちの挽歌』は明らかにジョン・ウーの経歴の反映として読めるところがある。それはまず、二人の兄弟主人公とその父親のキャラクター設定によって明らかである。暴力に満ちたストーリーは、ヤクザの顔役たる兄のホー（ティ・ロン）とその弟で警官になるキット（レスリー・チャン）

の間の葛藤として進行する。実にこの葛藤に巻き込まれて父親が亡くなる際、その墓には祖籍たる大陸の地名（江蘇）が記されている――このことは、やはりジョン・ウーの経歴を彷彿とさせる。そこで、香港警察を志願する弟キットは、大陸での記憶を持たず、香港市民への同化を象徴する人物として登場していることになる。もう一方の兄ホーは、大陸での記憶を有した人間であり、またヤクザ社会から足を抜けきれない者として香港のアウトローを表象する。この時、ホーのヤクザ仲間であり友であるマーク（チョウ・ユンファ）が最も注意を有する鍵のキャラクターとして機能する。ヤクザから抜けようとするホーとは逆に、身寄りのないマークはむしろヤクザ社会の中でのし上がることを夢見るしかない。するとホーとマークとの間にも葛藤が発生する。そして、ホーからするマークへの台詞「昔のことは忘れるんだ」が際立つのであるし、また逆にマークによるホーへの「この惨めな姿を見ろ」「失ったものを取り戻すんだ」という台詞にしても、香港市民へと内部化し得ないアイデンティティの揺れが透けて見える。どう観ようとも『男たちの挽歌』は香港内部アイデンティティにかかわるアレゴリー劇なのである。

さらにもう一つ。フィルムの中の風景から十分に読み取れるのは、一九七〇年代を通じた香港社会の空間編成である。ヤクザ社会から足を洗おうとするホーはタクシー会社に勤めるのであるが、しかしこの作品中において一度としてホーやマークの住処ははっきりと示されていない。一方、彼らとの対比として香港警察に勤めることになった弟キットは、垢ぬけたアパート（集合住宅）で可愛い妻と暮らしている。いわば、キットはポスト香港暴動の香港人と表象されているのである。この読みを補っているのは、香港暴動の後のイギリス香港政庁による一連の施策である。香港政庁は、暴動の要因が人口の過密と住環境の不備にあるものと分析し、低所得者向けの公営高層アパートを増設していった。香港暴動の後、香港人アイデンティティが強まったという説があるが、それは明らかに香港の住環境や福祉が向上した事態と関係するものと見做せよう。結局、香港におけるあの高層アパートの風景は、大陸中国において生じた土地改革のネガとして存在することになるかもしれない。

ここからさらに、いわゆる香港アイデンティティの幅の中には、弟キットに代表される小市民階級だけに留まらない要素も潜在せざるを得ない。それは香港暴動の際に、金融取引を一挙に取りまとめていたイギリス資本中心の交易所が閉鎖され混乱が生じたことから、多くの華人資本が交易所を開設するに至った経緯である。すなわち、香港暴動以降、香港において華人資本の流通が増加した事実を挙げることができる。そしてこの華人資本には、有形無形の（大陸及び東南アジアを含んだ）地下経済が入り込んでいるはずである。またもう一つ。一九七〇年代において、それまで公用語であった英語に代え、むしろ中文を多用する要望が香港社会で一つの社会運動となり、それが一定の制度化へと結びつくことになった事跡が挙げられる。つまり香港暴動後の香港化とは、華人化をも意味するのである。

今もなお香港映画が受けている理由は、ここで言う香港社会における華人性の増大が一つの根拠となっているものと観察できる。そこで、ジョン・ウーの次の世代たるウォン・カーウァイ

（王家衛）が描く香港の風景では、もはやノワール色は薄められているとの見方も成り立つかもしれない。彼の描く世界においては、市民社会の形成に相応しい「恋愛」が第一の主題となっているからだ。ところが、彼が好む風景とは、実にあの低所得者高層アパートであり、それはポスト香港暴動の文脈に依るものでもあった。だからこそ、彼のフィルムにおいてさえも、香港社会の内部に潜む殺伐とした人間関係の描写が時に入り込み、暴力の予感が漂うこともあるのだ。

「返還」以降のノワール系での最大の収穫としては、アンドリュー・ラウ（劉偉強）による『インファナル・アフェア（無間道）』（二〇〇二年）、そしてジョニー・トー（杜琪峰）による『エグザイル・絆（放逐）』（二〇〇六年）が挙げられよう。前者において描かれる香港警察とヤクザ社会のコントラストは、二人の主人公の相互の潜入活動という要素を取り入れることで、『男たちの挽歌』における葛藤の軸線（警察＝市民VS.ヤクザ＝アウトロー）に捻りを加えたものと読むことができる。また後者で描かれる男の友情の機微や会話、小道具においても、明らかにあの『男たちの挽歌』からの連続性が窺える。すなわち、香港を包み込む中国南部の村落や宗族を中心とした（男たちの）慣習世界が遡行的にフィルムの中に確認される。いずれにせよ、香港社会が大陸中国のプレゼンスを内部化しコンテクスト化してきた歴史は否定できないのである。

## 終わりに

中国に返還されたとはいえ、香港での警察組織は大陸とは別系統であり、また貨幣システムにしても別の香港ドルが使用されている。果たして、香港は大陸中国の内部にあるのか外部にあるのか——それは相対的な話でしかないものとなっている。そこで注目されるのは、もっと晩く大陸広東省から香港にやって来たフルーツ・チャン（陳果）の香港三部作である。それらは香港返還後に増えることになる大陸からの新移民が主題化されており、大陸中国から移動の波が途切れていないことが読み取れる。香港映画は、常に外（特に大陸中国）から入って来る者を香港アイデンティティに統合せんとする装置でありつつ、その統合の果てに出てくるのは、香港アイデンティティ内部における華人性（「文化中国」）の露出という裏腹の事態なのである。香港は東アジアの中でも有数の人口過密度を誇るが、これは大陸中国における「土地改革」という契機も含んで、連綿として中国全体としての人口圧力が北から南にかかっていたことを表している。まさに香港映画は、この流動性に支えられてきていると言える。そしてまた同時に香港は、近年において大陸中国に対して、ある独特の角度からの政治的主張も行っている。香港は、広東省の原子力発電所から送られてくる電力の消費地であるが、その原発の危険性に対応して市民のデモンストレーションが起きている。わかりやすい生産／消費のサイクルに限定されているとは言え、結果的には大陸中国への発言権を強めんとする行動と見做し得る。香港アイデンティティは大陸中国への政治的発言権としてもその強度を高めようとしているのである。

またもう一方、台湾と大陸中国との関係の方だが、政治的な建前――つまり「政治中国」の位相では、大陸中国も台湾も中国を一つのものとして正統性を争う構図と、台湾と大陸中国を別の政治政体として対峙する構図が共存していることになる。ただ日常の皮膚感覚から言えば、台湾住民は主権が自身の手にあると想像しつつも、経済的依存関係では大陸とは既にずぶずぶの関係にある。そしてまた台湾においても香港と同様にして、人材補給の観点から、大陸中国からの移民を受け入れるに至っている。それは特に、大陸花嫁の到来として潜在的な関心を引いている。これは、台湾独立運動からすれば見たくない現実であるかもしれない。現時点までで台湾の映画において、このような人材のグローバル化に対応したフィルムは（もう一つの東南アジアからの男性労働者の流入も含めて）、一部ドキュメンタリーを除いて大きくは露出していない。しかし台湾の現状として、選挙権を持つ住人のほとんどは既に都市化され、一方の家庭内労働や工事現場などのサブ労働はほとんど外国人労働者（大陸中国人も含んで）によって賄われている状態である。これは、台湾における「土地改革」も含めた近代化が台湾の高度都市化に滑らかに接合した結果である。そこで今後問題となっていくのが、先の大陸花嫁たちに代表される新たな移民の市民権（選挙権も含む）をどうするかであろう。特に「政治中国」としては受け入れられてこなかった共産党統治下の大陸中国人をどのように内部化するか、あるいはしないのかといった選択を迫られることになる。

そこでもう一方の大陸中国からする台湾への態度だが、建前としては台湾を中国の一部として扱ってはいるものの、現実には第三者の介入がない限り台湾に対して過剰な関心を傾けていない。近年の両岸（台湾海峡）の平穏さとは、実にこのようなファジーな感覚――「名」と「実」（日本語の文脈では建前と本音であろうか）の適度な乖離――に負っているように読める。

さて最後に「土地改革」から六〇年を経た大陸中国内部の変化について。均等に分配されていた農民の土地は、その後の人民公社化を経て集団所有になっていたが、一九七〇年代後半からの「改革開放」に至って、再び均等に分けられるに至った。だが問題はその後である。一九九二年の鄧小平による「南巡講話」の後、急激な資本主義化によって、土地の強制収用というダーティな現象が打ち続き、そのことが映画作品の中でも取り上げられることになった。数多くの独立系のドキュメンタリー作品の中で土地収用にかかわる「追い立て」や「立ち退き」が主題化されることになり、一部商業映画の中でも取り入れられるに至っている。たとえば、先に紹介した賈樟柯《ジャジャンクー》の『長江哀歌《エレジー》（三峡好人《サンシャーハオレン》）』（二〇〇六年）である。この作品では、四川省の三峡開発に付随し、水没する街の住人移動にまつわるところの顚末が描かれている。興味深いのは、賈樟柯《ジャジャンクー》がその土地の住民の多数をフィルムに登場させていることである。そこでとりわけ白眉であるのは、やはりそれら地元の人間による集団抗議や申し立てのシーンである。住む場所をめぐって交渉する人々の顔や身振りには、明らかにあの一九四九年以来の作法たる「示衆（衆に示す）」が宿っているのであった。

◆

本稿は、中華圏映画を比較研究するための初歩的アプローチを大陸中国における「土地改革」からの波動の観点から試みてきた。しかして、このような視点を取り出す前提となるものも、中華圏内部において一様に感得できる「名」と「実」のバランス感覚である。今日、この圏域においては中国人ではなく、華人という呼び方が主流になってきている。華人という、およそエスニシティからは定義できない範囲とはつまり新たな「名」のことであって、それぞれの地域において実際は別の法体系があってそれが「実」として機能している。この仕組み総体、特に「名」に力点を置く見方こそは、筆者が冒頭で示した「文化中国」の所在するところのものであり、もとより中国人という概念もそのようなものであったとも見做し得る。しかして華人、中国人というメンバーシップとは、中文（中国語）によってものを考える習慣が保存されているかどうかにかかっている。であるならば、その外側にいる人間が最終的に中華圏内部の「文化政治」を理解できるかどうかは、いかに外側にありつつこの「名」と「実」とのバランスを認識できるかにかかっているのだろう。

# 結びに代えて

序で示した「問い」にもう一度戻ってみたい。現代中国を論じる難しさがどこにあるのか——それは端的に中国社会内部の社会的・歴史的条件と、またそれが流動的に変化していく歴史の運行が、私たちの予想をはるかに超えているからである。ただ、この現代中国を論じる難しさに関して、他の地域からの眼差しと対照した場合に、その困難の根というものがむしろ日本社会の内部にあるようにも感じられる。すなわち、日本社会にある中国認識にかかわる特有の問題——ここでその一応の輪郭を指し示してみたい。

一つの指標として、いわゆる世論調査というものがある（内閣府大臣官房政府広報室「外交に関する世論調査」）。近過去とも呼べる日本の一九八〇年代、日本人の中国に対する親近感（嫌悪感を対として）はほぼ七〇パーセント前後となっていた。そして現在の二〇一〇年代、逆に中国への嫌悪感が七〇パーセント前後となってしまっている。端的に好き嫌いが三〇年の間に逆転しているのである。ちなみにアメリカに対する親近感は、五〇年代から一貫して、七〇パーセント前後のまま推移しており、ブレが非常に少ないと言える。

いずれにせよ、現在の感覚からして三〇年前に、中国に対する親近感が七〇パーセントもあったということ自体、俄《にわ》かには信じられないことである。このことが証明しているのは、地理的・歴史的な近さを背景とする日本と中国の間にあって、かくも極端な好悪の反応が出てきている事態に関して、何ら本格的な考察がなされていないことである。まさか、この逆転現象の要因をすべて中国側にのみ擦《なす》り付けることはできないであろう。さらに言えば、日中間の経済的分業を通じた緊密化は、現在のあり様と八〇年代とでは格段の違いを有している。つまり、直《じか》に中国社会と中国人に接する機会は増え続けているにもかかわらず、このような結果が出ているのである。

さて、この結果をどのように分析すればよいのだろうか。クロニクルに沿った観察として、まず第二次天安門事件（六・四事件）によってクローズアップされた民衆弾圧のイメージが一つの転換点として取り出されようし、これはある意味わかりやすいところではある。八九年からの数年間、中国は、西側世界からの投資の停滞とともに、経済の苦境に陥っていたが、九二年の南巡講話をきっかけに中国はグローバリズムの進展に積極的に入り込んでいくことになる。そして次に、実際の嫌悪感の数字が跳ね上がってくる契機としての二〇〇〇年代半ば、「中国の台頭」が誰の目にも顕在的に映りだし、またアメリカとの二大超大国関係が意識されるようになって、現在に至るパーセンテージが固定されるようになっている。

このような観察から得られる知見を論じる前に、一つだけ見落としてはならない点を挙げておきたい。それは先に述べた第二次天安門事件から南巡講話までの三年の過渡期（一九八九〜九二年）、つまりソ連・東欧圏の崩壊の過程期間に相当し、ヨーロッパ目線で言うところの冷戦構造の崩壊が引き起こされていた。ここにおいて国際的な視点を中国に限定し、いわゆる毛沢東が遺した知見、いわゆる「敵／友」関係で物事を見渡したならばどうなるだろうか。

ここで八九年、第二次天安門事件の直前にゴルバチョフが北京を訪問し、中ソ和解の構図が浮上していたことを想起してみるならば、すなわち八〇年代とは米中の共通の敵としてソ連が存在していた時期、ということになろう。八〇年代とは端的に米中の蜜月期であり、アメリカが国際関係においてしきりとチャイナ・カードを切り、ソ連を包囲牽制していた時期である。そこで再び思い出さねばならないのが、八〇年代当時のあの七〇パーセントを示した「親近感」のことである。この後に及んでのことだが、あの数字は冷戦政治的な背景の下に構成された「現実」であったということ――このことを認めざるを得ないはずである。であるならば、ここから省察してみなければならないのは、日本社会の眼差しはやはり今に至るまで、冷戦（ポスト冷戦）の力関係に支配されているという事実である。

話の筋を取り戻し、現在の嫌悪感七〇パーセント前後という数字が固定される転換点としての二〇〇〇年代半ばについて。目立ったところでは、二〇〇五年の小泉純一郎首相の「靖国参拝」、及び日本の安保理常任理事国入りへの態度表明が発火点となり、大規模な反日デモが北京、上海などで生じたことへの反応があった。しかしこの事件は、さらに大きな背景を持つ歴史現象の一部にすぎないものとも見做せよう。この時期、先にも述べたように「中国の台頭」が明らかになり、さらにアメリカにとっての東アジアへの関与の主要な対象として、日本ではなく、中国が選択されるようになったということ。さらに具体的に言えば、相互の首脳訪問のあり様、またビジネスのチャンネルの幅、そして最大の問題としての「安全保障」の対話など、いずれもが日本のヘゲモニーの低下が意識されるようになった時期と結論づけられる。つまり、そのようなアメリカの態度をも媒体としたところでの「焦り」を日本社会が示した徴候として、あの数字が出てきたことになる。日本社会を現代中国の「自主」の観点から照らして見ると、その深刻な「従属」性が浮かび上がるであろう。

いずれにせよ、ここ三〇年間冷戦／ポスト冷戦期における国際環境意識を前提にした日本社会の反応を観察した場合に言えることは、「中国の大きさ」あるいは「大きくなる中国」への恐れということになる。しかしそもそも中国が大きいことは、その地理的要素、人口的要素としておよそ定数的な事実であったはずである。だが、この大きさに加えたところで、問題の根源にあるのは地政学的な「近さ」が実は問題なのであろう。本書で示したように、現代中国こそが東アジア冷戦の性格を変質させたのであり、冷戦構造を乗り越えて今のあり様に至っている。こういった事態が、日本からごく「近い」ところで引き起こされていた。本書において、日本社会が現代中国を摑まえ損ねている要因、つまり現代中国において展開され、日本人にとっても最も感じづらい要因はまさにこの「近さ」——それと対比される文脈の遠さ——にある、と言えないだろうか。現代中国の変化のすさまじさに引き比べたところでの、戦後の日本社会の根本部分での変化の少なさは、まさに江戸中期に相当するかもしれない。

◈

戦後の日本社会の変化の少なさとは、冷戦期における日本のポジションが、東アジア地域におけるアメリカの圧倒的なプレゼンスに付随するサブシステムであった事実を裏書きする。パクス・アメリカーナの下に位置する限りにおいて、独自の外交判断などあり得ないのだから。日本は明らかに主権の一部をアメリカに譲渡している半独立国家であり、今日の中国人にとっての日本への軽蔑の源泉はまさにここにある。

翻って、一九五〇年代から現在までの現代中国の変化とは、まさに国家の生き残りをかけたところでの「自主」の貫徹の結果であるが、より詳しく言えば、アメリカと対等なパートナーとなるべく周到な駆け引きを繰り返し、また自身の国際的な発言力の増大に努めてきた蓄積の結果である。そして、もはや自国民に対して上から「反米」意識を植え付ける必要もなくなっている。しかもアメリカ国内における最も多い留学生は、目下大陸中国出身者によって構成されているのである。

しかし、このような中国と向き合わなければならないことは、実に必然的な趨勢なのであり、世論調査における親近感／嫌悪感という選択肢それ自体が大きな錯誤を表明しているようなものである。中国との「付き合い」は必然的なものであり、既に抗えないものである。もう好き嫌いを論じている場合ではないだろう。にもかかわらず、この好き嫌いの調査というレベルの低さを象徴するように、「無人島」をめぐって誰も得をすることのない戦争の危機が惹起された。しかも、この危機的状況において日本政府がなした主要な行動とは、あの「無人島」が日米安保条約の防衛範囲の中にあるかどうかを再三にわたってアメリカに照会することであった。そして中国政府はこの日本の「外交」行動に関して、二国間であるべき領土問題について第三者の介在をなぜ許すのか、という「自主」の根本原則をまた繰り返し提示するのであった。

今日、日中関係はせっぱ詰まった状態である。このままであるなら、さらに不安定な状態に突入するかもしれない。本稿を執筆している時点において、日本の政府与党は戦後憲法を「改正」し、集団的「防衛」が可能となる状態を成立させようともしている。日本が戦後憲法の枠組みにおいて「安全保障」活動を行い、またアメリカのサブシステムとしてだけ行動するなら、中国は少なくとも東アジアの「安全保障」に関してアメリカと話をつければよいだけであった。しかし目下の日本政府の「改憲」構想は、従来の「安全保障」の秩序を変更するものとも見做され、不確定要素が増大するのは明らかである。ただ今日の日本政府の対応は、判断の是非は脇へ置くとして、実に「中国の台頭」も含めたところでの東アジアのパワー・バランスの変化に対応せんとする志向性の発露なのである。

「中国の台頭」が、九〇年代以降の経済のグローバル化の趨勢において出現したものであれば、国際資本の移動の軸線に沿った分析も必要となろう。だがその一方、本書でも述べたように、中国的文脈ではそれはあくまで自ら決断した「改革開放」の結果であり、またこの「改革開放」の推進は、ソ連からの自立と文革期までの下準備（土地改革、インフラ及び教育の整備）の上に成立したものたることを理解しなければならない。すなわち、「中国の台頭」は現代中国の波乱に富んだ歴史の蓄積の上にあるものであり、その帰趨もその延長線上に想定しなければならない。であるならば、東アジア全体の平和のためにも、現代中国全体にかかわる認識の深化は一つの必然だということである。

本書は、そのような現代中国を考察する上でのキーワードとして、「革命」、「帝国」、「党」を意図的に際立たせながら叙述したわけだが、戦後日本にかかわる一般認識として、これらのキーワードはいかにも戦後の日本社会と縁遠いものであるかもしれない。否、こうした概念で歴史や社会を捉えようとすることを忌避し、ひたすら抑圧してきたとすら言えるだろう。その意味でも、中国認識の深化は、また同時に近代日本全体にかかわる認識と評価の深化を伴わざるを得ないものとなるだろう。このことにかかわって若干の私見を提示し、本書の結びに代えたい。

◈

第二次大戦を経て植民地（満州国などを含む）を放棄した日本は、それまでの帝国規模の日本社会をダウンサイズし、自動的に列島規模に縮小した。丸山真男によれば、この規模への縮小は、一つの幸運として、国民国家形成のために支払うべきコストを著しく低減したことになる。そのためか、国民国家形成とは、現在の日本にとって「血」や「汗」といった比喩とは無関係な制度設定の意味、与えられた自明性と解される傾向が一般的である。言わずもがなのことであるが、現代中国はこのためにあらゆる意味での多大な暴力による犠牲を払ったと言ってよかろうし、その実感は今を生きる中国人の脳裏に宿っている。

さて、日本は先に述べたように第二次大戦の結果として平和憲法を持つと同時に、主権構成の必要条件とも言える「軍事権」をアメリカに譲渡する形で、いわゆる戦後日本の「繁栄」を勝ち取ったことになる。このような状態は、日本社会の発言の出処《でどころ》としては、やや右の側から「平和ボケ」として表象されることになる。そしてこの「平和ボケ」言説は、そのまま現行憲法第九条の変更へと誘導する前段階として普及しているものである。ただこの「平和ボケ」という問題規定は、東アジア大の（ポスト）冷戦期のパースペクティブから見たところで、（価値判断とは別に）分析判断としてはあながち間違っているとも言えないものである。ただここではより詳細な註釈も必要であろう。例えば、その「平和ボケ」とは朝鮮戦争やベトナム戦争において、明らかにアメリカ側に加担しつつ土地や財産を提供、さらにそこから有形無形の利益を得ていたあり様をも含めた表象である。今日までの「平和ボケ」ならぬ「平和国家」というコンセプトは、部分的に日本人のアイデンティティともなっているが、その部分的欺瞞を解読する上でも東アジアの視点を媒介するならば、「平和ボケ」という問題規定は一つの有効性を持つものかもしれない。

だがしかし、日本は完全な主権国家となるべく「軍事権」を取り戻せばよい、という結論に容易には辿りつけないのが現実である。日本は完全な主権国家となるべきと主張する目下の日本の政治勢力は、米軍基地をなくす運動にコミットすることもなく、米軍のプレゼンスを減らす外交政策にほとんど消極的な人々である。ここにおいて、戦後日本の主体のアポリアが鮮明に浮かび上がってくる。一般的に言われている「自主」と「従属」という概念規定は、いずれにせよ、もう一度再提起され直さねばならないだろう。戦後の一時期、日本の若者が多く魯迅を読む時期があったと言う。それは、例の阿Qに対して「奴隷根性」という言葉をあてがって思考し、自らのあり様を想起していた時期である。

最後に述べておきたいのは、平和思想の軸として「自主」と「従属」ではまだ足りないということ、そこで世界観の再構築の志向性として「ユートピア」と「現実主義」という対位法をより深化させる必要性があるということである。言うまでもなく、戦後憲法はあの戦争への反省を結晶化したところで一つの「ユートピア」の極を形成していたと言えよう。ただ本書でもほのめかしてきたように、この「ユートピア」の内部にいることにより、むしろ日本人は日本と近接する激動の東アジアとリアルに繋がることから免れてきたとも言える。そこで、この「ユートピア」の対極としてある「改憲」論は、まずは世界のアメリカ支配をリアルな現実とし、またその「現実」を日本の主体性を再定義する原則として取り扱う姿勢と見做せよう。彼らは、それらを「現実主義」の要請に根差したものと自己規定している。ところが、この「現実主義」はアメリカの世界的ヘゲモニーを普遍原理にしていることで、この地盤自体の変動そのものを想定せず、それにより別の外交構想と生存構想の可能性を塞いでいることになる。だが問題はそれだけに留まらない。最大の問題は、この原理原則に囚われることにより、実際に自分が何をしているのか、また何のためにそれをしているのかがわからなくなる、ということが結果する。まさに何のためにあの「無人島」にこだわっているのか、またなぜその「防衛」を第三国に要請するのか、さらにそれは誰の幸福に寄与するものなのか、理解不可能なままに物事が進展していく。

東アジアの内部で既に主要な人材と資本と文化の交流のパターンができつつある今日において、国家としての日本の選択にも変化が求められている。日本と、そして東アジアの未来を構想する上でも、やはり「ユートピア」は必要なのだと考えるべきである。それは端的に、軍事的なものによらず、平和の構築は可能だという原則的な「ユートピア」である。東アジアにおいて戦争による解決を図りたくないという願いは共通したものであり、それはまさにリアルな感覚である。要は、この「ユートピア」志向の根にあるお互いの歴史経験を理解し合うことである。

その意味でも逆に、現代中国を理解することそれ自体が目的ではない、と言えるかもしれない。東アジアの平和という「ユートピア」の途上における必要として、現代中国認識は不可欠なのである。ただその上でさらに、東アジアの平和は人類全体の平和という「ユートピア」に関連づけられなければならないものである。だがそれは、既に本書の企図を超えた問題であらざるを得ない。自らの力不足を呪いつつ、ここで筆を擱きたい。

# 参考文献

## 序章

ヘーゲル『歴史哲学講義』（上巻）長谷川宏訳、岩波文庫、一九九四年。

マックス・ウェーバー『儒教と道教』木全徳雄訳、創文社、一九七一年。

中共中央文献編集委員会編纂『鄧小平文選 1982-1992』中共中央編訳局他訳、テンブックス、一九九五年。

## 第1章

汪暉『世界史のなかの中国――文革・琉球・チベット』羽根次郎他訳、青土社、二〇一一年。

汪暉『近代中国思想の生成』石井剛訳、岩波書店、二〇一一年。

張文木『世界地政における中国国家安全利益分析（世界地縁政治中的中国国家安全利益分析）』中国山東人民出版社、二〇〇四年。

黒田明伸『中華帝国の構造と世界経済』名古屋大学出版会、一九九四年。

西順蔵編『原典中国近代思想史』（第二冊）岩波書店、一九七七年。

竹内好『新編 現代中国論』（竹内好評論集第一巻）筑摩書房、一九六六年。

竹内好『状況的 竹内好対談集』合同出版、一九七〇年。

大田勝洪編訳『毛沢東 外交路線を語る』現代評論社、一九七五年。

## 第2章

カール・シュミット『陸と海と――世界史的一考察』生松敬三・前野光弘訳、福村出版、一九七一年。

カール・シュミット『大地のノモス――ヨーロッパ公法という国際法における』新田邦夫訳、慈学社出版、二〇〇七年。

アルフレッド・T・マハン『アメリカ古典文庫八 アルフレッド・T・マハン』麻田貞雄訳・解説、研究社、一九七七年。

三木健『ドキュメント沖縄返還交渉』日本経済評論社、二〇〇〇年。

張文木『世界地政における中国国家安全利益分析（世界地縁政治中的中国国家安全利益分析）』中国山東人民出版社、二〇〇四年。

丘宏達『中国領土にかかわる国際法問題論集（関於中国領土的国際法問題論集）』台湾商務印書館、二〇〇四年。

## 付章

ミシェル・フーコー『監獄の誕生――監視と処罰』田村俶訳、新潮社、一九七七年。

林毓生『中国意識的危機――五・四時期激烈的反伝統主義』貴州人民出版社、一九八六年。

ラナ・ミッター『五四運動の残響――20世紀中国と近代世界』吉澤誠一郎訳、岩波書店、二〇一二年。

賀照田「中産階級の夢の浮沈と中国の未来」『現代思想』河村昌子訳、青土社、二〇一二年一二月号。

## 第3章

矢吹晋編訳『毛沢東 社会主義建設を語る』現代評論社、一九七五年。

吉羽和夫『原子力問題の歴史』河出書房新社、一九六九年（復刻新版二〇一二年）。

朱建栄『毛沢東の朝鮮戦争――中国が鴨緑江を渡るまで』岩波書店、一九九一年。

絓秀実『反原発の思想史――冷戦からフクシマへ』筑摩書房、二〇一二年。

山本義隆『福島の原発事故をめぐって――いくつか学び考えたこと』みすず書房、二〇一一年。

デヴィッド・ハーヴェイ『資本の〈謎〉――世界金融恐慌と二一世紀資本主義』森田成也他訳、作品社、二〇一二年。

## 第4章

矢吹晋編訳『毛沢東 政治経済学を語る』現代評論社、一九七四年。

矢吹晋編訳『毛沢東 社会主義建設を語る』現代評論社、一九七五年。

デヴィッド・ハーヴェイ『資本の〈謎〉――世界金融恐慌と二一世紀資本主義』森田成也他訳、作品社、二〇一二年。

汪暉『世界史のなかの中国――文革・琉球・チベット』羽根次郎他訳、青土社、二〇一一年。

汪暉『思想空間としての現代中国』村田雄二郎他訳、岩波書店、二〇〇六年。

アマルティア・セン『貧困と飢饉』黒崎卓・山崎幸治訳、岩波書店、二〇〇〇年。

潘維・瑪雅主編『人民共和国の六〇年と中国モデル（人民共和国六〇年与中国的模式）』北京三聯書店、二〇一〇年。

温鉄軍『中国にとって農業・農村問題とは何か？――〈三農問題〉と中国の経済・社会構造』丸川哲史訳、作品社、二〇一〇年。

スラヴォイ・ジジェク『パララックス・ヴュー』山本耕一訳、作品社、二〇一〇年。

## 第5章

銭理群『毛沢東と中国――ある知識人による中華人民共和国史』鈴木将久他訳、青土社、二〇一二年。

汪暉『世界史のなかの中国――文革・琉球・チベット』羽根次郎他訳、青土社、二〇一一年。

ジョヴァンニ・アリギ『北京のアダム・スミス――二一世紀の諸系譜』中山智香子訳、作品社、二〇一一年。

胡鞍鋼『毛沢東と文革（毛沢東与文革）』香港大風出版社、二〇〇八年。

国分良成編著『中国文化大革命再論』（慶應義塾大学地域研究センター叢書）慶應義塾大学出版会、二〇〇三年。

チイ・ハオ他編『李一哲の大字報』（現代中国双書）山田侑平・小林幹夫訳、日中出版社、一九七七年。

新島淳良『さらばコミューン――ある愛の記録』現代書林、一九七九年。

津村喬『魂にふれる革命』ライン出版、一九七〇年。

## 第6章

ラーマチャンドラ・グハ『インド現代史』（上・下）、佐藤宏訳、明石書店、二〇一二年。

王明珂『游牧者的抉択――面対漢帝国的北亜游牧部族』台湾聯経出版、二〇〇九年。

王柯『20世紀中国の国家建設と「民族」』東京大学出版会、二〇〇六年。

スミット・サルカール『新しいインド近代史――下からの歴史の試み』（Ⅰ・Ⅱ）、長崎暢子他訳、研文出版、一九九三年。

費孝通編著『中華民族の多元一体構造』西澤治彦他訳、風響社、二〇〇八年。

橋本萬太郎編『漢民族と中国社会』（民族の世界史5）山川出版社、一九八三年。

橋本萬太郎『言語類型地理論』弘文堂、一九七八年。

## 付論

賈樟柯『「映画」「中国」「時代」を語る』以文社、二〇〇九年。

魯迅「深夜に記す」『魯迅全集』（第八巻）今村与志雄他訳、学習研究社、一九八四年。

# あとがき

二〇一〇年、『魯迅と毛沢東――中国革命とモダニティ』（以文社）という本を出させていただいた。だいたいその頃まで、私は日本近代文学と台湾の戦後史を対象領域する研究者、あるいは評論家という身分であり、大陸中国の文化現象については素人に近い者である、と自覚していた。大陸中国のことが視野に入ってきたのは、一九九七年に一橋大学大学院（言語社会研究科）に入り、指導教官であった松永正義氏の研究態度と蓄積された研究への憧れを持ったことが一つの契機であったが、さらに直接的な契機としては二〇〇五年の時、中国で湧き起こった反日デモの衝撃があった。日本のマスメディアの反応の単調さとも相まって、学術領域において現代中国にかかわる「厄介さ」が鈍い空気を醸成していた。しかし、私はむしろ現代中国のことをもっと知りたくなった、それだけでなく、ますます魅力的な対象と思い始めてしまった。それはどうしてなのか。なかなか自己分析的に述べることはできないが、（思い出すと）幾分か反時代的にそうしようと決めていたようである。書店に行けば、気持ちが悪くなるような中国崩壊論や中国脅威論が書棚の大半を占めていた（それは今も同じである）。いずれにせよ、実際に動いている中国と、日本側の中国認識のギャップは、並々ならぬ深度で、日本社会の知的環境を腐らせているものである。そして、このギャップは二〇一〇年から二〇一二年に惹起された日中間の領土問題によりさらに「上書き」され、また朝鮮半島情勢の流動化とともに、現実の危機として、不穏な空気を東アジアに漂わせることになった。本書はまさに、このようなタイミングで書かれている。

いずれにせよ、私が大陸中国の歴史や文化現象が最も興味深く見えてきた契機には、やはり人との出会いがあった。そのことを記し、「あとがき」に代えたい。中国社会科学院の孫歌先生との出会いが大きな意味を持ったことは別に既に書いている。その上で、孫歌先生と同じ研究室の賀照田氏との出会いも、私にとって衝撃的であった。彼の研究は、主に中国における学術史ということになっている。現代中国史を内側から丹念に読み直す彼の研究態度は、若い研究者に最も信頼されている。彼との出会いにより、私はどのように現代中国に対して「問い」を立てるべきかを学んだ。彼の現代中国に対する「問い」の深さはホンモノである。彼との対話は、今後もずっと続くことであろう。また重ねて、賀氏の論集の日本での翻訳・出版を強く希望したい。

そしてもう一つの出会いの筋は、日本でも既に『思想空間としての現代中国』（村田雄二郎・砂山幸雄・小野寺史郎訳、岩波書店、二〇〇六年）や『世界史のなかの中国――文革・琉球・チベット』（石井剛・羽根次郎訳、青土社、二〇一一年）が出版されている、清華大学の汪暉氏を起点とする。ちなみに『世界史のなかの中国』の中の論文「琉球――戦争の記憶、社会運動、そして歴史解釈について」は、私が清華大学の構内で行ったインタビューを下敷きにして書かれたものである。出会いのきっかけは、二〇〇八年に在外研究をしていた時、北京で開催された五・四運動にかかわるシンポジウムに呼んでいただいたご縁である。その時、「竹内好の魯迅」に関わる報告をさせていただき、それが『竹内好――アジアとの出会い』（河出ブックス、二〇一〇年）に結実した。さらに、論の一部を汪暉氏が主催する清華大学人文学院の雑誌『区域』に掲載させていただくことにもなった。

そこで奇妙なことではあるが、汪暉教授が媒介となって、柄谷行人氏と出会えたこともここに記しておきたい。柄谷氏は汪暉氏の知り合いであった。もともと私は日本文学の評論を書いていた時期があり、一九九七年に講談社『群像』の新人懸賞論文に、谷崎潤一郎の「細雪」についての評論で応募、結果「優秀賞」をいただいたのだが、その時の審査員の一人が柄谷氏であった。実に氏と再会したのは十四年後、二〇一一年十一月のソウルであった。その時、汪暉氏の示した中国認識そのほか、一晩中語り合う機会を得るところとなった。柄谷氏は既に『世界史の構造』（岩波書店、二〇一〇年）を出されていたが、特にその中の「帝国論」は多くのインスピレーションを私にもたらした。また別に、その時に提出されていた東アジアの「百二十年周期説」も直接的にこの本の下地となっている。ここに感謝申し上げたい。

中国研究者では、『情況』（情況出版）の二〇一〇年十月号で「民族・ナショナリズム、改革開放の内在的評価」のタイトルで対談させていただいた加々美光行氏に感謝したい。同氏の対談を本書に載せようと当初は考えたのであるが、あまりの実力の差と、私のような若輩者とともにお名前が出てしまうことへの躊躇から見送らせていただいた。しかし現代中国へのアプローチに際して、私にとって常に参照枠として加々美氏のお仕事が潜在している。その代わりではないが、本書に収録したのは、中国の古典思想を専門にしていらっしゃる土屋昌明氏との対談である。土屋氏は、近年では文革研究、そして中国の記録映画運動の紹介者の第一人者ともなっている。現代中国にかかわる研究と認識の深化に向け、ともに歩んでいきたい方である。この場を借りて感謝申し上げたい。

そして最後に、別の意味でもう一人だけ（個人的なことだが）記しておく。昨年（二〇一二年）中国の銭理群氏の中華人民共和国史に関する著作、その日本語版『毛沢東と中国——ある知識人による中華人民共和国史』（阿部幹雄・鈴木将久・羽根次郎・丸川哲史訳、青土社、二〇一二年）を訳させていただいたが、そこで共に翻訳の作業に加わっていただいたのが阿部幹雄氏であった。氏は、この銭さんの本の完成直後、突然の病気で亡くなられたのである。彼は、新進気鋭の魯迅研究者であった。私より十歳ほど年下なのであったが、実に惜しい人材を、そして私にとって弟のような存在を失くした。彼と会う時は、いつも魯迅の話をし、二人で日本での魯迅の新機軸を開拓しようと意気込んでいた。この阿部氏の死により、私はある意味で、魯迅から、そして現代中国から逃れられなくなったようである。

◆

本書は部分的に雑誌等で発表した文章も含まれている。『atプラス』(太田出版)の落合美砂氏、柴山浩紀氏、『現代思想』(青土社)の押川淳氏、『情況』(情況出版)の大下敦史氏にお世話になった。またここに感謝申し上げる。

最後に本書の刊行を提案していただいた平凡社の関正則氏、そして同じく安井梨恵子氏に深く感謝申し上げたい。私の悪文、そして必ずしも明瞭ではない言葉の連なりに辛抱強くお付き合いいただいた。私にとって、関氏と出会えたことは望外の喜びであった。その理由の一つとして、私は氏が編集した金石範氏と金時鐘氏との対談本『なぜ書きつづけてきたか なぜ沈黙してきたか――済州島四・三事件の記憶と文学』(文京洙編、平凡社、二〇〇一年)をこよなく愛していたからだ。また安井氏とは前に勤めていらっしゃった日本経済評論社時代に『竹内好セレクション』I・IIの編集でもご協力をいただていた。安井氏とまた仕事ができたことも、望外喜びであった。お二方とも、今後ともよろしくお願いします。

二〇一三年四月四日、東京の自宅にて。

# 初出一覧

序　章　思想課題としての現代中国——革命・帝国・党（書き下ろし）

第1章　「中国の台頭」と帝国の再編成（初出：『atプラス』11、太田出版、二〇一二年一一月号、原題：「現代中国の空間編成」に加筆修正）

第2章　海から見た東アジアの再編成（初出：『現代思想』青土社、二〇一二年一二月号、原題：「島と海と——東アジアの一二〇年」に加筆修正）

付章　中国における反日デモの世界性と固有性——二〇一二年の転換点として（初出：『atプラス』14、太田出版、二〇一二年一一月号、原題：「中国／反日デモの世界性と固有性——二〇一二年の転換点として」に加筆修正）

第3章　「核」開発と冷戦の組み換え（東京経済大学「学術フォーラム　フクシマの問いにどう応えるか——東アジア現代史のなかで」〔二〇一二年五月一九日〕にて報告した「現代中国の核と日本の平和運動」に加筆修正）

第4章　政治／経済のギャップとジレンマ（書き下ろし）

第5章　文革とは何であったのか（書き下ろし）

対談　「文革」から「民間」を問う（初出：『情況』情況出版社、二〇一一年五・七月号、対談「中国にとって「民主」とは何か？——「文革」と「民間」から問う」に加筆修正）

第6章　文化統合と政治言語（書き下ろし）

付論　中華圏映画比較論（初出：『atプラス』13、太田出版、二〇一二年八月号、原題：「中華圏映画比較論序説」に加筆修正）

結びに代えて（書き下ろし）

**著者プロフィール**

丸川哲史（まるかわ・てつし）
1963年生まれ。現在、明治大学政治経済学部教授。著書に、『台湾、ポストコロニアルの身体』（青土社、2000年）、『リージョナリズム』（岩波書店、2003年）、『帝国の亡霊――日本文学の精神地図』（青土社、2004年）、『冷戦文化論――忘れられた曖昧な戦争の現在性』（双風舎、2005年）、『日中100年史――二つの近代を問い直す』（光文社新書、2006年）、『台湾における脱植民地化と祖国化――二・二八事件前後の文学運動から』（明石書店、2007年）、『ポスト〈改革開放〉の中国――新たな段階に突入した中国社会・経済』（作品社、2010年）、『竹内好――アジアとの出会い』（河出書房新社、河出ブックス、2010年）、『台湾ナショナリズム――東アジア近代のアポリア』（講談社選書メチエ、2010年）、『魯迅と毛沢東 中国革命とモダニティ』（以文社、2010年）などがある。

**装画：作品と作家**

胡項城『X 2 星系企画図』X 2 Galaxy Planning（部分）（出入神 2 ［放浪する神々 2 ］シリーズ）
版画、200×1800㎝、2010年

胡項城（こ こうじょう Hu Xiangcheng）は、1950年上海生まれ。中国の歴史・思想・宗教をとおして中国人の精神宇宙を作品に表し国際展で高い評価を得る。上海ビエンナーレの創設や上海近郊・金澤鎮の伝統再生プロジェクトに従事し、2010年の上海万博ではアフリカ連合館の芸術監督を務めるなど、多才な活動を展開する上海アート界を代表する作家。

思想課題《しそうかだい》としての現代中国《げんだいちゅうごく》　革命《かくめい》・帝国《ていこく》・党《とう》

発行日　2013年7月31日　初版第1刷

著　者　丸川哲史
発行者　石川順一
発行所　株式会社　平凡社
〒101-0051 東京都千代田区神田神保町3-29
電話　03-3230-6579（編集）
03-3230-6572（営業）
振替　00180-0-29639

装　幀　金子　裕
DTP　矢部竜二
印　刷　株式会社　東京印書館
製　本　大口製本印刷株式会社


ISBN978-4-582-45445-1 C0022
NDC 分類番号 222.077　四六判（19.4cm）総ページ328